教师学习新生态

上海市建平实验中学
Shanghai Jianping Experimental Middle School

"德智融合"
课例研究工作坊

于漪 敬题

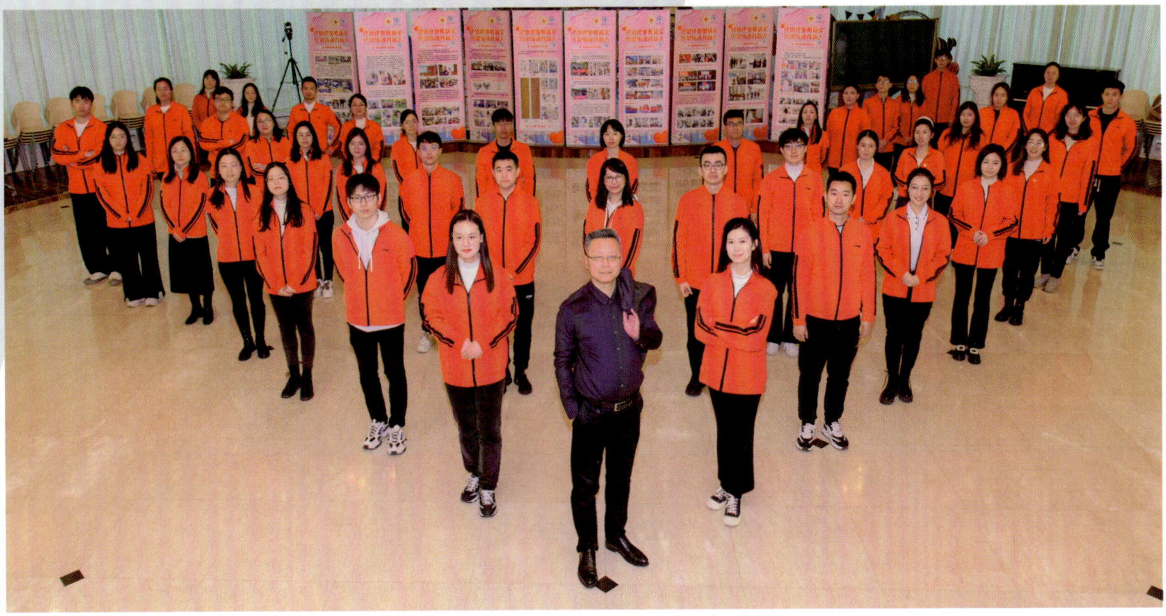

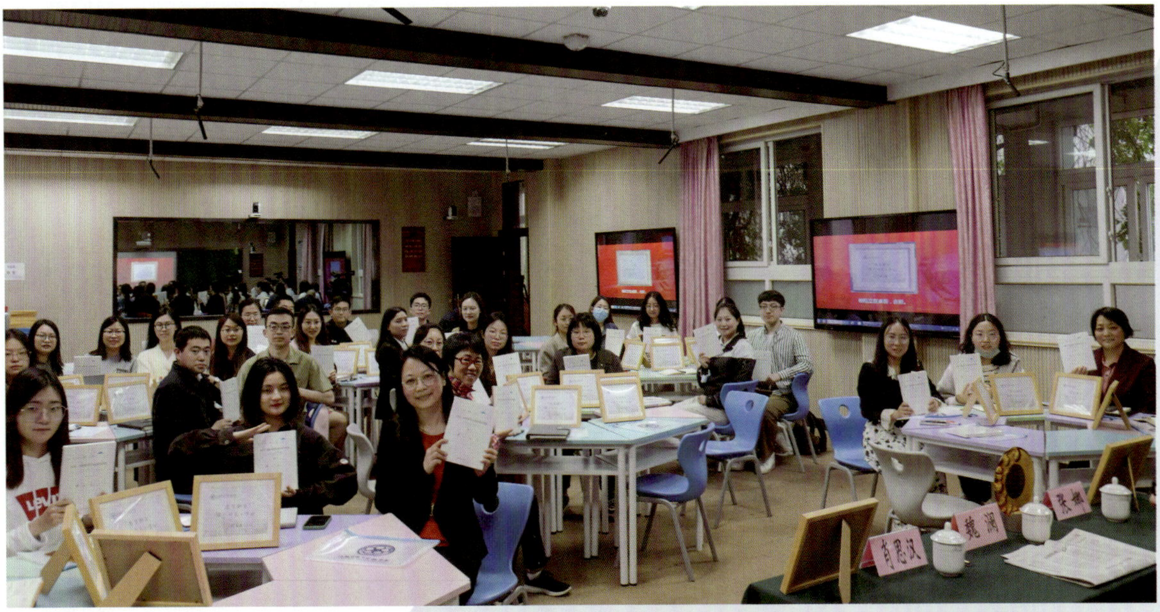
肖思汉
魏澜

热烈欢迎华东师范大学课程与教学研究所肖思汉博士、
浦东教育发展研究院科研团队莅临指导！

为党育人
建德建业惟新实
培根铸魂育新人
建实有我
共创未来
理想就在岗位上
信仰就在行动

JIAOSHI XUEXI
XIN SHENGTAI

魏澜 ◎ 主编

教师学习新生态

构建新课例研究工作坊的探索与实践

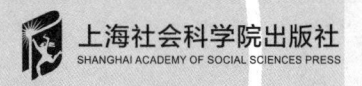

上海社会科学院出版社
SHANGHAI ACADEMY OF SOCIAL SCIENCES PRESS

前言　教师学习新生态

上海市建平实验中学"新课例研究工作坊"是一个弹性灵活的跨教龄、跨学科、跨年级、跨领域的教师学习共同体，由自上而下的行政指定改为教研组推荐与自主报名相结合，还融入了大学教授、科研人员的深度参与和共同研究，学习对象不断拓展，涵盖了跨领域、多视角的审视与反思，实现了学习成员的创新。

工作坊成员在了解理论知识和学术发展前沿动态的基础上，立足课堂主阵地、植根教学主渠道，精当确定教学内容、精准规划教学目标、精细设计教学流程、精心建构教学评价，以期推进新课程标准和新课程方案落地。工作坊的学习来源于自我发展的内部驱动，立足于工作场域的问题需求，植根于教育实践的真实体验，适用于不同情境的理论运用，持续于探究互动的协同构建，优化于研究工具的迭代升级，成熟于实践经验的提取凝练，辐射于教育成果的传播表达，实现了学习内容的创新。

课例研究以浸润式的深度观察、参与式的专业倾听、量表式的科学诊断、"靶向"式的切实改进，深入探究学生学习行为背后的原因，展开学习行为的数据追踪、重点行为的切片深描。在教育现场聚焦课堂互动中的隐藏信息，不仅在科学测评上下功夫，也深入质性研究领域，指向了学生关键能力、必备品格与正确价值观的发展，通过数据支持和现象描述讲好专业故事，实现了学习方式的创新。

本书以"新课例研究工作坊"不同学科、不同类型教师的课例和论文呈现出上海市建平实验中学"教师校本学习"的探索与实践。教师们融合教育理论学习与课堂教学实践，演进研究方法并更新研究工具，贯通经验反思性学习与研究驱动性学习，逐步实现了基于事实和数据的课堂结构创新和教研模式优化，促进了教育科研日常化、默会知识显性化、实践智慧结构化，推动了不同群体教师专业交往的互动、融合与贯通，形成了传递、反哺与互促的教师学习生态。

上海市建平实验中学党总支书记兼校长　魏　澜

序　　一

　　起初,我是怀着忐忑的心情参与"德智融合"课例研究工作坊的。

　　忐忑是因为,"德智融合"是人民教育家于漪老师的思想结晶,是一个崇高的教育理想。通过课例研究,能够描绘出这一理想在课堂上的真实样态吗？通过教师学习共同体,是否能够接近这一理想——如果无法全然实现的话？忐忑也是因为,尽管一直抱有天真的信念,认为"研究型实践者"是教师最充盈的状态,也乐于将自己手头那点课堂研究的小技艺分享给教师,但真到了"授人以渔"的时刻,怀疑压过了期待:教师有时间做这样的研究吗？他们哪有精力？即使有,他们为什么要把宝贵的精力放在"做研究"这种事情上？即使应该要做研究,我所擅长的方法是最适合他们的吗？

　　就是在这种忐忑中,我来到了建平实验中学,成为工作坊的一员。从最开始的理论共读,到关于论文写作的交流,再到课例的观摩、分析与研讨。短短不到一年的时间,就我所经历过的时刻而言,有线上,也有线下;有白天,也有夜晚;有课堂,也有会议室;有三两促膝,也有高朋满座。可以想象,我没有经历过的时刻,只会更多、更丰富。最终,所有的探索,汇成了这部作品。

　　这部成果集分为六个板块。就我的理解而言,第一、二板块是基础,以高站位建构了"德智融合"和"教师学习"这两个核心的主题;第三、四、五板块是专题,分别从课堂观察、学习诊断和互动参与的维度,展现了工作坊的成果;第六部分回到目的本身,讨论了工作坊和素养培育之间的关系。纵览全书,我认为最大的亮点在于"理论"和"证据"。"理论"是指,成果集的很多作者都在有意识地运用各种理论(如自我决定理论、情境学习理论、合作学习理论等)来指导自己的研究和论述。"证据"是指,这些作者逐渐摆脱了"自说自话",开始有意识地为他们的观点建构、组织和呈现证据——无论是课堂片段的话语分析、观察量表的分析、问卷数据的分析,还是其他的形式。在我看来,这两点恰恰是教师学习的关键。魏澜校长在书中提到"互喻文化",视其为工作坊的核心特点,我觉得十分精准。何以"互喻"？我觉得,尊重理论,重视证据,从而让教师的教学研究始于课例、超越课例,基于经验、超越经验,这或许就是建平实验中学形成"互喻文化"的法宝。

　　品读这些作品,我常常想到一个瞬间。那是在我们的工作坊进入炽热阶段的时候,所有成员齐聚一堂,共同分析孙伟菁老师的语文课。那天发言的多是年轻教师。他们有的用高阶的统计分析,有的用自动化的话语分析,从不同的维度剖析孙老师的课,令我大开眼界。而在最后一个环节,自由发言的时刻,有一位略年长的教师站起来说:"谢谢这个工作坊,让我这样一个年纪很大的教师也能这么投入地参与其中,并有所收获。"(大意)那一刻,我有些恍惚,因为在我有限的经验里,这样的"客套话"即便出现,也应该是出自一位年轻教师之口,出自一个"专家说,新手听"的场合。而那位资深的教师说出这句话,现场似乎没有人觉得奇怪,反而都深受触动。我觉得,魏澜校长所说的"互喻文化",在这一刻得到了明晰的体现。进而,如果说教师的学习和发展也须"德智融合"的话,这一刻就是融合的证明。

有幸参与和见证这样的时刻。

华东师范大学课程与教学研究所副所长　肖思汉

序二　感悟·心语

近年来，上海市建平实验中学在魏澜校长的带领下，以研讨学习、教学展示、教研活动、课题申报、课例研究为抓手，为新时代教师队伍专业发展贡献了高质量的建平实验方案和丰富的建平实验经验。

教育的现场在课堂中，育人的现场在学生的生命里。本书作为课例研究工作坊的主要成果，书写了建平实验人深入进行课程改革的壮志豪情和踏实探索的科学态度。学校建设"德智融合"课例研究工作坊，切实推动了于漪教育教学思想的实践转化，更是以科学严谨、求实创新的态度进行课堂教学设计、观察、诊断和改进，探究学生学习行为背后的原因，得益的是教师，恩泽的是莘莘学子。

于漪老师说"一辈子做教师，一辈子学做教师"，教得好首先是学得好。"在教师的字典里没有一个'够'字"，学而不厌，才能智如泉涌，站稳讲台。参与课例工作坊的老师们认真阅读一本本"磨脑子"的书，夯实教育理论水平，并用理论指导实践。书中所记录的课例都经历了实践的校验，呈现出建平实验中学课堂的美好姿态，师生的生动意态，这都得益于课例工作坊营造的教师学习新生态。教师相互启发，相互激励，和谐向上，这种一以贯之的学习精神、一丝不苟的学习态度、持之以恒的学习毅力、启思舒畅的学习氛围，是难能可贵的。

2023年5月，于漪老师为课例工作坊题名，"德智融合"也成了工作坊首期的研修选题。为什么要聚焦"德智融合"？今日的新课程改革，从知识为本转向素养为本，素养为本说到底就是要培养全面发展的人。于漪老师早在20世纪60年代就提出"要胸中有书，目中有人"，70年代提出既"教文"又"育人"，80年代提出语文教学内容要融知识传授、能力培养、智力发展、思想情操陶冶于一炉，90年代初提出培养"现代人素质"，90年代中期提出"弘扬人文、改革弊端"，世纪之交提出"教育要树魂立根"，教学要"德智融合"。这构成了一部中小学阶段对全面育人体系构建的探索史，追求融会贯通的综合育人效应。建平实验中学的"德智融合"课例工作坊的可贵之处，不仅是通过"真学"来将于漪老师的"德智融合"思想升格成提升教师教育教学理论和实践水平的真实力量，更重要的是深耕课堂，学到了于漪老师的求索精神、治学态度、知行合一的实践品格。

作为勇于探寻教师学习创新的尝试，祝愿建平实验中学在实践探索中，不断寻求提高教师教育教学质量的规律性的认识，形成正确的教育价值理念和有效的学习方法，不仅使本校教师深受其益，也能给教育同行以启迪与参照。

于漪教育教学思想研究中心研究规划部副主任　黄　音

目录

前言　教师学习新生态　　　　　　　　　　　　　　　　　　魏　澜　1
序一　　　　　　　　　　　　　　　　　　　　　　　　　　肖思汉　3
序二　感悟·心语　　　　　　　　　　　　　　　　　　　　黄　音　5

第一章　喻之以理：引领式场域营造　　　　　　　　　　　　　　　1

"三喻文化"视域下支持教师校本学习的机制构建
　　——以上海市建平实验中学"课例研究工作坊"的探索与实践为例　魏　澜　3

第二章　水乳交融：浸润式学科德育　　　　　　　　　　　　　　17

"德智融合"视域下的初中道德与法治单元教学设计研究
　　——以统编版《道德与法治》六年级第二单元《友谊的天空》为例　翟厚耀　19
"德智融合"视域下革命传统题材的文本价值和教学策略探究
　　——以《十六年前的回忆》为例　　　　　　　　　　　　曹雪梅　25
初中体育大单元教学的"德智融合"策略研究　　　　　　　　蔡祺颖　35
"德智融合"视域下初中古诗文群文阅读策略研究　　　　　　周丽君　42
基于"德智融合"的初中历史教学实践与反思
　　——以《鸦片战争》教学为例　　　　　　　　　　　　方亦元　49
依托"双线组元"探索写作的"德智融合"
　　——以统编语文教材预备年级第二学期为例　　　　　　王奕敏　54

第三章　微言大义：探微式课堂观察　　　　　　　　　　　　　　65

克服初中生耐力跑恐惧心理的策略研究　　　　　　　　　　顾新华　67

初中语文情境化教学探究
　　——以《伟大的悲剧》教学设计为例 ········ 谢佳佳　74
初中语文预习单设计研究 ························ 董玉玮　82
在初中文言文教学互动中落实德育价值
　　——以《狼》课堂互动分析为例 ············ 蒋卓汝　89
浅谈德智融合背景下初中生地理实践力的培养 ········ 叶　彬　95
"德智融合"视域下初中化学情境教学的实践研究
　　——以《石灰石　钟乳石》一课情境设计为例 ···· 唐　倩　104
以"德智融合"为导向的初中地理课堂设计
　　——以沪教版《南美巨人——巴西》为例 ········ 程雯雯　116

第四章　循循善诱:参与式智慧分享　125

"德智融合"观心理　冰山理论看自己
　　——以"解救'冰冰'行动"为例 ·············· 史　斐　127
"德智融合"视域下初中语文教学小组合作的策略探寻 ·· 吴　非　133
创设语文学习情境的误区及修正 ·················· 戴　熙　138
基于情境学习理论的初中美术协作式教学活动设计 ···· 弓新丹　143
写好文章　学做真人
　　——"德智融合"视域下的单元作文教学设计反思 ·· 何歆敏　153
生生高效互动　堂堂素养生成 ···················· 李宴雨　161
构建初中生命科学课堂学习共同体的教学策略研究
　　——以《人体的性状和遗传现象》一课为例 ········ 李玉娟　166
小组合作对初中数学学习动力的影响
　　——以一次函数的教学设计为例 ·············· 乐　凯　173

第五章　望闻问切:量表式科学诊断　181

"德智融合"视角下提升初中生的化学定量思维能力
　　——以《饱和溶液与不饱和溶液》的教学实践为例 ·· 施嘉蕾　183

德智融合视域下集体探究学习策略研究　　　　　　　　　　　曹　晶　192

基于"德智融合"视域下初中民族音乐的教学策略研究

　　——以《龙腾虎跃》一课为例　　　　　　　　　　　　郎紫阳　203

跨学科概念的教学策略研究

　　——以《电力》单元中"系统与模型"的教学实践为例　　沙红春　217

第六章　有的放矢：靶向式聚焦素养　　　　　　　　　　　　　　229

浅谈初中数学教学中的分层教学理念　　　　　　　　　　　未莹莹　231

HPM视角下的初中数学德智融合路径研究

　　——以《字母表示数》的教学为例　　　　　　　　　　王温馨　237

从多元化角度探索几何中的"德智融合"

　　——以沪教版八年级第一学期数学教材为例　　　　　　夏　天　247

核心素养下初中英语分层作业的设计与实施

　　——以牛津英语七年级上册Unit 5 Writing板块为例　　　石　越　254

新课标背景下初中花样跳绳大单元设计的实践研究　　　　　陆雨晨　262

HPM视角下初中数学单元作业设计探索

　　——以《分式方程和无理方程》单元作业设计为例　　　薛绮霞　269

核心素养导向的初中道德与法治课程教学评价策略的探究

　　——以六年级《学习新天地》一课的评价为例　　　　　杨旭缨　278

在文本细读中品味散文典型人物形象塑造的审美价值　　　　张　璐　285

指向核心素养发展的学习活动设计

　　——以《孙权劝学》为例反思活动设计的作用　　　　　马　娜　289

后　记　　　　　　　　　　　　　　　　　　　　　　　　　　　297

第一章 喻之以理：引领式场域营造

玛格利特·米德将社会文化划分为三种形态：前喻文化、同喻文化和后喻文化，倡导一代与另一代之间相互学习。课例研究工作坊以弹性灵活的跨教龄、跨学科、跨年级、跨领域的教师学习共同体为主，经多轮研究实践构建了教师学习的三大支持机制：教育理论学习与课堂教学实践的融合机制、研究方法演进与研究工具适应性的更新机制、实践经验梳理与学术成果提炼的贯通机制，促进教育科研日常化、默会知识显性化、实践智慧结构化，推动不同群体教师专业交往的互动、融合与贯通，形成传递、反哺与互促的教师学习生态。

"三喻文化"视域下支持教师校本学习的机制构建

——以上海市建平实验中学"课例研究工作坊"的探索与实践为例[①]

魏 澜

【摘要】 "三喻文化"理论视域下的上海市建平实验中学"课例研究工作坊"的探索与实践,结合本校教师的类型构成和发展现状的分析,以弹性灵活的跨教龄、跨学科、跨年级、跨领域的教师学习共同体为主,经多轮研究实践构建了教师学习的三大支持机制:教育理论学习与课堂教学实践的融合机制、研究方法演进与研究工具适应性的更新机制、实践经验梳理与学术成果提炼的贯通机制,促进教育科研日常化、默会知识显性化、实践智慧结构化,推动不同群体教师专业交往的互动、融合与贯通,形成传递、反哺与互促的教师学习生态。不仅为学校的高站位持续发展聚力蓄势,同时为教师的高质量教育人生铺路赋能,也是以为每一个学生的恒久幸福人生奠基为宗旨和归宿。

【关键词】 教师学习;机制构建;课例研究

一、研究问题

1. 教师学习的时代内涵与战略价值

《中共中央国务院关于全面深化新时代教师队伍建设改革的意见》指出:"百年大计,教育为本;教育大计,教师为本。教师承担着传播知识、传播思想、传播真理的历史使命,肩负着塑造灵魂、塑造生命、塑造人的时代重任,是教育发展的第一资源,是国家富强、民族振兴、人民幸福的重要基石。因此,兴国必先强师。"[1]党的二十大报告作出"加快建设高质量教育体系""培养高素质教师队伍"的战略部署,当前教育改革和政策调整都给教师教书育人能力带来了新挑战。高质量的校本教师学习的新探索,不仅对教师本人的专业成长和境界提升至关重要,也对学校师资队伍整体的系统优化和持续发展意义非凡。

---

① 本文是上海市教育科学研究项目2023年度一般课题"指向'德智融合'的初中生学习行为分析与支持的实证研究"(课题批准号:C2023212)的研究成果。

2. 学校师资的类型构成与发展现状调研分析

教师职称与平均年龄结构分布图

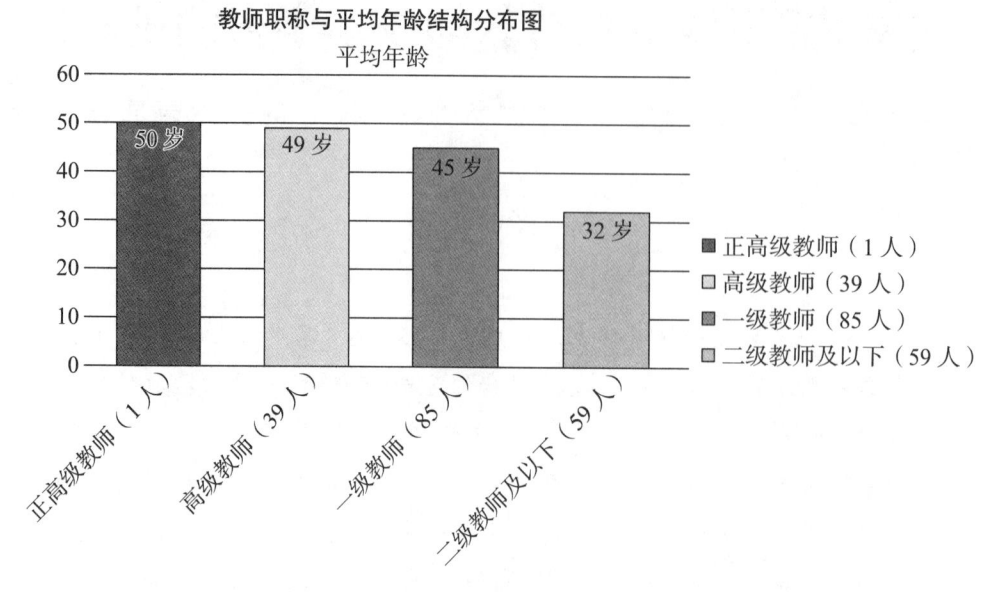

- 正高级教师（1人）：50岁
- 高级教师（39人）：49岁
- 一级教师（85人）：45岁
- 二级教师及以下（59人）：32岁

图1　上海市建平实验中学教师职称与平均年龄结构分布图

随着学校外部条件和内部环境的剧变，师资发展也出现了不同层面的分化（见图1）：近年来新进教师迅速扩容，0—5年教龄的职初教师占比23%，持硕士研究生学历、学位的教师逾40人；5年内将退休的资深教师占比30%，全校已有40位正高级、高级教师。高学历、高年资、高素质的教师团队是建平实验中学的立校之本和兴校之源，但不同群体的教师发展仍存在以下问题："芳林新秀"的专业信念和胜任能力有待提升，"资深教师"的职业倦怠和经验固化不容忽视，"中流砥柱"的晋升困境和发展瓶颈需要突破。专家讲座的理念传递和师徒结对的经验输出，行政主导的培训或个人自发的进修，均难以实现不同群体教师专业交往的互动、融合与贯通。"如何推进不同专业发展阶段教师的高质量学习"成为教师校本学习的首要研究问题。不同群体教师都对理论学习持有畏难和排斥心理，课堂反思、课程开发、课题研究的愿力和能力有待提升，教育教学中未能实现高质量、轻负担、可持续质量观的全员践行，教育公平的推进、教学方式的转变和育人路径的多元化已成为新时代教师学习的"刚需"课程。

二、理论依据

1. 教师学习的文献综述和内涵解读

教师学习是在教师工作的真实场域中为尝试新鲜事物而产生的教师间的共事合作。它是一个动态协助、不断探究的过程，其间教师在合作共同体中构建本土知识;同时,教师对其身份角色,对知识的应用,以及探究理论与实践的关系都有了更为深刻的认识;教师也将从其日常实践中不断学习、合作探究,并不断提升其教师专长。[2]在当前的时代背景下,系统性、交互性、复杂性、整体性、实践性、差异性等是理解教师学习的关键词,日常化、校本化、团队化、高科技化等成为教师学习实践的发展趋势。真实服务于差异化和个性化的教师,应该是促进教师学习,实现高质量教师专业发展和教师队伍建设的起点。[3]国际组织和教育研究者还强调:教学情境的复杂性、多样性和关系性决定了教师必须进行知识的创造和生产,这才是有效教学的源头和前提。[4]

教师学习是教师实现从理念更新到行为变化的持续生长的动力之源,其对教育现代化的作用体现为通过教师作为主体的成长与教师群体的成长促进学校组织变革。[5]因此,教师学习这一取向强调以下几个元素:来源于自我发展的内部驱动,立足于工作场域的问题需求,植根于教育实践的真实体验,适用于不同情境的理论运用,持续于探究互动的协同构建,优化于研究工具的迭代升级,成熟于实践经验的提取凝练,辐射于教育成果的传播表达。

2. "三喻文化"的三种形态和现实启示

玛格利特·米德将社会文化划分为三种形态(见图2):前喻文化、同喻文化和后喻文化[6]。"三喻文化"的理论框架常用于分析代际关系,前喻文化是从年长一代向年轻一代传承,年轻者向年长者学习的文化;同喻文化是指同代人相互学习的文化;后喻文化是年轻一代向年长一代逆向传递,年长者向年轻者学习的文化。[7]

教师学习的校本化实施也不可避免地存在着"前喻""后喻""同喻"的文化现象。资深教师依靠丰富的教育经验积累成为"前喻主体";青年教师作为学校的新血和后浪,凭借对新鲜事物的学习优势和对学术前沿的研究强项,无疑成为"后喻主体";处于相同年龄段的骨干教师之间要相互学习、取长补短,是"互喻主体"(见图3)。

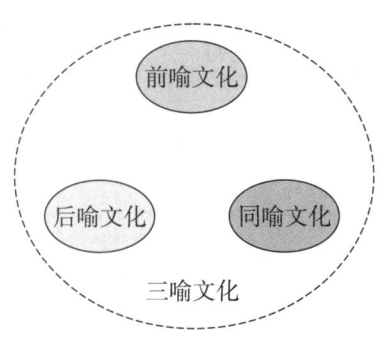

图2 玛格利特·米德的"三喻文化"理论

但其实人无常师、能者为师,教师学习理应打破年龄、学科、年级的禁锢,彼此借鉴、共同成长,即"互喻文化"。"互喻文化"构建了良好的知识共享机制,能够促使不同教师群体之间在特定环境下组织内相互交流,是实现知识共享、知识创新的过程。

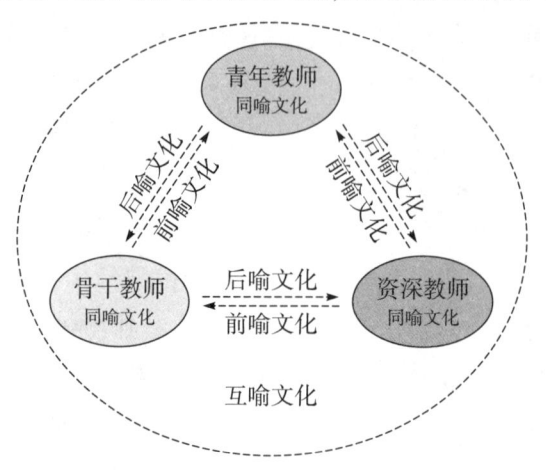

图3 "三喻文化"衍生出的教师学习生态圈模型

综上所述,学校直面教师学习领域目前存在"师资队伍分布不均,互促场域亟待构建;内生动力需要激活,专业素养还要精进"的困境和瓶颈,聚焦"如何推进不同专业发展阶段的教师校本学习?"这一研究问题,展开了体现"三喻文化"特征的"课例研究工作坊"的系列探索。通过诊断教师独特的优势和不足,契合教师真实的诉求和需要,引领不同层次和类型的教师立足课堂的主阵地和主渠道,建构起协同学习的共同体,逐步实现从价值认同、意识培养、理念更新到实践转化的进阶,成为学校支持教师校本学习的必然选择和有力举措。

三、探索教师校本学习的实践机制

为推进学校"德智融合"龙头课题切实落地,促使传统课堂样貌真实改变,引领科研骨干力量茁实发展,保障教育过程公平扎实实现,学校把"德智融合"课例研究工作坊活动的开展作为突破口和发力点,期待在课堂话语互动方式取径的课例研究中探索高质量的教师学习。

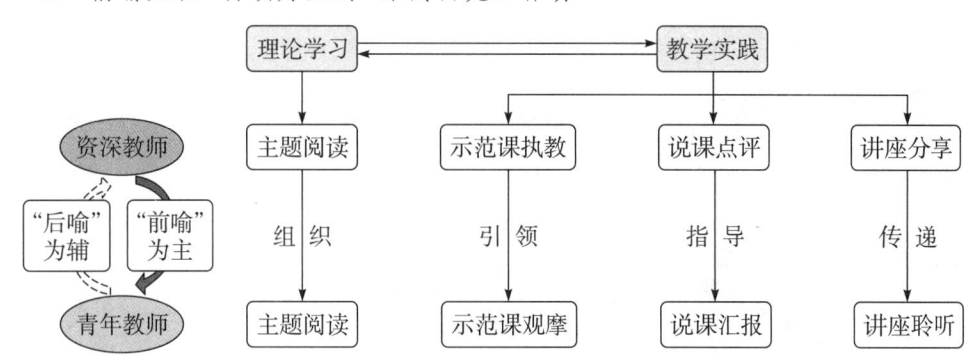

1. "前喻文化"引领为主的"课例研究工作坊"

图4 理论学习与教学实践的融合机制图

"课例研究工作坊"的目标定位于理论知识的进补、研究主题的引领、优秀前辈的示范和基于理论的反思。注重资深教师对青年教师的帮扶作用,具有鲜明的"前喻文化"特征,改变了由外而内的理论灌输、脱离实践的生硬说教,构建了教育理论学习和课堂教学实践的融合机制。(见图4)

(1)教育理论学习

学校成立共读团队,由指定组长督促,同读一套书籍,完成一日打卡,共享一份成长。不足3个月的时间,24名教师全部读完聚焦"德智融合"主题的四本专业书籍,实现了从"人物传记"到"教育对话"再到"思想研究"的阅读进阶,让教育理论学习和学科专业阅读成为自己日常生活的一部分。

(2)课堂教学实践

资深教师指导青年教师努力将"德智融合"主题的理论学习成果转化为教学实践,进行了指向学科育人的说课汇报,经由资深教师的点评和指导,青年教师提高了思想站位,更新了教学理念,增强了实践能力;正高级教师和学科带头人也展开了"德智融合"主题下的示范教学和专题分享,培训任务驱动了此类资深教师实践智慧的结构化和教学研究的成果化,切实发挥了优秀教师的引领与辐射作用。

这种"前喻文化"引领为主的理论学习与教学实践融合机制营造了学科实践的场域、氛围和生态,任务导向、实践取向的教师学习融理论进补于任务之中、融学术滋养于实践之中,既克服了单纯"书斋式"理念学习的空洞与乏味,也解决了片面"临床式"实践操作的下位与盲目,实现了教育理论学习与课堂教学实践的有机融合。教师在与教育大师、学科专业、学校同仁、所教文本、不同学生和真实自我之间多维度、深层次的碰撞中,实现了读思结合、知行合一、教研互促。不同群体的教师从排斥理论学习转向借助理论实践,打破了变革焦虑、学习阻抗和认知屏障,成为共生互促的学习共同体。

2. "后喻文化"反哺为主的"课例研究工作坊"

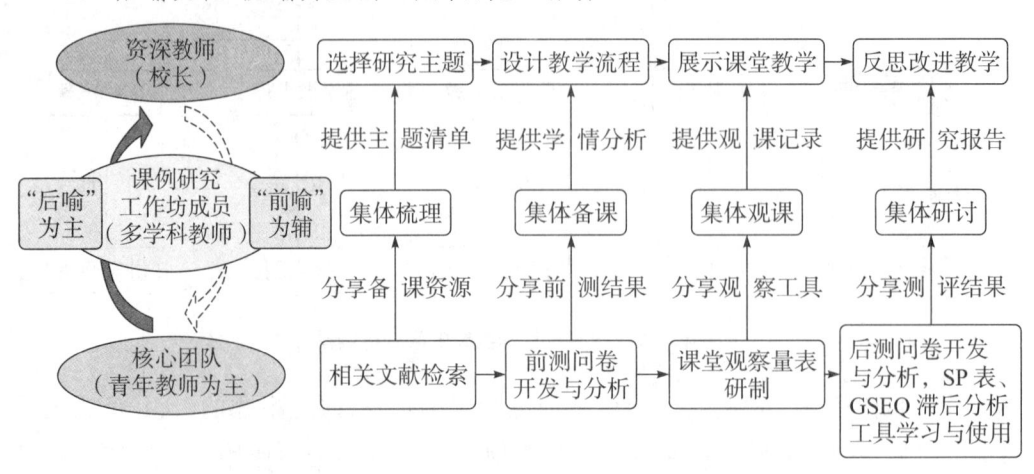

图 5　研究方法演进与研究工具适应性的更新机制图

"前喻文化"引领为主的"课例研究工作坊"存在青年教师的主体性地位未能彰显，"高"职称、"老"教龄为边界的教研单向话语权限未能突破等问题，为改变多数青年教师学习校本实施过程中的失语状态，学校开展了"后喻文化"反哺为主的"课例研究工作坊"的探索与实践。（见图 5）

（1）青年教师提供学术助力

"课例研究工作坊"中，以青年教师为主的核心团队通过检索相关文献、开发和分析前后测问卷、研制和使用课堂观察量表，以及学习和尝试 SP 表、GESQ 等测评工具，为工作坊成员分享资源、提供支持，改变了优秀前辈经验的单向传递，实现了高学历青年教师的学术反哺，出现了以"后生启发先生，晚辈指导长辈，幼者帮助长者"的令人惊喜的"后喻文化"现象。

（2）资深教师展示课堂教学

资深教师研究与改进自主发展式的课堂教学，努力践行新课改和新课标的理念，在关联新的认知情境和旧的学习履历的过程中，转变心智模式，新知的接纳、统合、运用得以实现。参与其中的资深教师由衷感受到教育是一门实践艺术，教育也是一项科学研究，作为专业人员的教师需要提供"证据"来研讨和改进课堂教学实践，而非仅靠经验做出判断。

（3）团队成员进行课例研究

"课例研究工作坊"的成员由语文学科教师拓展为跨多学科教师，团队通过集体梳理、备课、观课、研讨，精准地确定教学目标，精心地设计教学流程，精细地建构教学评价。不同群体的教师体悟到学术的价值和实证的魅力,以浸润式的深度观察、参与式的专业倾听、量表式的科学诊断、"靶向"式的切实改进,逐步实现基于事实和数据的课堂结构创新和教研模式优化。

研究导向、实证取向的"课例研究工作坊"让青年教师被看见、被鼓励、被肯定,自我效能感得以增强,促使他们由获得知识到转化建构知识、由习得模式到参与体验模式,实现了跃迁式的发展;也为资深教师带来了理性的反思、情感的接纳和心怀的开放,提供了突破高原期、消除倦怠感的有效路径。这种"后喻文化"反哺为主的研究工具适应和研究方法演进机制让每一位参与的教师都能看到锚定数据、诊断教学、建构模型的研修成果,从而不断加强团队的专业认同和向心引力,开启了转换思维方式、价值观念和行动传统的文化变革,消解了不同层次教师的文化鸿沟,引发了教师学习的合作共进与文化自觉。

3."互喻文化"特征彰显的"课例研究工作坊"

"后喻文化"反哺为主的"课例研究工作坊"存在以下问题:研究工具的研制与开发的专业难度大、研究数据的收集与分析的时间成本高,且编码分析的意义和诊断工具的价值未能凸显。为通过实践研究创生解决问题的新知识,激发教师开展学术研究进行专业发展的动力,学校开展了"互喻文化"特征彰显的"课例研究工作坊"的探索与实践。(见图6)

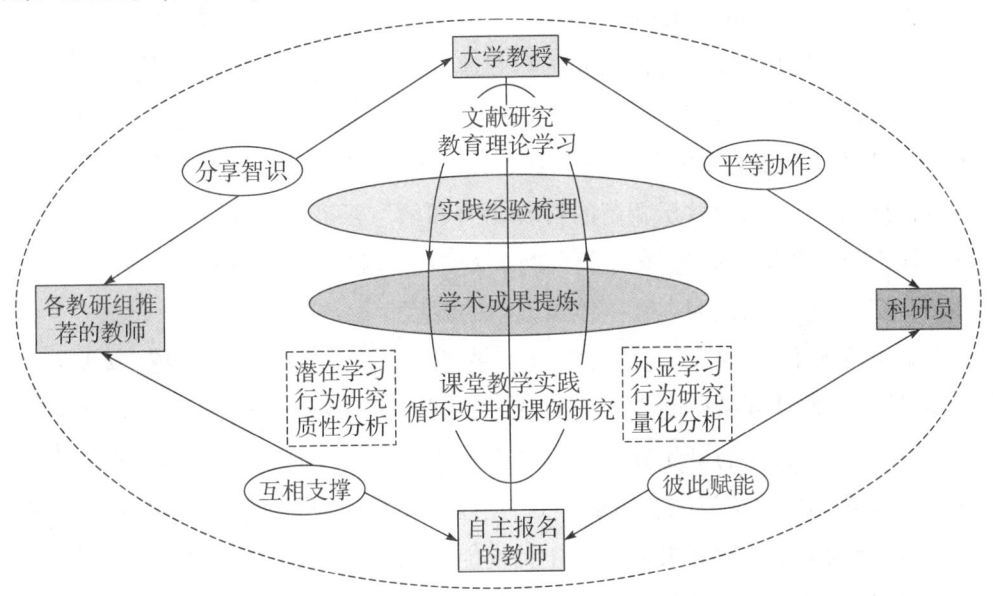

图6 实践经验梳理与学术成果提炼的贯通机制图

"互喻文化"特征彰显的"课例研究工作坊"在以下方面实现了迭代升级:

(1) 契合需求,以终为始——体悟研究的价值

工作坊通过前期调研,聚焦教师如何推进新课程标准和新课程方案的落地以实现育人方式变革的困惑,以及教育实践成果提炼与转化的需求,确定了工作坊研究主题,以教研组推荐和个人自主报名相结合的方式组建了团队,以物化成果为导向设置了"通识培训""学科实践""课例研讨""成果孵化"四个模块。

成果导向、专业取向的"课例研究工作坊"更为关注教师的发展诉求、学习体验和生命状态,带来了更多的信息交换与能量聚集,让教师拥有了持续学习和主动变革的环境和中介,教师个体之于集体不再是一种"弱嵌入"状态,而是建立起归属感和使命感。

(2) 跨界融合,协作共生——体悟团队的效能

"互喻文化"特征彰显的"课例研究工作坊"拥有大学教授、科研员等专家学者的高端引领、跟踪指导和学术助力,工作坊学术秘书由学校的青年才俊担任,吸引了更多教师主动自觉地参与教学创新、资源共享和行动研究。团队成员共同展开了循环改进的课例研究,比如在课堂实录与编码等研究工具的开发与使用中,工作坊提前进行了专业的培训和指导,设计了明确而适切的分工,所有成员高质量、高效率地完成了任务并及时共享了成果。每个个体为实现学习目标,基于责任自觉,在不断贡献智慧的过程中形成了群体动力,达成了互补共生。

教师集体发力推动资源的循环流通,打破了"身份等级",弱化了教龄、职称、学历等边界,成员以各司其职的方式参与到学习共同体中,形成了群体内共同的情感与信念,继而产生了较强的群体认同感与归属感。紧密的协作和有效的支持确保参与者在自己擅长的领域里进行探索和实践,真正做到了人尽其才、才尽其用。分享智识、平等协作、互相支撑的伙伴关系让一线教师忽略了大学教授与科研人员的专家身份,也让资深教师为教坛新苗的科研能力和信息素养惊艳不已。骨干前辈引领和青年先锋反哺相辅相成,特色学科先行和跨多学科融合相得益彰。

(3) 切片深描,以人为本——体悟教学的温度

为避免落入工具与技术化的窠臼,在"课例研究工作坊"的课堂观察与课例研究中,不同学科的教师开始聚焦课堂互动中的隐藏信息,深入探究学生行为背后的原因,展开外显学习行为的量化分析("德智融合"学习行为的数据追踪)、潜在学习行为的质性解读(深度"德智融合"的学习行为路径图的研究)、重点学习行为的切片深描(个体诊断和分组比对),并指向学生关键能力、必备品格与正确价值观的发展。

研究课中,每位学生身旁都坐有观察员,每位教师都持有涵盖访谈问题和观察维度的量表,形成了科学评估和有效调研的意识。除此之外,学生学习行为的分析与支持不仅基于这一堂课的发现,也需借助班主任较为长期的观察。这是一种不同

视角的研究互证,也是国外先进的研究工具在中国本土化教学实践中的成功运用,让观察者能够更全面地理解学生学习过程中的际遇与成长。

(4) 学术分享,成果提炼——体悟创生的魅力

教师的知识很大一部分是缄默的、具身的、情境依赖的、分布在人际互动和人际关系之中的,只有在真实的问题情境中才能被激活、被意会和被重构。为推动教师成为知识的生产者、经验的提炼者和成果的推广者,工作坊融合学校"德智融合"龙头课题和教师个人研究专题的学术成果提炼,及时有效地关注到教师的学习体验、发展诉求和实践困惑,激发了主体能动性,不再是源自行政指令的下达,而是让教师体验到了作为专业人士的内在愉悦感,产生了学习和提升的自我需求和内部动机,让科研的实用价值得以充分凸显。

为提升研修成果品质,"课例研究工作坊"秉承以学习者为中心的理念,以共读活动为平台,借力于学术著作,获取专业知识,挖掘学习规律,提升实践能力。如《人是如何学习的》一书的共读活动,活动历时十一周,每周针对一个章节的内容交流读书心得,互促共生。20多位教师自愿报名、自发参加,形成了一个弹性灵活的跨学科学习共同体。教师们精心准备、各抒己见,结合PPT和视频为共读小组带来一次次激发思想火花的阅读盛宴。对于"如何助力一线教师讲好专业故事",学校聘请专家一对一、面对面进行论文撰写指导、修改和升格,并结集出版,让教师们看到研修的成果,并提供了学术交流会等平台,由此激发教师的成就感和尊严感,从而不断加强专业认同。

"互喻文化"特征彰显的"课例研究工作坊"累积了集体智慧,共享了优质资源,构建了融合教学的支持模型和联动教研的支持机制,带来了教师群体加速的协作共进和创新发展效应。这是一次多领域、多维度、多视角的深度耦合,建构了实践经验梳理与学术成果提炼的贯通机制,实现了很多有价值的探索与创新,促进了高等学府与基础教育的合作打通,达成了理论研究的象牙塔高地和中小学教育现场的紧密联结。

表1 "课例研究工作坊"支持教师校本学习的机制构建与进阶表

1."前喻文化"引领为主的"课例研究工作坊"	2."后喻文化"反哺为主的"课例研究工作坊"	3."互喻文化"特征彰显的"课例研究工作坊"	三个机制之间的关联
教育理论学习与课堂教学实践的融合机制	研究方法演进与研究工具适应性的更新机制	实践经验梳理与学术成果提炼的贯通机制	迭代升级优化延伸
学习类型			
任务导向 实践取向	研究导向 实证取向	成果导向 专业取向	教学理论与实践、研究事实与数据、成果培育与提炼的统筹与整合

续 表

1."前喻文化"引领为主的"课例研究工作坊"	2."后喻文化"反哺为主的"课例研究工作坊"	3."互喻文化"特征彰显的"课例研究工作坊"	三个机制之间的关联
学习对象	
语文教研组的青年教师和骨干教师	不同学科的资深教师和青年教师	不同学科、不同年龄、不同年级的更多教师加入,大学教授、科研人员的深度参与和共同研究	由自上而下的行政指定改为教研组推荐与自主报名相结合,后又融入了专家学者,学习对象不断拓展,涵盖了跨领域、多视角的审视与反思
学习关系	
"前喻文化"引领为主;资深教师与青年教师之间是督促与被督促、模仿与被模仿、评鉴与被评鉴的关系	"后喻文化"反哺为主;青年教师为任务驱动下的资源分享和技术支持,团队遵循证据共同研究和改进	"互喻文化"特征彰显:构建了分享智识、平等协作、互相支撑、彼此赋能的伙伴关系	弱化了教龄、职称、学历、学科等边界,实现了主题共研、资源共享、专业共生
学习目标	
① 理论知识的"进补" ② 研究主题的"引领" ③ 优秀前辈的"示范" ④ 理实相生,薪火相传	① 教师的教→学生的学 ② 打造精品课→研究并改进教学设计与实施 ③ 基于经验的教学教研→遵循证据的行动研究	① 了解教育理论和学术发展的前沿动态 ② 基于实证透视课堂黑箱的真实性与复杂性 ③ 指向学生关键能力、必备品格与正确价值观的发展 ④ 催生研究成果	理论的学习者→实证的探索者→知识的生产者、经验的提炼者、成果的推广者,更新育人理念,厚植教育情怀,放大课改效应
学习内容	
① 共读活动 ② 说课汇报+点评指导 ③ 示范课 ④ 专题讲座	① 文献资料学习 ② 遴选研究工具 ③ 开发研究工具 ④ 研制测评量表 ⑤ 开展课例研究	① 教师困惑需求调研 ② 专家跟踪指导 ③ 成员自主参与、教师轮流领读 ④ 开展课例研究 ⑤ 关于学生学习行为的细描和深描 ⑥ 个人学术成果提炼 ⑦ 固化累积迭代共享的资源包与工具箱	来源于自我发展的内部驱动,立足于工作场域的问题需求,植根于教育实践的真实体验,适用于不同情境的理论运用,持续于探究互动的协同构建,优化于研究工具的迭代升级,成熟于实践经验的提取凝练,辐射于教育成果的传播表达

续 表

1."前喻文化"引领为主的"课例研究工作坊"	2."后喻文化"反哺为主的"课例研究工作坊"	3."互喻文化"特征彰显的"课例研究工作坊"	三个机制之间的关联
学习价值			
强调做中学、用中学、悟中学,让学科核心素养、育人方式转变、综合素质评价等教育教学改革理念,在微观实践层面进行创造性教学设计并付诸具体情境中应用和迁移	研究的意蕴渐趋突显,执教者拥有了精准评估学情、科学设计流程的意识,为其打破惯性思维、精进教学提供了可操作路径,形成了基于数据精准分析的教学设计与教学研讨机制	在教育现场聚焦课堂互动中的隐藏信息,深入探究学生行为背后的原因,不仅在科学测评上下功夫,也深入质性研究领域,通过数据支持和现象描述,讲好专业故事	回应教师个体学术成果提炼的发展困境和现实关切,提供促发其质变学习的学习情境、学习同伴、学习资源等支持体系,为其在借助外力和自身努力的持之以恒中,注入精进专业的情感动力和情绪能量

三、探索教师校本学习的阶段思考

1. 促进团队"互喻",优化学习生态

指向"三喻文化"的"课例研究工作坊"有助于激活不同群体教师的愿景共识力、团队共生力、课改原动力和育人创新力。借助渐进式发展和螺旋形上升的教师学习,推动学校进入了常态变革的轨道,实现了默会知识显性化、实践智慧结构化和教育科研日常化,形成了传递、反哺与互促的立体化循环的互动场域,营造了具有内生力、共生力和创生力的教师学习生态。(见图7)

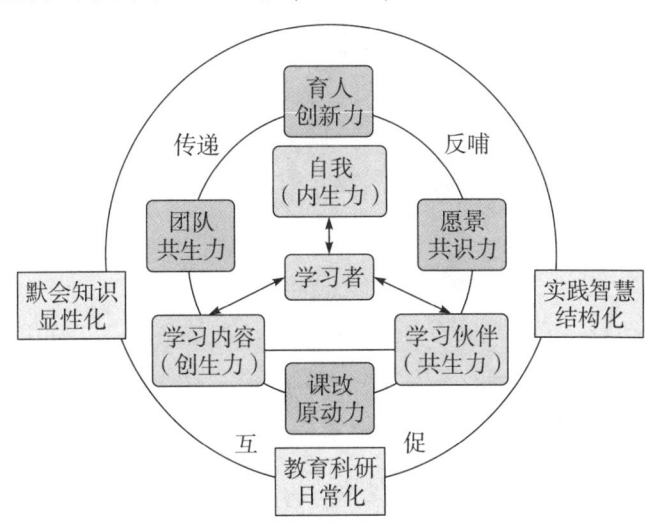

图 7 教师学习新生态图

2. 重塑育人理念，重建课堂文化

"课例研究工作坊"在课堂观察中更多地聚焦学生的认知特点和学习行为，不再纠缠于教师的教学设计；教学研讨中关注的不仅仅是教学结果，更有情境的呈现、任务的驱动、问题的解决、团队的协作、评价的增值等维度，并以实证研修和机制建构支持着每一位教师的理念更新和专业提升。工作坊也让教师们看到了很多忽视的细节，督促大家检视自己。教师在工作坊活动中亲临现场、耳闻目睹、亲身体验，把推进教育公平这一抽象的概念演变成具象的思考与践行，鼓励学生葆有持续探究的求知兴趣和学习动力，尊重每一位学生的个体差异，关注每一位学生的全面成长，为每个孩子主动健康的发展积蓄力量。

3. 正视群体差异，激发革新动力

如何让更多的教师乐于参与教学创新、资源共享和行动研究？学校的组织氛围、研修场域和平台搭建是教师获得安全感和效能感的重要因素，还有来自课堂教学、来自研修团队的向善变化，都是教师建构起自我的专业认同和价值信念的助推器。不同学科之间存在差异，教师群体类型多，实践经验差异更为显著，存在着发展不平衡的情况。学校允许部分教师因认识、习惯和能力的局限不能携手并进，科研骨干一方面积极引路、提炼经验、推广成果，另一方面及时关注并科学评估实施班级的学习效果，赢得教师专业精进的信心。

4. 提供学术助力，催生专业成果

一线教师开发量表缺乏技术标准和对编制量表背后的理论与情境的认真推敲，没有科学有效的观察工具，便不能把观察数据转化为精准透彻的分析、解释和推论，提炼成果和撰写论文更是举步维艰。学校将继续努力为教师们搭建高端的学习平台，提供优质的学术支持，在导师团和特聘专家的指导下推进教学的课堂实践研究，建设专业发展的高地，深入学科教学的腹地，总结出具有影响力的学术成果，并进行交流辐射，督促优秀教师及时地把研究心得变成有感染力的文字，形成有生命力的教育理论与实践经验。

"课例研究工作坊"在"三喻文化"视域下支持教师校本学习的机制构建，激发了个体学习动力，凝聚了团队研究合力，赋能新手教师的蜕变式发展、能手教师的梯队式发展和高手教师的跨域式发展，从而形成"愿景共绘、规划共制、问题共商、资源共享"的教师学习生态圈。不仅为学校的高站位持续发展聚力蓄势，同时为教师的高质量教育人生铺路赋能，也是以为每一个学生的恒久幸福人生奠基为旨归。

参考文献：

[1] 中共中央国务院.关于全面深化新时代教师队伍建设改革的意见[M].北京:人民出版社,2018.

[2] 裴淼,朱旭东,陈林,等.构建校本教师学习复杂系统模型:为教师成长提供良好适宜环境[J].教育学报,2016,12(01):83-92.

[3] 王军.教师学习:本质、影响因素与路径特征:基于近十年研究的阐释[J].教师发展研究,2021,5(01):109-117.

[4] 张民选,张馨元.教师:世界的新期待[J].比较教育学报,2023(05):3-19.

[5] 张娜.学校变革视角下的教师学习[J].教师发展研究,2022,6(01):45-49.

[6] (美)米德.文化与承诺一项有关代沟问题的研究[M].周晓虹,周怡,译.石家庄:河北人民出版社,1987:27.

[7] 陆云泉,陈德收,平亚茹,等."三喻文化"引领下教师链式校本研修课程的建设与实施[J].中国教育学刊,2021(S2):231-236,263.

[8] 陈向明.从教师"专业发展"到教师"专业学习"[J].教育发展研究,2013,33(08):1-7.

[9] 李政涛.论教师的有效学习[J].教育发展研究,2008(Z2):63-67.

[10] 陈向明,张玉荣.教师专业发展和学习为何要走向"校本"[J].清华大学教育研究,2014,35(01):36-43.

第二章 水乳交融：浸润式学科德育

  高处立、阔处行、深处思、细处研，以学科为主阵地，以课堂为主渠道，探究德育在学科教学中的融合规律，促进知识体系和价值体系的有机统一，是教师的专业智慧。我们利用课程中语言文字、历史事件、时政热点等丰富的思想道德教育因素，探索从知识转向故事、从灌输转向体验、从大道理转向小细节、从思想感悟转向生活践行的新型德育路径。充分关注学生的情感体验和道德实践，与日常的生活实际紧密勾连，与学科的思想内涵深入对话，与丰富的时政素材有效互动，把知识讲明，把道理讲透，把学问讲活，潜移默化地对学生进行世界观、人生观和价值观的引导。

"德智融合"视域下的初中道德与法治单元教学设计研究

——以统编版《道德与法治》六年级第二单元《友谊的天空》为例

翟厚耀

【摘要】 "德智融合"的教育思想要求教师在学科教学工作中坚持学生德性与智性的共同发展。初中道德与法治学科中知识性与价值性相统一的教学原则需要教师在教授学生知识的同时,加强思想道德教育,综合培育学生的核心素养。本研究通过对《友谊的天空》单元教学设计案例的分析来探索以德育智育融合方式促进初中生核心素养发展的实施路径。教师可以在单元整体教学设计中精心设计议题,创设真实情境,并通过单元社会实践活动的组织实现课内课外联动以及德育与智育在学科教学实践中的和谐统一。

【关键词】 德智融合;单元教学设计;核心素养;学科德育

于漪老师关于"德智融合"的教育思想要求教师在学科教学工作中坚持学生德性与智性的共同发展。这就需要教师不仅通过教学传授实现课程知识内容的工具价值,还需充分发掘教学的思想与价值导向作用,引领学生树立正确的世界观、人生观、价值观。下面以笔者对统编版(五·四学制)《道德与法治》六年级第二单元《友谊的天空》的单元教学设计为例,探究在单元教学设计中如何将德育与智育深度融合,使教学的知识性与价值性相统一,进而促进学生学科核心素养的培育。

一、单元整体设计思路

(一)单元核心知识结构与所指向的核心素养

《友谊的天空》单元以友谊为主题,重点关注初中学生的同伴关系,是对初中生活初步展开后学生实际需要的回应,也体现了同伴交往在学生生命成长中具有的重要意义。其立意在于帮助学生体会交往和友谊对于生命生长的意义,学会建立和谐良好的人际关系。

本单元在内容设计上的内在逻辑是递进的关系(核心知识结构见图1),即在帮助学生树立正确的友谊观的基础上,引导学生学会在现实和网络世界交友。本单元的核心内容:友谊是一种亲密的关系,是平等、双向的,是一种心灵的相遇。友谊不是一成不变的,竞争并不必然伤害友谊,友谊也不能没有原则。建立友谊,需要开放自己以及持续的行动。呵护友谊需要用心关怀对方、尊重对方,学会处理冲突,学会承受并正确对待交友中受到的伤害。网络交往具有虚拟、平等、自主等特点,网上交友要有自我保护意识,将网上的朋友转化为现实中的朋友需慎重。

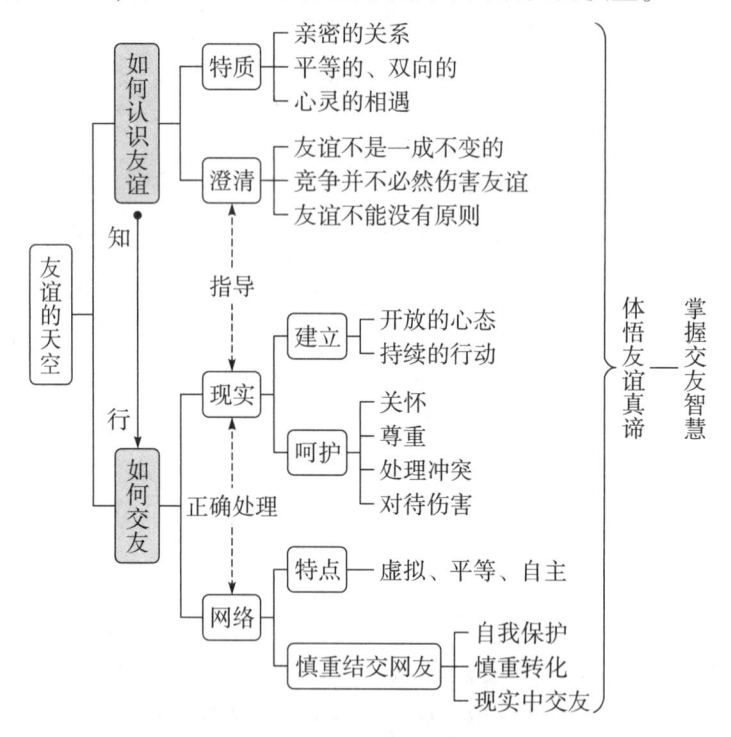

图1 单元核心知识结构图

本单元着重落实政治认同、道德修养、法治观念、健全人格素养的培养,具体体现在如下方面:践行和弘扬社会主义核心价值观,增进中华民族价值认同和文化自信;培养团结友爱的个人品德,培养文明礼貌、相互尊重、助人为乐的社会公德;养成守法用法的思维方式和行为习惯,具备自我保护意识,掌握基本的自我保护方法;能够自我调节和管理情绪,树立正确的合作与竞争观念。

(二)单元教学目标与课时安排

笔者希望通过本单元的学习,学生能够觉察友谊的影响与作用,知道友谊的重要特质,理解网络交友的特点和影响,了解中华优秀传统文化中的友谊观;掌握建立友谊的方法,能够正确对待和恰当处理与朋友交往中遇到的冲突与伤害,正确使用互联网进行交友,养成守法用法的思维方式和行为习惯;用心关怀和尊重朋友,树立正确的合作与竞争观念,积极践行友善、诚信等社会主义核心价值观。

本单元通过五个议题——"如何通过调查活动了解六年级学生的交友状况?""友谊会产生什么影响和作用?""友谊具有哪些特质与容易产生的认识误区?""怎样建立并呵护好一段友谊?""如何慎重结交网友?"的探究,着力培育学生政治认同、道德修养、法治观念、健全人格等方面的学科核心素养。单元课时安排如图 2 所示,共 5 个课时,每个议题各 1 个课时。

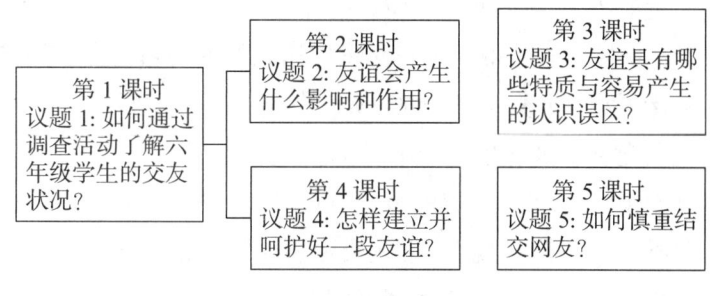

图 2 课时安排逻辑图

二、单元社会实践活动方案

本单元教学过程中,教师组织学生实施"六年级学生交友状况"调查这一社会实践活动,具体活动方案如下:

(一) 明确活动目的

了解同伴(本校六年级学生)进入初中后交友的范围等方面的变化,以及对于友谊的理解与认识,回顾和梳理朋友关系;了解学生建立友谊的途径与方式等情况,收集六年级学生在现实交友过程中遇到的冲突与伤害的典型案例,反思交往方法,提升交友能力;了解六年级学生网上交友的目的、所用时间等情况,对网上交友形成自己的观点,扩展对友谊的认识;学习调查报告的写作形式,提高分析数据的能力,提升道德与法治核心素养。

(二) 提出活动要求

以调查小组为单位,分工合作进行调查活动。首先,根据活动主题和目的进行问卷和访谈问题的设计。然后,采用线上线下相结合的方式实施调查。利用网络平台制作调查问卷,并发送给调查对象填写。访谈部分通过现场提问、文字记录、摄像、录音等形式进行。最后,小组将问卷和访谈获得的资料进行汇总、整理,从现实交友和网上交友两方面分析六年级学生在交友过程中各方面的状况,通过撰写调查报告等形式形成调查成果,在班级层面进行展示。

（三）活动实施过程

活动前：明确小组内部负责问题设计、问卷实施、访谈实施、资料整理及报告撰写等工作的分工；联系本班同学并确定调查对象；设计问卷和访谈问题，并制作网络问卷和打印访谈表。

活动中：1.利用网络将问卷发送给调查对象进行填写；2.记录线下访谈内容（① 利用访谈表进行文字记录；② 通过录音、视频或拍照的方式记录）3.整合并分析调查资料。（① 整理文字、录音或视频内容，筛除无关、无效的内容；② 将问卷数据进行汇总和统计；③ 将访谈所得学生在交友中遇到的冲突与伤害案例进行汇总和整理；④ 总结六年级学生网上交友的目的、所用时间情况；⑤ 归纳六年级学生的网上交友经历以及网上交友带来的帮助和困惑）。

活动后：1.形成调查结果，进行成果展示（① 要求：所写调查报告真实，结合数据进行理论分析，结构完整，格式规范，主题突出，层次清楚，逻辑性强；能对数据进行图表展示，给人更加直观的理解；表达条理清晰，语言精练，感情丰富。② 形式：演讲、PPT、调查报告等）；2.进行师生共评，评选表彰。

三、单元教学设计中的"德智融合"的实施路径

（一）精心设计议题，创设真实情境

议题是议题式教学实施的关键所在。议题的设计需要基于学科内容，聚焦核心知识，同时遵循学生身心发展特点和成长规律，关注学生的实际认知水平与生活经验。本单元教学设计中的议题从如何认识友谊、如何建立友谊和如何呵护友谊等不同层面精心设计，增强教学内容的针对性和现实性，突出问题导向。学生通过对议题的分析与讨论，可以掌握知识内在的逻辑性和关联性，提升解释生活现象、解决真实问题的能力。

情境是议题式教学开展的载体。创设情境就是将学科内容需要与具体教学情境相结合，从中促进学生的观念生成和思维发展。本案例以单元实践活动"六年级学生交友状况调查"为基础，收集学生的真实问题和困惑作为典型案例，有效挖掘学生资源，创设构建具有连续性的真实复杂情境。比如在议题4"如何建立并呵护好一段友谊？"中，直接将学生在调查活动中收集到的关于友谊的冲突与伤害的三个真实故事作为典型案例，引导学生通过小组综合探究，提出解决策略。又如在议题5"如何慎重结交网友？"中，以学生在调查活动的问卷部分中反映出的实际困惑为依据，构建复杂的多元情境"小杰的求助帖"，并进一步出示思辨性问题。这些情境贴近学生的生活实际，能够让学生在整个单元学习中持续产生共鸣，激发热烈讨论与深度

分析,从而进行观点的辨析、思考和判断。学生得以在积极参与、提出策略、解决问题的过程中,逐渐增强社会意识和责任感,树立正确的价值观念。教师也能够由此了解学生的思考方式和价值观,帮助学生涵养必备品格,提升关键能力,落实核心素养的培育要求,实现德育与智育的和谐统一。

(二) 课内课外联动,活动提升能力

本单元教学设计中课堂学习活动和社会实践活动之间有效联动、互为补充。学生不仅在课堂中认识现实生活,分析交友等实际问题,而且在课堂之外开展社会实践调查活动,自主设计调查方案,并通过小组合作探究同龄人交友状况。将社会实践活动与课堂活动进行联结,能够显著增强课堂教育的实效性和针对性。

教师组织学生实施的"六年级学生交友状况"调查活动不仅让教师能够了解学生关于友谊的需求和想法,从而更好地制定和改善课堂活动设计,调整和优化相应的教学内容和方法,更让学生能够掌握自己和同龄人的交友状况,调动学习兴趣和参与热情。学生通过问卷和访谈等形式收集材料,总结归纳后对数据进行图表化呈现。教师再将各种观点引入课堂,由此开展各种形式的教学活动,进一步启发学生的思考。如在议题3"友谊具有哪些特质与容易产生的认识误区?"中,教师展示调查活动中统计的关于友谊特质的图表材料,通过数据分析,让学生认识初中生交友中普遍看中的特质,加强对友谊的认识。在议题5"如何慎重结交网友?"中,则以饼图、柱状图及词云图等多种形式展示调查数据,在课堂中引导学生开展自主思考及小组合作等学习探究活动,培养学生从图表中获取信息的能力,促进学生与同伴之间的协作与交流,培养团队合作精神和创新思维能力。教师通过组织课内课外联动的学习和实践活动,使学生不仅可以获得一定的实践经验和技能,理解课堂知识的内涵和外延,更能够进一步促进自身道德品质和人文精神的养成,将所学内容内化于心,外化于行,使得道德与法治学科教学的价值方向引领与学生素养培育有机统一,真正实现"德智融合"的育人效果。

四、单元教学设计的效果反思

(一) 加强单元整体设计以促进"德智融合"

在道德与法治学科的教学中,单元整体教学设计更加重视知识的整合与活动的统筹,有效避免了"只见树木不见森林"的知识碎片化问题,也有利于解决"重智育轻德育"的片面应试化问题。教师在充分解析教材内容、把握核心知识结构的基础上,利用单元的大主题、大概念来引领整个教学设计和实施,可以使议题设置、情境创设更具连贯性、整体性,从而提高学生学习过程的系统性、连续性。于漪老师认为,每一个学科都需要重视自身蕴含着的丰富而又独特的育人价值。道德与法治学科作为学校德育工作的主阵地,肩负着实现德育功能的神圣使命。在道法课上将德育与智育相融合,既符合课程改革的方向,也顺应了当下新时代学生身心健康发展的真实需要。学生的智力提升和精神成长是由长期学习经历熏陶和教化所形成的整全性发展。加强单元教学的整体性设计,既符合学生自身学习活动的发展逻辑,也能够更加持续地激发学生的道德情感体验,进而促进稳定价值观、正确人生观的形成。这种一以贯之、以生为本的教学设计方式对于实现德育与智育的和谐交融,促进学生素养水平的全面提升具有深远的理论价值。

（二）精心组织社会实践活动以培育核心素养

社会实践活动与道法课堂相互联动,可以达到隐性课程与显性课程相结合的效果。这是改进课堂教学,实现核心素养培育的重要突破口。学生在单元学习之初走出课堂进行社会调查的过程中,无论是问卷或访谈的设计和实施,还是信息的汇总和处理,都会遇到各种各样的现实问题与挑战。这种建构式的实践活动不仅可以激发起学生的强烈兴趣,也考验着学生处理问题的灵活性和创造性。根据调查结果得到的课堂教学情境也就不再是教师提供的现成或模拟的故事,而是由学生调查而自主生成的鲜活而独特的案例。师生在课堂上根据真实亲切的体悟而归纳出的观点也会更具教育成效,更加契合素养目标的要求。在新的课程方案和课程标准背景下,道德与法治的学科实践需要更加注重引导学生参与探究活动,加强知识学习与学生经验、现实生活、社会实践之间的联系,从而更好地实现学科育人价值,发挥道德与法治课在落实立德树人根本任务中的关键作用。根据道德与法治学科内容,精心组织符合单元主题特点的社会实践活动,引导学生在课外发现并探索解决真实情境中的问题。可以将思政小课堂与社会大课堂紧密结合起来,让学生在加深对教材知识的系统性理解的同时,对社会生活有更加深刻的体认。这种知行并重、实践先行的教育实施途径统合了德育与智育,对落实核心素养培育具有重要的实践意义。

参考文献：

[1]范晓峰.于漪"德智融合"教育思想的本质诉求[J].教育,2022(2):9-11.

[2]兰保民.于漪教育教学思想的当下意义[J].未来教育家,2021(09):8-10.

[3]李榕.核心素养视域下初中道德与法治课大单元教学设计的策略研究[D].沈阳:沈阳师范大学,2023.

[4]王利.聚焦学科核心素养 注重实践活动教学:基于初中道德与法治学科的探索[J].上海教育,2023(07):62-63.

[5]郝国强.新课标背景下道德与法治的学科实践[J].思想政治课教学,2022(10):16-19.

"德智融合"视域下革命传统题材的文本价值和教学策略探究

——以《十六年前的回忆》为例

曹雪梅

【摘要】"德智融合"着眼于学生核心素养的整体提升。为适应教育"立德树人"根本任务的需要,红色经典回归教材的力度逐年增大。这是继承和弘扬中华优秀传统文化、革命文化及发展社会主义先进文化的重大举措。选择恰当、高效的教学策略,借力历史、道德与法治学科相关专题进行跨学科合作,驱动学习任务群,能够消除学生对红色经典的隔膜,使学生增进对红色经典教育价值和文化价值的体认,进一步提升语文学科核心素养,使学生具有理想信念和社会责任感,坚定文化自信,形成正确的世界观、人生观和价值观,从而促进包含思维能力的综合能力的提升,达到培根铸魂、启智增慧,"德"与"智"相辅相成的教育教学效果,适应新时期日益变化的时代需要。

【关键词】"德智融合";革命题材;消除隔膜;教学价值;教学策略;学科融合;学习任务群

一、问题的缘起

《十六年前的回忆》是统编版语文教材六年级下册(五·四学制)第三单元的第一篇课文。预习作业中有三分之一同学提出类似这样的质疑:"李大钊为什么不离开北京?为什么一定要牺牲?""留得青山在,不怕没柴烧,李大钊活下来不是可以为革命做更多的贡献吗?""为了自己的家人,应该多一些陪伴。李大钊怎么可以舍弃自己的家人呢?""李大钊手里有枪为什么不开呢?"看到这样实实在在的疑问,我们不难理解孩子们对生命的珍视,对亲情的依恋,对价值的判断,同时也深刻认识到新时期身处和平年代的学生与革命先烈所处时代产生了一定的隔膜,感受到学生与文本之间还有较大距离,对生命意义的认识还不够深刻,细节推理方面的思维有待提升。

《学习的本质》一书告诉我们:"学习者不是单纯的学习'参与者',而是他所学东西的'创造者'……别人不能代替他学习,但必须在场,因为学习者不能一个人学习……对学习者的先有概念的考虑必须成为一切教育计划的出发点。"[1]《人是如何学习的》一书中也提出"学习是原有经验的迁移"。[2]我们必须正视学生对李大钊"明知有危险而不离开北京"的不理解,立足教师"立德树人"的"教"的根本、学生"德智融合"的"学"的起点,把握这一教育教学契机,从更高的站位去思考文本价值,制定更贴切有效的教学策略。

二、文本价值的挖掘

《十六年前的回忆》一文回忆了父亲被捕前后的过程,从女儿的视角,还原了一位革命先烈在危难时刻为了民族解放和人民幸福从容赴死的感人形象。文章用朴实的语言,表达了对父亲为理想献身的精神的理解、敬佩,表达了对反动派残杀革命者的痛恨,以及对父亲的深切怀念。

结合学生的质疑,找到学生学习的起点和重点,我们不难挖掘这篇文章的教学价值。

(一)指向文化自信

《义务教育语文课程标准(2022年版)》(以下简称《新课标》)明确提出义务教育阶段语文课程核心素养,并将文化自信放在首位,且对其内涵作了阐释:"文化自信是指学生认同中华文化,对中华文化的生命力有坚定信心。""继承和弘扬中华优秀传统文化、革命文化和社会主义先进文化。"在第三学段的要求中提到"感受先贤志士的人格魅力,感悟老一辈无产阶级革命家的英雄气概、优良作风和高尚品质,体会捍卫民族尊严、维护国家利益和世界和平的伟大精神"。

革命题材的文章往往涉及历史事件和人物,可以帮助学生了解国家和社会的历史发展过程。通过了解历史,学生可以培养历史意识,认识到自己所处的时代和社会的变迁。革命题材的文章通常涉及国家、民族和社会的命运,能够激发学生的爱国情感。通过了解革命英雄的奋斗和牺牲,学生可以培养对国家的热爱和责任感。文章常常描绘了英雄人物的崇高品质,如坚定的信念、无私的奉献和勇敢的斗争精神。通过阅读这些文章,学生可以受到道德榜样的启发,培养正直、勇敢和奉献的品质。

学习《十六年前的回忆》,探讨李大钊的牺牲需要综合探讨以上问题,落实以上教育目标。

(二)指向思维能力

《十六年的回忆》一文涉及复杂的社会问题和思想斗争,可以激发学生的思考和思辨能力。"学起于思,思源于疑",真实的课堂教学从学生质疑、寻疑、解疑开始。教师适时抓住学生学习中生成的疑点,引导学生走进文本,与文本对话,例如紧扣文章的中心词语"信心"一词展开教学,对于发展学生的发散思维会更有帮助。通过分析文章中的情节和人物形象,思考其中的道德、伦理和社会问题,培养学生的批判性思维和分析能力。

教师还应秉持"珍视孩子内心独特感受"的原则,及时抓住学生理解上的浅点,适当引导,让学生的感悟从浅层次向深层次发展,提高语文能力,开掘对话的深度。

(三) 指向语言运用和审美创造

《十六年前的回忆》还具有较高的文学价值,包括场景描写、人物描写和饱含深情又极其克制的语言表达等方面。通过学习文章,学生可以提高对文学作品的欣赏和理解能力,培养文学素养和审美情趣。

在教学过程中可以引导学生品析人物语言描写,体味人物神态描写,抓住"坚决"的语气,人物神态上"不慌不忙""严峻",人物语言中用到的"常""轻易""哪能"这样的关键词,去感受人物形象,体会人物情感,获得审美体验。

《十六年前的回忆》一文,还巧用多种照应方法,文章结构十分严谨。一是再现式照应,即后面所说的是前文内容的再现或重复。例如开头说:"1927年4月28日,我永远忘不了那一天。那是父亲的被难日。"结尾又说:"昨天是你爹被害的日子。""昨天是4月28日。"这样照应,不仅点明了李大钊烈士牺牲的具体日期,而且突出了作者对父亲的怀念之情。

二是回答式照应,即后面所说的是对前面内容的解释或回答。例如前头说:"有时候他留在家里,埋头整理书籍和文件。"后面写道:"为了避免党组织被破坏,父亲只好把一些书籍和文件烧掉。"这样写说明李大钊具有高度的警惕性和无限忠于党的可贵品质。

三是续写式照应,即后面所说的是对前面提示的内容的延伸和深化。例如前面说"工友阎振三一早上街买东西,直到夜里还不见回来""被抓到警察厅里去了"。后文说:"在军警中间,我发现了前几天被捕的工友阎振三。"这就交代了事情的来龙去脉,而且说明工友也深受李大钊的品质感染,他宁可遭受折磨,也不泄露党的秘密。

三、教学策略的选择

不愤不启,不悱不发。为把握教学契机,我制定了专题学习任务群,主要通过以下四个环节来构建和开展:一是立足语文课堂;二是借力学科融合;三是助力实践内化;四是铸魂主题班会。

（一）情感体验，走进文本深处

于漪老师提倡通过情感教育和体验式教学来实现"德智融合"。她认为，教育应该注重培养学生的情感素养，通过情感共鸣和情感体验，引导学生理解和感受道德和价值观。

为了解答学生的疑惑，引导学生走向文本深处，围绕"李大钊为什么不离开北京？他牺牲的意义何在？"这样一个主问题，在课堂伊始，我先抛出了如下问题，让学生展开讨论：

师：有同学在预习本上提问说："李大钊为什么不听从亲友的劝告离开北京，他难道不在乎家人的感受吗？"请结合文本谈一谈。

生：我从文中第5段可以读出李大钊对女儿很慈祥，很耐心。他应该是在乎家人感受的。

生：我从第28段语言描写"一切跟他没关系"以及神态"又望了望我们"可以读出，李大钊对家人的保护和不舍。

师：非常好，你们关注到了细节描写。这些是写李大钊对家人的慈爱和保护。那么文中有没有提到其他家人间的保护？

生：第26段，"我"主动说自己是最大的孩子，要保护哥哥。

师："我"为什么怕爸爸说出哥哥，难道爸爸不想保护哥哥吗？

生：从"乱蓬蓬的长头发"可以推断爸爸经过十几天的狱中折磨，可能大脑不如原来清醒。万一说漏嘴，中了法官的圈套。

生：情急之下，"我"对家人的爱直接让"我"有保护哥哥的冲动。

师：特别棒！你们已经走进了作者的心里，理解她当时的所思所想。如此相亲相爱的一家人，如此美好的小家庭，我们不忍看到它破碎，这让我们为李大钊的牺牲更加感到无限惋惜。作为一名共产党员，李大钊为了自己的信仰，为了更多的家庭的未来，他选择了牺牲自己的小家。

通过以上片段，我们不难看出，共情是必要的，可以为进一步走进文本、解决疑惑做铺垫。

（二）学科融合，传承红色基因

"语文课程的综合性包含着许多内容，其中跨学科的内容是构成语文课程综合特点的重要方面，由于语言文字植根于实际生活，因此它的综合性广义上是对生涉及所有内容的综合，其狭义从知识角度上说是对所有课程内容的综合。"[3]《新课标》提出"注重课程内容与生活、与其他学科的联系"。

统编初中语文教材中革命题材文本可以与历史学科和道德与法治学科进行跨学科教学。教师可以邀请道德与法治学科和历史学科的教师参与课堂教学,共同解答学生的问题。不同学科的专业知识和观点,可以为学生提供更全面的解答,帮助他们理解李大钊为什么明知有危险却不离开北京的原因。

1. 融合历史学科,了解背景

教师可以结合初中历史教材中中国近现代史专题(2)——新民主主义革命国民大革命时期的内容,讲解《十六年的回忆》文本中涉及的历史事件、人物和背景知识,帮助学生更好地理解文本的内涵和意义,理解李大钊牺牲的重要意义。

1927年4月27日是李大钊先生的被难日。1927年8月1日,中国共产党打响了武装反抗国民党反动统治的第一枪,成为中国共产党独立领导武装斗争、创建革命军队的开始。从初中历史学科的角度来看待《十六年前的回忆》一文中李大钊明知道危险已经靠近,提前得到可能被捕的风声为什么还不离开北京,以及他的牺牲在新民主主义革命历史中的价值,可以从以下几个方面进行分析:

李大钊作为一位坚定的革命者,对于革命事业的忠诚是他行动的根本动力。他明知道危险已经靠近,但他选择留在北京,是因为他认为自己在这里可以为革命事业做出更大的贡献。他愿意冒险并承担可能的后果,为了实现革命的目标而坚守在革命的前线。

作为一位革命领导者,李大钊肩负着组织和领导的责任。他在北京担任重要的组织和宣传工作,他深知自己的离开可能会对革命运动产生不利影响。他选择留在北京,是为了继续组织和领导革命活动,确保革命事业的顺利进行。

李大钊的牺牲在新民主主义革命历史中具有重要的价值。他明知道可能会被捕,但他选择面对这个危险,为了自己坚守的信念和追求而不退缩。他愿意为革命事业付出一切,包括自己的自由和生命。他的牺牲彰显了革命者的牺牲精神和英勇行为,激励了更多的人投身于革命事业,成为革命精神和奋斗精神的象征。

2. 融合道德与法治学科,感悟价值

革命题材文本往往涵盖了众多道德和法治的主题。教师可以引导学生通过文本分析和讨论,探究其中的道德价值观和法治原则。学生可以从文本中学习正直、勇敢、奉献等道德品质,探讨应对生命威胁手段的可行性,理解法治的重要性和作用。

义务教育教科书《道德与法治(五·四学制)》六年级全一册第四单元"生命的思考"第十课《感受生命的意义》和《活出生命的精彩》两节课中提出"生命的追问":人为什么活着?怎样的一生是值得的?教科书上的解答是:能够活出自己的人生,

自食其力,实现自我价值,这样的一生是值得的;当别人需要帮助时,付出自己的爱心,无论大小,自愿承担责任,这样的一生是值得的;能够将个人理想与国家发展、民族复兴和人类命运结合起来,这样的一生是值得的。[4]

在课堂教学中,教师可以引导学生通过研读教材然后辩论的方式,思考李大钊的行为背后所蕴含的道德和智慧。通过讨论和分析,学生可以深入理解李大钊坚守信念、为民族解放事业付出生命的精神。李大钊作为一位革命者,具备强烈的道德观念和责任感。他坚信自己应该为国家和人民的解放事业做出贡献,为此愿意付出一切,包括牺牲自己的生命。这种道德观念和责任感使他坚守在北京,为革命事业奋斗到底。

结合学生的疑问,退一步引导:"当时的情形下,李大钊能逃得掉吗?"

生:我了解到李大钊是共产党的创始人之一,作为创始人,他的重要性自然不必说,为了事业,为了信仰,他更应该保留核心力量。

生:对,可以离开北京,等待时机。

师:那么,我们来思考,这个时候,李大钊有没有机会离开北京?请从文中找出依据。

生:从文中第6段,听说军阀要派人来检查,可以看出,当时应该已经暴露了,被军阀盯上了。

生:要逃的话,要带家人一起逃,那么更容易暴露,你为什么带着家人一起逃,出逃就证明了有问题。

师:的确,还带着家人,更说明问题,说明一家人都知道李大钊从事的工作了。那么全家人都可能要受到牵连。

生:所以,还不如静静等待时机,静观其变。至少可以暂时保护家人。

师:文中哪里可以看出,李大钊直到最后一刻还在尽力保护除自己以外的家人?

生:从第28段,父亲的话,看出他尽最大努力保护全部家人。

师:这句"一切都跟她们没有关系"的潜台词就是"这件事从头到尾都是我一个人做的",也说明他已经做好了牺牲的准备。还可以从哪里看出,李大钊其实早就做好了牺牲的准备?

生:第2段,烧掉文件。

生:11段,不慌不忙取出手枪。说明早就准备好了,他很镇定。

师:从当时的形势来看,离开北京的机会已经不大了。

生:为什么这把手枪拿出去连开都没有开,直接被搜走了。

生:是啊,打死一两个敌人也"赚"了。

生:如果不用,可以留下来做党费啊。手枪在那个年代还是很珍贵的。

师:当时的处境是什么?

生:从第8段描写突然传来的枪声和喊叫可以推断李大钊当时并不知道外面的形势具体怎么样,情急之下首先要拿枪防身,可能要派上用场。没时间考虑要不要留下手枪。

生:一枪不开是不是太可惜了?

师:有没有机会开枪?开枪有没有价值?

生:一群人把"我"和父亲围起来了。父亲带着女儿,不可能不顾一切跟他们同归于尽。另外以少敌多,势力悬殊,不一定能多杀敌人。

师:从文中后来庭审的结果看怎么样?

生:牺牲了一个,保护了除自己以外的所有家人。

李大钊参与了革命行动,但他并没有盲目蛮干,而是尽可能通过合法的方式争取民主和自由的权益。他在北京进行了大量的宣传和组织工作,以推动社会变革,尊重他人生命,尊重法治原则,在具体行动中也体现了斗争的智慧。

(三) 实践内化,从课堂走向社会

《新课标》提出"以语文实践活动为主线""以学习任务为载体"。课本要向生活延伸,课内要向课外延伸。

教师可以结合整本书阅读指定篇目《红星照耀中国》组织学生进行项目式学习,以红色经典文本为基础,开展综合性的研究和实践活动。例如,学生可以选择一个人物或事件,进行深入研究和展示,结合历史、道德和法治的角度,探究其影响和意义。

亲子可以共读经典,观看电视剧《觉醒年代》,忆苦思甜。观看电影《闪闪的红星》,在学校"班班有歌声"活动中学唱主题曲《映山红》。参观革命纪念博物馆,结合新闻时事寻找身边的英雄(如大凉山救火中牺牲的官兵),观看中国国际电视台对网络现象级人物董宇辉的采访,学习新时代年轻人的文化传承传播的担当等。

以上活动可以通过家校共育、小组合作、辩论、角色扮演等方式,激发学生的思辨能力,培养他们的综合素养。评价阶段着眼于综合考察学生的知识掌握、思维能力和道德品质。教师可以采用多种评价方式,如读书报告、口头表达、互相点评等,全面评价学生的综合素养和"德智融合"的水平。

(四) 放眼世界,树立正确的人生观

《新课标》前言指出:当今世界科技进步日新月异,网络新媒体迅速普及,人们生活、学习、工作的方式不断改变,儿童青少年成长环境深刻变化,人才培养面临新挑战。2015年12月30日，习总书记在十八届中共中央政治局第二十九次集体学习时的讲话指出："弘扬爱国主义精神，必须坚持立足民族又面向世界。中国的命运与世界的命运紧密相关。我们要把弘扬爱国主义精神与扩大对外开放结合起来，尊重各国的历史特点、文化传统，尊重各国人民选择的发展道路，善于从不同文明中寻求智慧、汲取营养，增强中华文明生机活力。"在革命题材的教育教学中我们不妨放眼世界，与时俱进，吸收现代多元价值观中体现人类命运共同体、共同价值取向的理念、准则。

在本次任务群学习的最后一个环节，我们通过"新时代做怎样的接班人"主题班会来进行最后的总结和升华。以下是班会导入资料：

在《沃顿商学院最受欢迎的成功课》一书中，美国学者亚当·格兰特认为大多数人能被划为三类：付出者、互利者和获取者。他指出，最能带领集体走向辉煌，在金字塔顶部屹立不倒的人，不是获取者和互利者，反而是付出者。获取者只关注谋求利益，互利者愿意等价交换可预期的好处，而付出者则是不同寻常的一类人：他们奉献大于索取，不求回报。

我们也注意到，根据他的理论，10 分的付出者，因为太过老好人，反而错过了更多，得到更低的评分和成绩。这些付出者短期内会为自己抢到一些利益，但长期内会有人识别出他用"非正常手段"获益。那些无法忍受的好人会选择出局，剩下的人为了自己获益，也会效仿获取者，这个群体里就只剩下获取者，抢夺利益势必会越来越难。

而 8 分的付出者最容易成功，因为他们始终对他人保持善意，愿意帮助他人，但设立了个人界限，识别什么样的人能帮，什么样的人要远离。当发现有人伤害自己，就毫不犹豫地远离。

以下是班会课上师生的发言：

师：回到《十六年前的回忆》的预习中，同学们关于"留得青山在，不怕没柴烧，李大钊活下来可以为革命做更多的贡献"的质疑。通过前面的学习，我们看到了付出者李大钊牺牲的必然，从历史的角度看，他用自己的牺牲换来了革命的进步。但我们也要看到，对于他个人，是生命的终结。结合以上"8 分理论"，同学们明白了，另外的 2 分结合我们的实际是要学会保存力量、减少牺牲。

生：结合我们前一段时间历史学科相关专题的学习和《红星照耀中国》的阅读，我认识到中国共产党人的智慧在革命征程中得到了充分体现，用实践证明了减少不必要的牺牲、保存实力的重要性。

生：总有一种力量让我们感动。无论岁月如何变迁，无论时代如何改变。珍惜和平,也不无视黑暗,为了正义,总要有人挺身而出。我认为李大钊的牺牲既是形势所迫,也是他主动的选择,更是历史的必然。

新时期,引导学生发展批判思维,辩证地看待问题,站在全人类的共同利益角度处理问题,也是我们教育的愿景。

四、实践探究反思

(一) 在语言文字的学习中了解革命文化的精髓

语文教学要落实"立德树人"的根本任务,在语言文字的学习中让学生了解革命文化的精髓理所应当。文学作品负载着作者与读者之间的双重情感交流,革命文化文学作品也不例外。教师要善于拨动学生情感之弦,叩击学生的心扉,激起他们的感情波澜,引导学生与作者、作品中人物进行深入的情感交流和心灵对话,将文中前后细节勾连,整合信息作出推断,更好地理解文中人物的行为、思想情感以及精神品质,从而使文本中蕴含的爱国情感深刻地渗透到学生的心田。同时学习文本语言文字运用的精妙,提高对文学作品的欣赏和理解能力,提升文学素养和审美情趣。

(二) 在学科融合中深度阅读,感悟人生价值

所谓"文史不分家",历史学科的教学内容,尤其是中国历史,承载着华夏民族的基因密码。中国近现代史、新民主主义革命历史更是一部中华民族从水深火热走向自强自立的血泪奋斗史,初中生学习革命题材的文学作品离不开对历史背景的了解和认识,只有把个人的选择放在历史的洪流中去理解,方能更全面地认识其价值。初中道德法治学科的相关教学内容很好地对六年级的孩子进行了人生观、价值观方面的专题引导和专业指导。借力这些学科,有助于引导学生在革命文化中涵泳沉潜,赓续传统。

(三) 在实施过程中基于尊重地倾听,创设对话情境

革命题材的文本具有强烈的时代特征,其反映的内容学生相对陌生,消除学生与文本之间的隔膜势在必行。教学中珍视学生的独特体验,进行基于差异的沟通,最后达成基于发展的反馈。通过全局把握,综合设计,创设真实的语境,激活学生思维,使其倾情投入学习,进入文本所反映的生活,设身处地地感知和参与学习活动。

五、结束语

为适应"立德树人"根本任务的需要,红色经典回归教材的力度逐年增大,这是继承和弘扬中华优秀传统文化、革命文化及发展社会主义先进文化的重大举措。对文本进行审辩与反思,连通当代生活,挖掘文本在新时代所焕发的思想内蕴,选择恰

当、高效的教学策略,借力历史、道德与法治学科相关专题进行跨学科合作,驱动学习任务群,能够消除学生对红色经典的隔膜,使学生增进对红色经典教育价值和文化价值的体认,进一步提升语文学科核心素养,使学生具有理想信念和社会责任感,坚定文化自信,形成正确的世界观、人生观和价值观,从而促进包含思维能力的综合能力的提升,达到培根铸魂、启智增慧,"德"与"智"相辅相成的教育教学效果,适应新时期日益变化的时代需要。

参考文献：

[1]安德烈·焦尔当.学习的本质[M].上海:华东师范大学出版社,2022.

[2]约翰·D·布兰斯特福.人是如何学习的[M].上海:华东师范大学出版社,2023.

[3]杨泉良.语文课程跨学科学习原理及对价值观培养的意义[J].成都大学学报（教育科学版）,2008(6):24-25,32.

初中体育大单元教学的"德智融合"策略研究

蔡祺颖

【摘要】 初中体育的教学方式存在项目分离、碎片化,忽略了结构化的大单元教学等问题,导致初中阶段学生无法掌握一项完整技能。基于此,要改变管理式的课堂,立足单元教学,运用复杂情境,让学生素养形成于情境并应用于真实情境,增强教师的学科理解,挖掘不同情境中学生探究真实世界的可能。复杂情境融入大单元可以帮助学生建立整体技能结构,促进学生学习,提高学练兴趣,给初中体育课堂带来新的生机与活力。

【关键词】 新课标;复杂情境;体育大单元教学

一、现状与问题

教育部公布了第八次学生体质与健康调研情况,我国青少年肥胖比例不断攀升,形势不容乐观。初中体育仍然需要解决三大现实问题:首先,学生体质健康状况有待提高。其次,学生不能真正掌握一项完整的运动项目,动作结构割裂。最后,多数学生体育课仅学习单一技能,无法主动积极迁移到课外体育锻炼中,养成终身体育意识。体育课形式比较单一,无法释放学生天性,让学生充分动起来,甚至难以出汗,学生无法真正体验体育项目的乐趣。[1]

深挖原因发现,这与我国现存教育环境息息相关。应试教育环境下,家长的关注点与学生大部分精力放在笔试类学科的学习中,学生的其他需求被忽略。《义务教育体育与健康课程标准(2022年版)》(以下简称《新课标》)颁布,给一线教师指明了教学方向,要注重结构化大单元的构建,关注复杂情境的创设。季浏教授提出"培养学生核心素养,就必须创设复杂的运动情境",并对体育课堂进行了重构与完善[2]。

二、初中体育复杂情境的创设

文献表明,单一情境的创设很难让学生在课上与教师产生情感共振,无法促发学生进行深度思考。复杂运动情境的创设,可以让学生通过情境融入实现真体验,充分开发想象力,培养创造力。

(一) 复杂运动情境

1. 复杂运动情境的概念界定

复杂运动情境是指动态变化、结果难以预测的情境。在体育与健康教学中主要包括游戏练习、对抗练习、教学比赛或成套动作的展示。[3]

2. 复杂情境特质

情境本身具有"真、美、情、思"四大元素,即以"美"为境界,以"情"为纽带,以"思"为核心,以学生活动为途径,以"现实世界"为起点。以"真"求美,以"美"唤情,启"思"形成内驱合力。

"真"实场景具有开放性,情境的来源往往根植于现实世界,但抽象的体育知识与技能内涵内嵌于表象文字中,学生往往无法真实体会,情境的开放性决定了情境的复杂性。"美"的愉悦唤起情感,情感的唤醒使学生形成内驱力,产生学习动机,而动机是影响学业成绩的关键因素之一,不仅会影响学生在某个特定情境中的行为选择,而且会影响长期的生活结果。通过创设真实体育教学情境,让学生身临其境,启思促情,形成内驱合力。

3. 体育课创设复杂运动情境的原因

(1) 体育知识的复杂性

体育课堂是体育核心素养外显的场所,是学生在解决实际问题中思考与行动的载体。体育学科知识具有一定的结构性,隐于表象动作下,通过技战术学习,可以培养学生内在逻辑,学习技能过程中具有许多复杂因素。

(2) 学习过程的不确定性

学习过程中会存在许多变量,具有不确定性。教师要在变量中抓住契机,创设情境,满足需求,使学生形成驱力。要善于发现并把握学生的情感脉络,推进学习进程。

(3) 催发潜能的不易性

通过系统知识、动作技能的学习,知识可以内化与迁移,生成新知识。梳理知识间的脉络,需要建立复杂的知识体系,具有不易性。

只有通过复杂情境的创设,丰富多样的教学手段,连接真实世界,才能提高学生的综合素养,让新课标切实落地。

(二) 复杂运动情境的构建

范梅里恩伯尔[4]曾提出三种关于情境状态的构建:心理状态逼真、功能逼真、场景逼真。情境构建有利于为学生提供必要的帮助与支架,更利于学生在解决问题过程中发展核心素养。

创设复杂运动情境要点明要素、交代关系、描述过程,即什么人在什么背景下能完成什么任务,且任务须符合学情。任何类型情境均需关注人物、任务、环境三要素。(见图1)

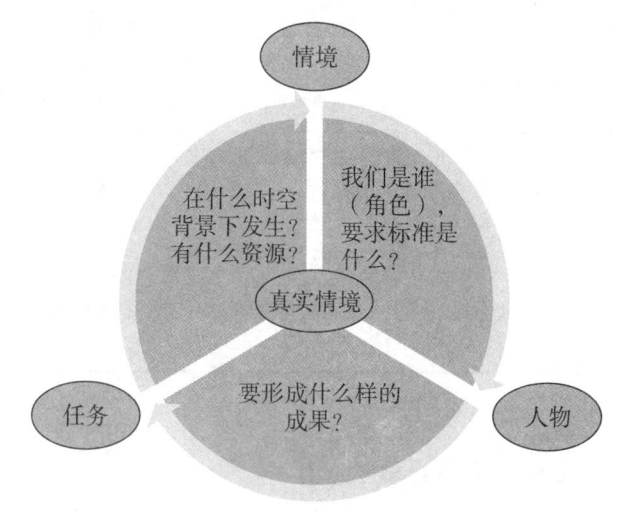

图1 真实情境的三要素

1. 构建复杂运动情境的作用

通过情境创设,让枯燥技能学习与多彩生活链接。

(1) 以培养兴趣为前提,以指导观察为基础

体育课中情境的构建以激发学生学练兴趣为始,让学生主动投入。复杂的情境可以诱发学生主动参与到主题内容学习中,丰富体育课中单一的学练手段与方式。让学生对本节课内容有直观的感受,充分挖掘学生能动性。教师通过学生课上反馈进行指导,强化情境美感,激发学练热情,形成体育动作定型。

(2) 发展思维为核心,着眼于学生的创造性

体育复杂情境的构建不仅仅停留在技术动作学习,还应着眼于培养学生的思维能力、和开阔的想象力,继而培养创造力。

(3) 激发学生情感为动因,训练学习能力为手段,贯穿实践性

渗透体育核心素养,激发学生情感交流,课堂变得"人文性",变成思想碰撞的场所。如,学生喜欢某位篮球明星,由此创设一场NBA情境现场,模仿该明星经典上篮动作。激发三个维度的交互与融合:学生、情境、篮球技术。让学生主动投入学习中,赋予课堂活力。

2. 构建复杂运动情境的类别

根据教学目标与实际情况对教学情境进行了分类。从情境构成要素来看,可将

情境分为设计类、探究类、决策类、鉴赏类。如,创设活动情境、任务情境、问题情境、生活情境、实战情境、模拟故事情境,等等。(如表1所示)

表1 情境主要类型

情境类型	效果、运用
创设任务情境	运用丰富的任务活动,使学生具有代入感,产生情感共振
创设生活情境	利用所学知识,应对日常综合复杂突发事件,解决生活中的实际问题
创设问题情境	带着问题进行思考,是探究结果的动力,是有效学习的体现。问题可以诱发和激起求知欲,引导学生深入思考,形成内驱力,对知识进行探索
创设实战比赛教学情境	可以活跃课堂氛围,提高学生学习兴趣,形成正向迁移,从而提高课堂学习效率并培养学生的体育品德(个人学练、一对一对抗、局部对抗)[5]

三、初中体育复杂情境嵌入大单元教学

《新课标》颁布前,初中体育课的教学内容不系统、不集中、不连续,存在"双教材"一课两练的形式,最终导致运动技能学习的片面性,学生无法掌握和理解一项运动技术,继而无法实现技术迁移。大单元的提出就是为了改变这种现状,依据教材内容,立足学科素养,确定单元主题线索,开发和重组相关学习技术内容,进行连续课时的单元教学[6]。

(一)复杂运动情境融入体育大单元教学的设计思路

1. 体育大单元概念界定

根据《新课标》,大单元教学指对某个运动项目或项目组合进行18个课时及以上相对系统和完整的教学。对初一、二年级则是要求由36课时组成,初三年级由72课时组成。大单元教学能使学生完整、连续、集中且系统地学练一个运动项目,达到帮助学生掌握1—2个运动项目的可能[7]。

2. 情境嵌入大单元教学设计

以大单元视角(大任务、大问题)构建复杂运动情境,进行"教与学"活动结构化设计。以培养学科核心素养为出发点,情境化的学习活动为抓手,探索复杂运动情境融入大单元教学的设计思路。

进行单元整体架构,设置大问题、大任务、大观念,旨在设置高阶位目标。具体包含确认观点、解决问题、创意实现、形成美感、完成任务、制作产品、编制方案等,是立于素养本位的单元设计。引导学生代入情境中,从学生的立场出发,让体育学科更立体化,[8]以解决生活实际问题。(如图2所示)

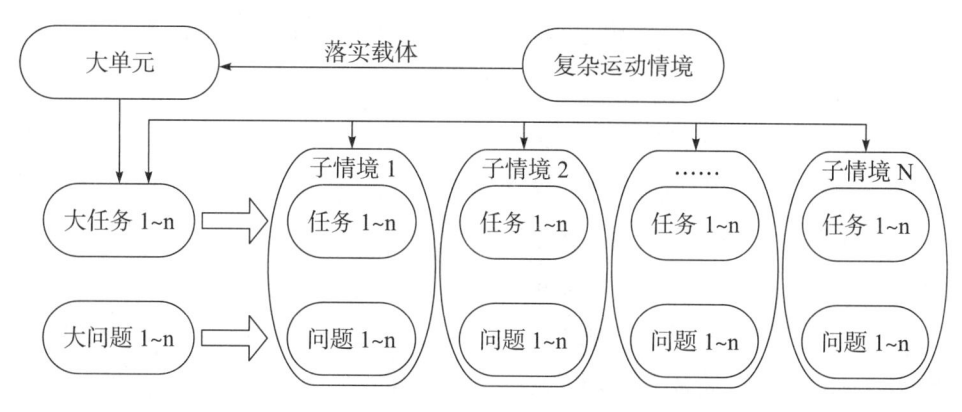

图 2　复杂运动情境融入大单元设计思路框架

教学中,运用复杂运动情境,使整个单元教学都围绕核心活动主题(如红军长征)进行开展,串联技能、体能,继而进行开放式复杂情境融入(如爬雪山、过草地、飞夺泸定桥等,任务情境融合实战情境)。关注"德育"渗透,在技术学习的同时,发扬吃苦耐劳、勇于拼搏的红军精神。出发点不再是单个知识点、单个技能,而是注重运用情境与技能的实际融合。以"真""美""情""思"为依托,情境化、结构化、系统性地构建大单元知识,突出以实践性为目标的学习方式,注重与现实世界的结合,促进学生深度学习,落实学科核心素养。

素养的形成往往不是靠单一情境,情境越丰富,形成素养的可迁移性越强。以解决问题为目标,架构时间轴,根据单元的架构,依据情境复杂性,纵向设计情境,横向为大单元课时。(如图 3 所示)

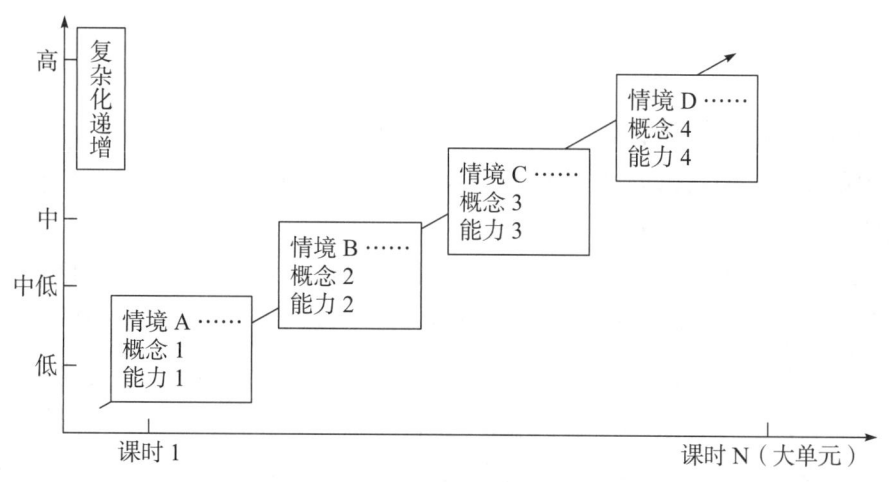

图 3　复杂情境与大单元

由上图可知,真实复杂的情境可从情感上形成内驱力,驱动学生主动解决问题,拓展问题的边界,探索新知识。同时也能加工延伸知识内涵,这与新课标中的"大单元、结构化"契合,每节体育课以复杂情境主题情感脉络为主线串成大单元,以技术动作内容为支撑,帮助学生系统学练,进而掌握技术动作。

（二）复杂运动情境创设的实践方法与路径

在具体实践中,教师依托体育教材内容,进行不同学段的学情分析,创设复杂运动情境,引导学生主动探究实践。在思考疑惑驱动下反思、创造学习活动,形成"高阶思维",指导生活实践。将体育与健康知识,运动技能与素养,以及发展学生的学习能力、生活能力和解决复杂问题的能力关联起来,创设以"认识身体、使用保护身体和锻炼身体"为主的阶梯化学习。[9]

例如:基于生活情境,立足于垫上教材——前滚翻进行教学,通过单元学习,让学生掌握知识、运用知识以解决生活中的实际问题。创设复杂运动情境,教师提问:生活中偶发事件(如骑行遇险)如何紧急避险,减少自己受伤害程度？课上通过道具不同的摆放位置,体验不同翻滚,完成教学目标,并通过学生自主体验,进行侧滚翻、远撑前滚翻、鱼跃前滚翻探索,发展学生灵敏性。自主创设的情境可以激发学生的学练兴趣,诱导学生思考:真实情境下出现受伤,如何处理？教师拓展运动损伤知识,教学生处理应激突发情况。本节体育课,基于现实场景,模拟还原,教授真实情况下偶发事件的应激处理办法,通过团身滚翻学习,触发学生综合能力的习得。

通过创设贴近生活情境、任务情境、问题情境、实战比赛情境,可以有效提高学生学习的内驱力,从而使学生能够在真实的情境中思考和学习,学习体验显著提高,教学活动顺利高效展开。

四、思考与展望

《新课标》指导下,体育教学手段呈现多元化趋势。要以学科为出发点,关注"结构化、大单元"的构建,以创设复杂情境为媒介,以学生为主体,使教学变成有目的的行为,促进学生"德智融合"。

1. 复杂情境的融入提高学生参与体育课的积极性,有助于学生在情境中体验运动项目的乐趣,帮助学生逐步形成正确的价值观、必备品格和关键能力。

2. 复杂情境的融入可以丰富体育内容的呈现方式,帮助学生形成健康的行为与生活方式,实现体育与德、智、美、劳教育的结合。

3. 情境的使用能提供给学习者任务的先后与控制难易程度,给予更多的指导与帮助,减少完成过程中出现的危险情况。

4. 真实情境的创设有助于学生在真实情境中实现迁移与运用。

复杂情境嵌入大单元,可以整体构建框架,厘清技术动作内在关联,以"真"促

"情"、以"情"启"思",诱发主观能动性,使学生主动参与,并自动化习得完整动作技术,落实教学目标。大单元情境创设可以丰富体育课堂,形成色彩鲜明的主题内容与板块,帮助学生掌握该项技能的同时,打破思维边界,由单纯的知识技能传授向"健身育人"转变。《新课标》的出发点、落脚点都是核心素养,教师与学生的活动围绕核心素养而开展,评价学练效果主要看学生核心素养的落实水平。因此,切实落实学生核心素养发展,注重创设复杂的情境和活动,帮助学生形成真实情境中解决问题的能力,已成为当下一线教师努力的方向。

参考文献:

[1] 季浏."不出汗"的体育课需要改变[J].中国学校体育,2016(10):2-3.

[2] 季浏.基于核心素养的体育实践课课时教学设计与实施[J].体育教学,2022,42(8):4-7.

[3] 季浏.《义务教育体育与健康课程标准(2022版)》突出的重点与主要变化[J].课程·教材·教法,2022,42(10):54-59.

[4] VAN MERRIENBOER J J G, KIRSCHNER P A, 2018. Ten steps to complex learning: A systematic approach to four-component instructional design [M]. 3rd ed. New York: Routledge.

[5] 周珂,等.《义务教育体育与健康课程标准(2022版)》中结构化的理念体现、要义表征与实现路径[J].体育教育学刊,2022,38(04):10-15,2.

[6] 季浏.新版义教课标:构建以核心素养为纲的体育与健康课程体系[J].上海体育学院学报,2022,46(6):1-9.

[7] 戴燕.情境创设:大单元教学的有效实施[J].中学语文,2022(35):68-70.

"德智融合"视域下初中古诗文群文阅读策略研究

周丽君

【摘要】 针对古诗文教学的文本解读缺失、课堂容量狭窄、教学方式单一、教学效率低下的现状,本文从于漪语文课程"德智融合"教学思想的视角,撷取典型课例,阐述选定文本、确定议题的策略,探索初中古诗文群文阅读的策略及实效。

【关键词】 德智融合;古诗文教学;群文阅读

  课堂是落实"立德树人"的主阵地。语文学科在对学生进行道德修养、文化品位和审美情趣的培养上更有着得天独厚的条件。于漪语文课程"德智融合"的教学思想落实在课堂教学中,即指通过"德育""智育"培养目标的融合,统整教学内容和教学过程,以情境任务创设和学生建构反应为主要特征,实现学科知识学习、能力培养与育人本质结合的最优化。

  《义务教育语文课程标准(2022年版)》在"课程性质"部分明确指出:"语文课程在推广普及国家通用语言文字、增强凝聚力、铸牢中华民族共同体意识,建立文化自信,培育时代新人,实现中华民族伟大复兴等方面具有不可替代的优势。"在"课程目标之总目标"中又提出:"在语文学习过程中,培养爱国主义、集体主义、社会主义思想道德,逐步形成正确的世界观、人生观、价值观。热爱国家通用语言文字,感受语言文字及作品的独特价值,认识中华文化的丰厚博大,汲取智慧,弘扬社会主义先进文化、革命文化、中华优秀传统文化,建立文化自信。"[1]古诗文是我们中华民族五千多年灿烂历史文化的精髓,蕴涵着深厚的人文内涵,传统文化中诸如生命意识、爱国意识、责任意识、宽容意识、奉献意识,等等,都是培养青少年正确的世界观、价值观中所必不可少的教育资源。通过古诗文教学来达成"德智融合"这一目标,具有不可替代的优势。

  再来看初中古诗文阅读教学的现状。教师与学生深知古诗和文言文学习的重要性,能够自觉地将其作为教与学的重点,但大多是以"教师满堂讲,学生使劲背"为主要教学方式,而且只是按照教材的安排,每学期向学生讲授几首古诗和几篇文言文。除了在试卷上,学生几乎接触不到其他古诗和文言文,没有数量上的积累,就没有质量上的提升,学习古诗文的效率也因此大打折扣。

古诗文教学绝不能仅停留在单篇单首上,而应有群文意识,由课内到课外,由"单篇"到"多文",有选择议题的策略,有比较阅读的技巧。基于这样的思考,我们开展初中古诗文群文阅读研究,旨在通过教师富有创意的群文阅读教学设计,精心打造有效课堂。

一、选定"文本",确定"议题"的策略

简言之,群文阅读就是师生围绕着一个或多个议题选择一组文章,而后师生围绕议题进行阅读和集体建构,最终达成共识的过程。[2]"议题"是多文本阅读的核心理念。所谓议题,就是一组选文所蕴含的可供师生展开议论的话题。适宜的文本、恰当的议题是阅读活动能否顺利推进并取得成效的关键所在。关注并处理以下三个关系,让组文选题更具开放性。

（一）点和面的关系

例如:初唐诗、盛唐诗等是在中国古代文学中一个局部缩小的"面",那李白、杜甫、王维等,就是一个个"点"了。要深入理解"点",理解某一些重要作家作品,必须把他放在所处时代的文学环境中去考察,还要把他放在文学历史的发展过程中去考察。就像盛唐时期的李白作品中所展现的浪漫奔放和中晚唐时期的杜甫所表现出的沉郁顿挫,除了两个人个性的不同之外,也有很深的时代烙印,这两个人作品孰优孰劣就不能抛开这些因素去简单评论。因为从某种意义上来说,一篇作品,特别是一篇经典佳作的诞生,是众多因素促成的结果。以范仲淹创作《岳阳楼记》为例,从大的方面来说,有一个继承与发展的关系,因为前人有过许多和岳阳楼有关的诗文。从小的方面来说,也有一个经历和机缘的关系。他个人成长的艰辛,仕途的坎坷,人生的追求,与好友滕子京参与改革被贬的共同经历,等等,让这篇《岳阳楼记》成为经典流传至今。如果孤立地来看这篇文章,学生很难读出文章给予历代文人政客以及我们普通读者的心灵启迪。

（二）左右前后的关系

所谓左右关系,就是指一个作家同时代的与之比较密切的人物,他们在创作上常常互相启发,互相影响,应当把他们联系起来研究。例如白居易,他与元稹、张籍、刘禹锡等诗人友谊很深,具有某些共同的创作倾向,就应当把他和他所属的那个流派的作品放在一起来研究。所谓前后关系,是指某个作家对前代文学的继承和对后代文学的影响。比较说来,了解与前代文学的关系尤为重要。因为我们评价作家的一个重要标准,就是看他比过去时代的文学家多提供了什么新的东西,就像曹操的四言诗无论从诗歌内容还是艺术形式都继承和发扬了《诗经》的优良传统,同时以其极大的创造力实现了对两汉诗歌的超越,使四言诗再一次大放异彩。他的诗不仅对

建安文学有开风气的作用,而且对后代文学创作也具有重要的影响。如果对过去的文学史不了解,我们就不能做出准确判断。

(三) 博览和精读的关系

"群文阅读"是求其博览,"基于'议题'"则为了提出问题,分析问题,解决问题,实现高质量的精读。

比如,我们在学习托物言志名篇《陋室铭》和《爱莲说》时,为了让学生对托物言志这种写作手法有更为深刻的理解和准确的把握,我们以"物志合一,独抒性灵"为议题选取了《卜算子·咏梅》(陆游)、《卜算子·咏梅》(毛泽东)、《咏柳》(曾巩)、《精卫》(顾炎武)四首诗歌作为辅文(诗)。通过学习,我们发现这些作品不仅形式多样(一铭,一说,两首词,一首格律诗,一首杂言诗),带有鲜明的作者个人的色彩,而且所咏之物也极为丰富,有动物、植物还有静物,有现实世界里的,也有来自神话故事(精卫)的,有正面歌咏的,也有反面讽喻(柳)的。所托之物与所咏之志间除了常见的相似性外,还有像《陋室铭》中的"物"与"志"之间比较独特的关系:作者反其意而用之,极力描写所托之物"陋室"的"不陋",来表达自己品德的高尚。这篇文章里"物"与"志"之间没有明显的相似点,而是存在着一定的因果关系。(因为我品德高尚,所以就不觉得它简陋了。)"托物言志"这种表现手法的特点和妙处因为选文的多样性而得以较为全面的呈现,而这样的教学效果是单单依赖一篇托物言志作品很难达到的。而且,这样的阅读经历对学生以后学习此类作品,如《马说》《病梅馆记》等不无裨益。

基于以上三个关系,在文本的选择上我们就可以根据不同的阅读"议题"从同一作家、同一时代、同一流派、同一话题、同一主题等角度,也可以从不同时代、不同作家、不同风格、不同体裁等角度来组编阅读文本。

二、古诗文群文阅读教学策略

(一) 提升对话文本能力,培养正确的阅读观

王荣生教授在《阅读教学设计的要诀》中指出:"阅读是读者自愿、自主地与文本对话。喜欢阅读、享受阅读,在阅读中学会辨识优劣,愿意接触好书、好文章、好作品,愿意进行需要思考和探索的阅读,这可以说是学习阅读的第一要义。"[3]在与文本的对话中,好的读者应该不断提升自己与书面文本的对话能力,不断提升自己对世界和人生的认识力和感受力。

这就是说"阅读不仅把读物从一系列的符号变为一种充满意义的作品,而且也改造阅读者本身"。正如梁衡先生在他的《〈岳阳楼记〉留给我们的文化思考和政治财富》一文中所评论的那样,好文章不仅教我们如何写文章,也教我们如何做人。

阅读范仲淹的《岳阳楼记》时，我们可以像梁衡先生那样思考为什么范仲淹的这篇文章在浩如烟海的古文中成为经典。在我个人看来，除了梁衡先生文章里所说的原因之外，这还得益于作者范仲淹在文中的巧妙构思和布局：作者在前人众多描绘岳阳楼诗文的基础上（前人之述备矣）能独辟蹊径，大胆创新，写出了别人不曾有过的新思路（然则……迁客骚人，多会于此，览物之情，得无异乎?），做到了"人无我有"。与此同时，作者还将继承前人"达则兼济天下，穷则独善其身"的人生理想提升到了"先天下之忧而忧，后天下之乐而乐"（古仁人之心）的至高境界，做到了"人有我新"。当我们开始思考范仲淹的所思所想、感动于他的追求和境界时，其实我们已经从阅读中收获了成长。

从这一点上来讲，读书不能光靠眼睛看，而且要用头脑思索，学而不思是不能对文学作品做出正确的评价的，只有思考才能从其中吸收有益的养分，让精神生活丰富而高尚起来。如果学生在读书时能够多问一个为什么，能够通过自己的思考来分析问题，解决问题，做出判断，那么他一定能成为一个在阅读中不断获得乐趣和享受的人。

（二）确定常态阅读取向，培养语文阅读思维

读书思维，指的是常态的阅读取向，就是把小说当小说读，把诗歌当诗歌读，把散文当散文读。在《阅读教学设计的要诀》一书中，王教授认为文言文"文言""文章""文学"和"文化"的一体四面，指引着文言文阅读教学的着力点。[5]文言文的特点，首先体现在"文言"上；学习文言文，实质是体认它们所言的志，所载的道；研习谋篇布局的章法、体会炼字炼句的艺术，是学习文言文的两个重点。因为章法考究处、炼字炼句处，往往就是作者言志载道的关节点、精髓处。

苏轼的《记承天寺夜游》是一篇精美的小品文。文章虽短，但里面值得回味揣摩的语句比比皆是。我们来看课下注释中"盖"字的解释：承接上文，表示肯定，相当于"大概"，这里解释为"原来是"。为什么在"庭下如积水空明，水中藻荇交横，盖竹柏影也"这句话中，"盖"字不能简单地翻译成"大概"而要解释为"原来是"？联系语境，我们会发现"盖"字只有解释为"原来是"，才能恰如其分地表现出作者沉浸在月色树影所营造的空明澄澈疏影摇曳的世界时，由错觉而至醒悟后的心理活动，极好地显现出作者的闲情雅趣。然后我们再来看"闲人"一词的解释：这里是指不汲汲于名利而能从容流连光景的人。苏轼这时被贬为黄州团练副使，这是一个有职无权的官，所以他自称闲人。在句中译为清闲的人，或有着闲情雅致、高雅志趣的人。"但少闲人如吾两人者耳"意思是说只不过少有像我们这样的不汲汲于名利而能从容流连光景的人罢了。可是这时我们会发现，即使这样比较接近于作者本意的翻译也不能准确地诠释在那种境遇下"闲人"一词所包含的复杂的情愫。因为作者虽自称闲

人，但这并不是他刻意追求的一种理想的人生状态，只不过是他处于人生困境时的一种有些无奈的选择罢了。笔者认为，"闲人"一词还是保留不译更为合适。

教学过程中，我们选取的辅诗《浣溪沙·山下兰芽短浸溪》（作于元丰五年春）、《定风波》（作于元丰五年）和《记承天寺夜游》（作于元丰六年）属于苏轼同时期的作品，它们虽体裁有别，但从内容上来讲却都属于记游类作品（两首词前都有小序，交代出游）。我们在阅读时，设置了"景情关系"的议题。在研读过程中，通过比较，我们会发现在这三篇作品中，作者选取的景物均属于"冷色调"，如《浣溪沙》中"短短的兰芽""洁净的松林沙路""潇潇的暮雨""子规的哀啼"，《定风波》中的"先雨后晴""料峭春风""微冷""山头斜照""萧瑟处"，《记承天寺夜游》中"十月十二日夜""如水的月色""纵横交错的竹柏影子"，在这样一些比较素雅清新的景物所营造的意境中，情感虽微妙复杂，但大体仍以表现作者的乐观豁达、闲情雅趣为主。综合这三篇作品，我们可以得出这样的结论：苏轼被贬黄州期间，他的情感主调是坦然自乐的。

从以上课例可以看出，我们的课堂研究实践，就是要在确定常态阅读取向的阅读活动中，培养学生语文阅读的思维，从而达到最终提升学生语文素养的目的。

三、古诗文群文阅读的实效

（一）增强阅读指导，营造阅读环境

基于学生阅读和学习古诗文，不仅存在语言文字上的困难，还有因社会发展变化、诗人个人经历等造成的隔膜导致无法准确把握作者的思想情感的学情，我们结合初中教材中的名著阅读书目，积极开发阅读素材，增强方法指导，开动脑筋为学生阅读创造一个良好的外在环境，以期激发学生主动参与语文阅读的热情，为古诗文多文本阅读提供更长久的兴趣支撑。

以古典名著《水浒传》为例。在阅读《水浒传》时，我们为学生介绍了苏轼的"八面受敌"读书法。苏东坡在他的《又答王庠书》中，借为侄女婿王庠"解惑"，介绍了自己的独家读书法——"八面受敌"。信中是这样说的："少年为学者，每一书皆作数过尽之。书富如入海，百货皆有，人之精力，不能兼收尽取，但得其所欲求者耳。故愿学者每次作一意求之。如欲求古今兴亡治乱、圣贤作用，但作此意求之，勿生余念。又别作一次，求事迹故实典章文物之类，亦如之。他皆仿此。此虽迂钝，而他日学成，八面受敌，与涉猎者不可同日而语也。"意思是说，年轻人读书，每本好书都应该读它几遍，读深读透。书海内容丰富，人的精力有限，所以不能贪心，每次要有所侧重，有针对性、专一地去读。在指导学生阅读《水浒传》时，我们让学生借鉴苏轼的

"八面受敌"读书法,尝试从建立人物档案、探究绰号来历、小说结构奥秘、逼上梁山原因等方面进行不同目的的反复阅读,经过这样的梳理,学生们对《水浒传》人物的个性经历、情节的安排设置及结构的前后差异等都有了较为深入和系统的认识。

增强阅读的指导性,就是让学生带着问题、带着任务、带着目的去阅读,去思考,去讨论,去辨析,去分享。这种人人参与阅读,人人分享阅读的良好阅读环境氛围,既避免了阅读无序无效、盲目随意的状态,也有效激发了学生主动参与深度阅读的热情,从而极大提升了名著的阅读效果,奠定了良好的阅读基础。

(二) 遵循阅读规律,引领比较深研

刘勰在《文心雕龙》一书中说"操千曲而后晓声,观千剑而后识器",意思是说练习很多支乐曲之后才能懂得音乐,观察过很多柄剑之后才能懂得如何识别剑器。这两句话意在强调博观和实践对于一项技艺或能力的形成至关重要。阅读作为一项从书面材料中获取信息的智力实践活动,博观和实践不可或缺。要读懂文言文,更是要依靠多读多看好的作品。通过多读多看,反复熟读,才能逐步掌握文言文的丰富词汇和文法规律,帮助我们提高阅读能力。

比如,我们在学习陶渊明的《桃花源记》时,同时补充了陶渊明的《桃花源诗》和唐代顾况《仙游记》中的片段:

温州人李庭等,大历六年,入山斫树,迷不知路,逢见漈水。漈水者,东越方言以挂泉为漈。中有人烟鸡犬之候,寻声渡水,忽到一处,约在瓯闽之间,云古莽然之墟。有好田泉竹果药,连栋架险,三百余家。四面高山,回环深映。有象耕雁耘,人甚知礼。野鸟名鸲,飞行似鹤,人舍中唯祭得杀,无故不得杀之,杀则地震。有一老人,为众所伏,容貌甚和,岁收数百匹布,以备寒暑。乍见外人,亦甚惊异。问所从来,袁晁贼平未,时政何若。具以实告。因曰:"愿来就居,得否?"云:"此间地窄,不足以容。"为致饮食,申以主敬。既而辞行,斫树记道。还家,及复前踪,群山万首,不可寻省。

《桃花源记》比另外两部作品更为人们所熟知,甚至作为《桃花源诗》序言的《桃花源记》也比诗本身流传得更广,我们可以引导学生深入思考这其中的原因。通过比较我们发现,这其实更多地得益于它采用了一种新奇曲折的叙述方式,作者的政治理想借助渔人的所见所闻生动地展现在读者面前。采用渔人的叙述视角决定了语言上的简洁生动,而通过渔人与桃源人的对话插叙桃源人避世由来,巧妙自然,与整个故事情节浑然一体。但我们也要让学生明白,这并不意味着"诗"不如"记","诗"只是用另一种文学形式来展现作者对世外桃源的构想。《桃花源记》通过叙述桃花源的社会制度和诗人的一种向往之情,表明作者的社会观,语言质朴,叙议结合，运用顺叙手法娓娓道出桃源人避世原因。通过这样的探究比较，同学们会发现《桃花源记》与《桃花源诗》两者主题构思角度相同，而体裁手法各异，二者珠联璧合，相得益彰，极好地表明作者的爱憎情感和志趣愿望。

再说《桃花源记》和唐代顾况《仙游记》，两篇文章情节非常相似，都是"发现乐土——辞别乐土——再寻乐土而不得"，都描绘了一个没有战乱、宁静淳朴、安居乐业的理想社会。联系两位作者生活的时代，我们会发现这两篇文章都在一定程度上反映了当时社会的黑暗和动荡，都表达了作者对黑暗社会的不满，寄托了作者的社会理想。虽然有如此多的相似点，但《桃花源记》的影响却比《仙游记》要深远得多，这其中很重要的一个原因就在于陶渊明是"世外桃源"的构建者，而顾况的《仙游记》，钱锺书则认为是"刻意拟仿"《桃花源记》，两者孰高孰低，不言自明。这样的比较学习能让学生明白，在文学创作中，作者的独创性所起到的关键作用。

我们认为在文言诗文的阅读活动中，只有让学生"多操曲"，"多观器"，即广泛涉猎，做到"博取比较"，才能有助于学生"后晓声""后识器"，既鉴别欣赏，又达到"深研"后的"德智融合"。

参考文献：

[1]中华人民共和国教育部.义务教育语文课程标准(2022年版)[M].北京:北京师范大学出版社,2022.

[2]王雁玲,任培,黄利梅.群文阅读教学中的"议题"：思考与建议[J].教育科学论坛,2015(10):13-17.

[3][5]王荣生.语文教学内容重构[M].上海:上海教育出版社,2007.

[4]梁衡,《岳阳楼记》留给我们的文化思考和政治财富[J].中学语文教与学,2009(9):6-10.

[4]钟启泉,张华.课程与教学论[M].上海:上海教育出版社,2000.

[5]孙绍振.名作细读[M].上海:上海教育出版社,2009.

[6][美]加涅.教育设计原理[M].上海:华东师范大学出版社,2007.

[7]温儒敏.忽视课外阅读,语文课就只是半截子的[J].课程·教材·教法,2012,32(01):49-52.

[8]蒋军晶.语文课上更重要的事：关于单篇到"群文"的新思考[J].人民教育,2012(12):30-33.

[9]李爽,王朔.略论群文阅读教学中的十大关系[J].教学与管理,2016(05):23-25.

[10]林琼.群文阅读教学：一种新型的阅读课型[J].教育探究,2014(06):37-40.

基于"德智融合"的初中历史教学实践与反思
——以《鸦片战争》教学为例

方亦元

【摘要】 "德智融合"是21世纪"立德树人"主题教育思想的应有之义,涵盖了关于教育目标、教育质量和教师发展等基本问题的思考。"德智融合"以学科为抓手,以课堂为路径,探究德育在学科知识应用中的融合规律,深化渗透学科知识固有的情感、态度、价值观,促进知识体系和价值体系,智育和德育的有机统一。"德智融合"的重难点之一即在于寻找融合点,本文以初中历史人教版第三册《鸦片战争》一课教学为例,尝试在教学实践中对"德智融合"的实施路径进行分析和反思。

【关键词】 "德智融合";"立德树人";初中历史教学

一、研究背景

提到"德智融合",首要的是从国家教育战略的高度来理解和把握它的重要性。《国家教育改革和发展中长期规划纲要》明确指出:"思想道德建设的重要任务之一就是培养未成年人的爱国主义精神,发扬以爱国主义为核心的中华民族精神,爱国爱党爱社会主义是'魂',爱国主义为核心的民族精神是'根',为党的事业和建设有中国特色的社会主义来培育符合要求的建设者和合格可靠的接班人。"[1]世纪之交,党中央、国务院相继出台了《关于深化教育改革全面推进素质教育的决定》和《关于适应新形势进一步加强和改进中小学德育工作的意见》,两份重要文件均强调了德育的重要性,都指出"德育要渗透进各项学科教学之中,始终贯穿在教育教学的每个步骤"。在党的十八大报告中,更是进一步明确指出:"要把'立德树人'作为目前教育的根本任务"。[2]为全面贯彻落实党的教育方针,"人民教育家"于漪老师提出了"德智融合,学科育人"的重要理念,其目的和宗旨是将"立德树人"的根本目标落实到学科主通道和课堂主战场。[3]"德智融合"需要在教学中将德育与智育有机结合,以学科为抓手,教室为阵地,系统克服过去教学中的"魂不附体"的弊端,在完成具体智力教育任务的基础上,大力提升学生的思想道德素养,从而实现教育教学的整体价值。[4]

2023年,于漪教育教学思想研究中心的黄音副主任对于漪进行了专访,于漪老师系统回顾了"德智融合"教学思想萌生与演变的时代背景和实践意义。总体而言,"德智融合,学科教育"思想的萌发、形成和完善经历了60多年的发展变化,其中包括了四个重要节点:"胸中有书,目中有人"——"既教文,又教人"——"弘扬人文,提高素质"——"德智融合,学科育人"。[5]

多年来,德育和智育作为教育中两大重要的组成部分,一直备受教育研究者和实践者的关注,伴随着素质教育的持续推进,一些教育学研究者从诸多角度对二者的融合进行了研究。西安理工大学的涂慧敏探讨了德育和智育的效能,指出德育发挥着主导作用,智育发挥着中心功能,二者密切相关,在积累知识的过程中同时包含丰富的德育素材,在智育过程中凸显德育,使德育与智育产生正向的互动作用。[6]西安理工大学高教研究所的徐智德提倡以德育为主体,在教学过程中,要协调德育和智育,从基础上克服长期存在的德育与智育分离的"两张皮"现象。[7]上海师范大学马克思主义学院的李亮对简单化的"德智一体"观点提出了疑问,他指出这种观点片面强调了德育与智育之间的紧密联系,却忽视了德育和智育之间的差异性。德育和智育在内涵、方法和导向上具有显著不同,两者不可通约,应在一定程度上分离清楚德育和智育,对此他主张用"德智统一"取代过去的"德智一体"。[8]河北唐县南大洋小学的王乐肖也认为,德育与智育在内涵与形式上存在客观差异,不能简单地替代和组合。[9]湖北孝感学院的彭爱玲通过实证研究,尝试分析了影响德育和智育的因素,她从多个因子出发探究如何影响道德培养和智力发展,多角度论证了德育的效能等同或优于智育效能。[10]

二、历史学科"德智融合"的理论基础

21世纪初课程改革提出的三维目标"知识与能力、过程和方法、情感态度和价值观",即体现了"德智融合"的要求和功能。2023年新修订的课程标准系统总结了学科教学实践中积累的经验,规范了各门学科的核心素养[11],历史学科作为其中的重要组成部分,德育和智育休戚与共,息息相关。

这就需要历史教师在实践中要有意识地挖掘学科知识中潜藏的德育元素,实现德育渗透,促进学生全面发展,同时满足提高历史知识储备和提升道德品质的两方面需要。[12]在历史教学中,应从"德智融合"的角度,将历史教材和德育融为一体,实现全面整合。这样不仅能够培养学生的历史思维能力,还可以提高历史教学的质量。[13]例如:有数据显示,中学课本涉及的中国历史名人有900多位,其中超过三分

之二是为时代进步做出了突出贡献的杰出人物,他们的事迹彰显了中华民族的优良传统和高尚情操。如此丰富的教学资源,如果教师善加利用,依据教学要求,选取伟大历史人物的事迹进行德育和智育,不仅有利于培养学生正确的历史观和人生观,而且有助于"德智融合"落实得更具鲜活性和趣味性。[14]

同时,历史是一门具备多样化功能的学科,除了史实、史观、史识三大基本要素之外,还包括逻辑、认知、审美、教育等功能,涵盖智育、德育、美育等诸多范畴,以系统论来整体把握历史学科教学,统筹兼顾,"德智融合"才能落到实处。新课程标准明确强调,在历史教学中要大力传承和弘扬中华民族传统精神,帮助学生深入理解基本国情,并激励学生热爱中华民族优秀传统文化,激发民族自信心和自豪感,培育爱国主义精神。历史知识有很强的趣味性,历史课堂作为德育渗透的重要平台,不仅能够传递社会正能量,帮助学生塑造健全人格,而且可以通过对历史事件的深入分析和解读,完成学生健全人格的塑造,使广大学习者受益终身。[15]

三、案例呈现

《鸦片战争》作为统编版历史教科书中国近代史第一课,课程标准要求如下:"了解林则徐虎门销烟的经过和中英《南京条约》的内容。分析鸦片战争对中国近代社会的主要影响。"在课程教学中,我尝试从下述三个方面来探索实践"德智融合"。

1. 立足历史人物,突显"德智融合"

推动社会历史发展的不是少数历史名人,而是广大人民群众。事件的呈现不仅体现在英雄人物的沉浮,而且体现在小人物小事件的细微处,从小人物的身上同样能感悟情怀。初中生正处于世界观、人生观和价值观塑造的初始阶段,对知识有着强烈的渴望和高度的好奇心。因此,在进行课堂教学活动时,教师应尝试从多样化的角度出发,为学生创造一个开放和活跃的学习氛围以满足青少年的求知欲,激发他们的好奇心,力图实现预设教学目标,实现智育和德育的融合。历史学科中出现的众多历史人物各具人格魅力,在教学中,应设置足够的探究性话题和轻松活泼的氛围促进学生间的交流和互动。在这个过程中,教师可以适时引导学生的思维走向,让学生思考历史事件中人物所反映的精神和品质。比如在《鸦片战争》一课的教学中,我让学生思考以下问题:"虎门销烟和三元里抗英事件中体现出了哪些精神?你从林则徐、陈化成、关天培等民族英雄的身上学习到了哪些精神品质?"

2. 借用影视媒体,体验"德智融合"

从新课程标准对义务教育阶段历史教学的要求出发,通过多样化的素材和途径来支持课堂教学,例如通过视频教学、图文教学等方法,力图呈现历史情境,使学生能够更真实、完整地认知历史，获得身临其境的感受。例如：在《鸦片战争》一课教学中，我借助《鸦片战争》《林则徐》等影视片段，帮助学生更直观、更具体地体验清朝末年的社会情况，感受虎门销烟的不屈意志，清政府的腐朽没落，爱国军民的顽强斗争等。影像资料的应用有利于激发学生关于历史情境的认知能力，深化学生的情感体验。观看结束后，进一步通过设问或小组讨论的方式，鼓励学生积极问答和开展互动交流。通过讨论问题和抒发观后感，加深对史实的理解，学习林则徐维护民族尊严和利益的爱国主义精神，培养忧患意识和强化民族责任感、使命感，最终实现知识教学和道德教育的融合。

3. 营造情境氛围，感悟"德智融合"

"德智融合"应注意情境和氛围的创设，避免流于苍白的说教。"德育渗透"不是一句简单口号，应讲究方式方法和路径技巧。在本课教学中，首先我尝试在课前利用学校的橱窗和展板、教室后面的黑板等来展示一些鸦片战争的人物事迹。其次充分挖掘乡土历史资源，带领部分同学参观上海市宝山区陈化成纪念馆并拍摄视频，发挥环境教育的作用。通过情境的创设和氛围的营造，学生在自主探究中增强对历史人物和事迹的感知和理解，激发求知欲，起到了"润物细无声"的德育渗透效果。

四、结果反思

基于已有的研究成果，伴随着"立德树人"这一根本教学目标认识的不断深化，许多教育研究者和一线教师从不同的层面和角度对"德智融合"进行了进一步的深入探究和思考，这些成果具有高度的学术价值和实践意义。然而，通过自身的案例教学，笔者发现仍有一些方面值得进一步反思和研究。

首先，课堂不能仅仅追求实用结果，还要注重综合素养。无论是"五育并举"还是"德智融合"都强调教育要集知识获得和能力培养于一体，融智力发展与品德修养于一炉。基础学科教学应该把德育和智育结合起来，如何融合仍有待进一步认真学习、自觉实践，这不仅是一个时代命题，更是一项历史使命。

其次，在实践过程中，仍然存在着用二分法来看待德育与智育的联系，这种逻辑是不正确的，违背了教育的规律。"德智融合"不应该是智育和德育的简单叠加，在今后的教学中要避免陷入这种形而上学的误区，探究有效融合两者的方法和途径。只有踏踏实实走好每一步，日积月累，逐步渗透，方能取得成果。

最后，现有研究大多将目光聚焦在课堂教学中实施"德智融合"，课堂固然是落实"德智融合"的重要阵地。但教育者也应尝试从不同场域来探索"德智融合"的可能性，比如将课堂教学与校园活动、校园主题文化建设、综合探究、社团活动、社会实践活动等联系起来,系统化、综合化地实践"德智融合",建立长期的、发展的"德智融合"机制。

参考文献:

[1]国家中长期教育改革和发展规划纲要(2010-2020年)[J].实验室研究与探索,2018,37(05):298.

[2]柳礼泉,陈方芳.党的十八大以来习近平青年教育思想论析[J].学习论坛,2016,32(07):5-8.

[3][5]黄音.沿波讨源"德智融合,学科育人"教育思想 专访"人民教育家"于漪[J].上海教育,2023(13):6-9.

[4]于漪.于漪全集(基础教育卷)[M].上海:上海教育出版社,2018.

[6]涂慧敏.高校智育过程中德育功能的探究[D].西安:西安理工大学,2011.

[7]徐智德.论德育与智育在教学中的同一性[J].有色金属高教研究,1998(02):40-42.

[8]李亮."德智一体化"辨析[J].思想理论教育,2011(04):9-13.

[9]王乐肖.浅谈小学教学管理中的德育[J].中国科教创新导刊,2007(11):120.

[10]彭爱萍.关于德育效果与智育效果的比较[J].高等函授学报(哲学社会科学版),2006(04):63-64.

[11]余文森.从三维目标走向核心素养[J].华东师范大学学报(教育科学版),2016,34(01):11-13.

[12]高智.德智并举——浅谈高中历史和德育教育的融合策略[J].学周刊,2021(21):55-56.

[13]冯燕.立德树人视域下"四史"教育在高中历史课教学中的融入[J].试题与研究,2022(21):45-47.

[14]马永.把历史课变成"立德树人"的阵地[J].课程教育研究,2016(13):58-59.

[15]刘忠奎,吴琦.聚焦核心素养培育 指向学生终身发展——《义务教育历史课程标准(2022年版)》释读[J].江苏教育,2023(16):54-58.

[16]彭寿清.学科德育:一种有效的德育模式[J].重庆大学学报(社会科学版),2005(05):134-137.

依托"双线组元"探索写作的"德智融合"

——以统编语文教材预备年级第二学期为例

王奕敏

【摘要】本研究基于统编教材组元方式,探究单元视角下的写作教学的设计原则和实施要点。在"人文主题"和"语文要素"两条教材组元线的统摄下,写作教材呈现出"德智融合"的目标指向,也为"读写结合"提供了资源保障。在设计和实施单元写作任务时,要坚持目标导向、聚焦核心,及时跟进学生写作实践活动的"现场",适时提供资源整合迁移的支架,重视写作过程指导,推进多元增值评价,切实帮助学生提升人文素养和写作素养,实现"德"与"智"的全面发展。

【关键词】写作教学;大单元教学;双线组元;德智融合

长期以来,语文写作教学面临着知识碎片化、训练无序化的困境,导致学生兴致低、写作能力提高见效慢,更难以发展出可供迁移到真实情境中的表达能力。随着《义务教育语文课程标准(2022年版)》的颁布,"大单元""情境""主题""活动"等一系列指向核心素养培育的概念应运而生,为"确定具有内在逻辑关联的语文实践活动"[1]提供了破局之法。基于此,从单元层面重新审视写作教材,将写作实践活动融入单元教学,便是当下初中写作教学值得探索的新思路。

一、"双线组元"视角下的写作教材特点

(一)目标指向的整体性:德智融合

统编教材的编写以"立德树人"为宗旨,在单元内容呈现上采用"双线组元"结构,以"人文主题"和"语文要素"两条组元线统领整套教材。一方面将社会主义核心价值观有机渗透到教材各方面,"融入语文所包含的语文教育、情感教育、审美教育,让学生乐于接受,起到润物细无声的效果";另一方面,"把必要的语文教学的要点、重点按照一定的顺序落实到各个单元中"。[2]可见,"双线组元"的教材单元结构,呼应了语文课程"工具性与人文性的统一"的基本特点,也为德育与智育有机结合的教育目标提供了路径。

当然,"德智融合"目标的实现,不能简单地将各单元中"德""智"内容提取出来,而是要通过具体的、系列化的语文实践活动进行融合。其中,写作实践活动就是相对具有统整性的抓手,统编教材"单元导语""写作"板块的呈现也为此提供了依据,以预备年级下册教材各单元为例加以梳理分析,如表1所示:

表1 预备下册中各单元"单元导语"与"写作"

单元导语		写作	
人文主题	(重点的)语文要素	写作主题	重点方法
民俗之美	叙述的详略; 富有个性的语言	家乡的风俗	把握民俗主要特点、详写重点内容
真情流露	表达情感的方式	让真情自然流露	写清情感的变化
人物精神	人物描写、作者的态度与评价	心愿	选择恰当的材料和表达方式
探索未知的科学	用具体的事例印证观点	插上科学的翅膀	放飞想象,创作科幻故事
我们的家园	把握主要观点	学写倡议书	仿照例子,就关心的问题写一封倡议书
人间鲁迅	借助资料理解内容、体会寻常词句深刻内涵	有你,真好	把事情写具体、融入自己的情感

可见,教材"单元导语"中蕴含的"人文主题""语文要素"与"写作"板块的提示呈相关性,"单元导语"统摄着单元学习的内容与方法,"写作"则是具象的语文实践活动,是"德智融合"的活动载体。当然,单元实践活动的形式并不局限于"写作",部分单元的"写作"板块与"单元导语"也并没有那么严丝合缝的关联,这就需要教师根据具体情况加以调整,设计合宜的写作实践活动。

(二)资源呈现的贯通性:读写结合

《义务教育语文课程标准(2022年版)》以"学习任务群"的形式组织和呈现课程内容,每个任务群涉及相应的写作类型[3],在某种程度上突破了传统"三大写作文体"的认知边界。其中,"思辨性阅读与表达""文学阅读与创意表达""实用性阅读与交流"在命名方式上,就直接用"与"字将阅读与表达紧紧关联。

教材呈现的资源也同样具有读写的贯通性。以预备下册第二单元为例,"写作"板块的核心要求是"多种方式抒发情感",我们可以围绕这一核心要求从课文内容提炼出与之相关的要点,并结合阅读提示、课后习题考察其读写资源的贯通性,如表2所示:

表2 预备下册第二单元中与写作相关的阅读资源

阅读篇目	篇目要点 (含"人文主题""语文要素")	阅读提示、课后习题[4]选摘
5.匆匆	借助具象的事物、大量问句,表达对时间流逝的感叹	① 表达了作者怎样的内心感受? ② 你对"时间"的流逝有什么感触?仿照课文第3段,用一段话把你的感触写下来
6.那个星期天	通过人物动作、语言、环境等描写,反映盼望逐渐落空的心理状态	③ 品味下列语句,说说作者采用了哪些方式描述"我"的心理。 ④ 从下面的情境中选择一个,分别描写心情"好"与"不好"两种状态下所见的景物,体会"融情于景"写法的好处
7.*别了,语文课	通过对比、第一人称,表达对母语的热爱不舍	⑤ 这样的写法也可以运用到我们的习作当中

不难发现,单元内阅读篇目的内容主题大多以"真情流露"为核心,也呈现了较为丰富的抒发情感的方式,为写作实践任务提供了优秀的样本。从相关的阅读提示、习题来看,①③④涉及对"抒情"知识的多层面理解(抒发了什么情感、情感抒发方式有哪些、有什么好处、情感与景物的关系等),还适时穿插了"抒情"写作活动,其中②是基于课文主题抒写个性化感受,④⑤分别是基于情景关系、第一人称表达作用理解的写法迁移。

由此可见,教材虽然将"阅读"与"写作"分列为两个板块,但其内在逻辑是贯通的。

二、"双线组元"视角下的写作教学设计与实施

"双线组元"视角下的"单元写作教学",是指以写作任务为导向,聚焦单元中的核心人文主题与语文要素,整合单元内相关资源,开展过程指导与评价的写作实践活动。其教学设计和实施有以下要点:

(一) 设计原则

1. 以终为始,目标导向

单元教学结构表征为在单元教学目标统摄下课时教学、评价、作业、资源之间的协同系统。[5]以写作任务为导向的单元教学,需要系统考虑单元教学中各个要素及其关系。在教学设计流程上,应该首先根据单元定位及学情确定写作目标,制定能证明学生达到该单元写作预期效果的证据,再从学生学习的视角安排教学活动、提

供必要支架、引导反思活动,对整个单元进行目标导向的结构化处理。

2. 以少为多,聚焦核心

写作实践活动是个综合复杂的思维过程。即使学生面对看似简单的作文题,在具体写作活动中要思考的问题其实并不少。如果教师写作指导总是面面俱到,自然是费力又低效的。

邓彤老师在2016年提出"写作核心知识"概念,他认为"合宜的写作教学只需为学生提供少量而有效的知识即可。而这些'少数关键'知识就是能够形成核心素养的'核心知识'。"[6]就单元写作教学而言,单元中最核心的"人文主题"和"语文要素"是"写作核心知识"的重要来源,其中"语文要素"尤其值得重视,需要在单元写作教学的动态实施过程中加以细化、深化。

(二) 实施流程

1. 拟定训练目标主题

基于以上设计原则,单元写作教学主题的拟定,可以看作是对该单元中"写作核心知识"的萃取。以预备下册第一单元为例,从"单元导语"可知,本单元课文展现了不同地域和民族的民俗之美,在学习时要"通过反复阅读,分清内容的主次,把握叙述的详略……注意品味文章富有个性的语言。"[7]我们可以从中提炼出"人文主题"——民俗之美,"语文要素"——详略结合。单元内其他助读系统、课文系统、练习系统、知识系统也基本围绕这两个要素展开,因此该单元写作教学主题可表述为"详略结合,我亲历的家乡风俗",即"语文要素+人文主题"的组合。相对固定的表述形式可以方便我们检阅各次训练之间的关系:人文主题是否尽可能全面?语文要素之间是否有相对的阶梯性?而作文标题,可以选用教材建议的,也可以根据教学需要拟定。据此,预备下册各单元写作主题、作文题如表3所示:

表3　预备下册各单元写作主题、作文题

单元	单元写作教学主题	作文题
第一单元	详略结合,我亲历的家乡风俗	《家乡的_____》
第二单元	多样抒情,捕捉回忆色彩	《那一次,我流泪了》
第三单元	塑造人物,彰显英雄本色	《我心中的英雄》
第四单元	突破障碍,尽享探索乐趣	《一次_____的探索》
第五单元	学写倡议书,共建美好家园	《_____倡议书》
第六单元	撷二三事,含情抒写人物	《有你,真好》

至于目标的拟定,既要围绕"写作核心知识"展开,也要预设学生写作时的一般流程及可能存在的困惑。如第四单元《一次＿＿＿＿＿＿的探索》,写作训练目标可表述为:"① 在题目中填入合适的修饰语,并紧扣该特点完整叙述一次探索的经历;② 在叙述中,设置两次以上'阻止'探索的障碍,以及'我'的应对方式。"也就是围绕"探索"主题,引导学生唤醒自己的探索经历、提炼其特点,也为"如何把探索过程写得生动"提供相对明确的方法指导。

在单元写作任务启动之初,让学生明晰主题和目标,能为资源整合、写作指导及评价提供重要帮助。

2. 整合教材相关资源

单元写作教学中的教材资源整合,从写作角度需要考虑的是"写什么"和"怎么写",与单元"人文主题""语文要素"相对应。在实施整合时,以下方式能够帮助学生将教材资源迁移到写作中。

一是教师针对写作任务提供问题策略支架。比如在第二单元《那一次,我流泪了》的写作指导课上,可以引导学生回顾:单元课文中的人物因什么事而流泪？泪水中蕴含着怎样的情感？在你的阅读体验中,积累了哪些关于流泪的表述？帮助学生拓展选材思路,深化中心立意,丰富语言表述。

二是师生围绕"核心写作知识"建构概念支架。研究表明,"通过教学帮助学生在更高的抽象层面上表征问题,也可以提高迁移能力"。[8]

同样以第二单元为例,师生共同围绕"如何抒情",在阅读教学中积累表达情感的词句并加以分类,并在写前指导课上用思维导图的形式提炼整合,这一概念支架的搭建可以深化学生对"抒情"的认识,包括知识系统和相关语境;也可以帮助学生解决写作中的难点,如"如何让抒情的手段更丰富""要表达某种特定的情感,有没有更适切的方式"等。如图1所示:

写 作 准 备

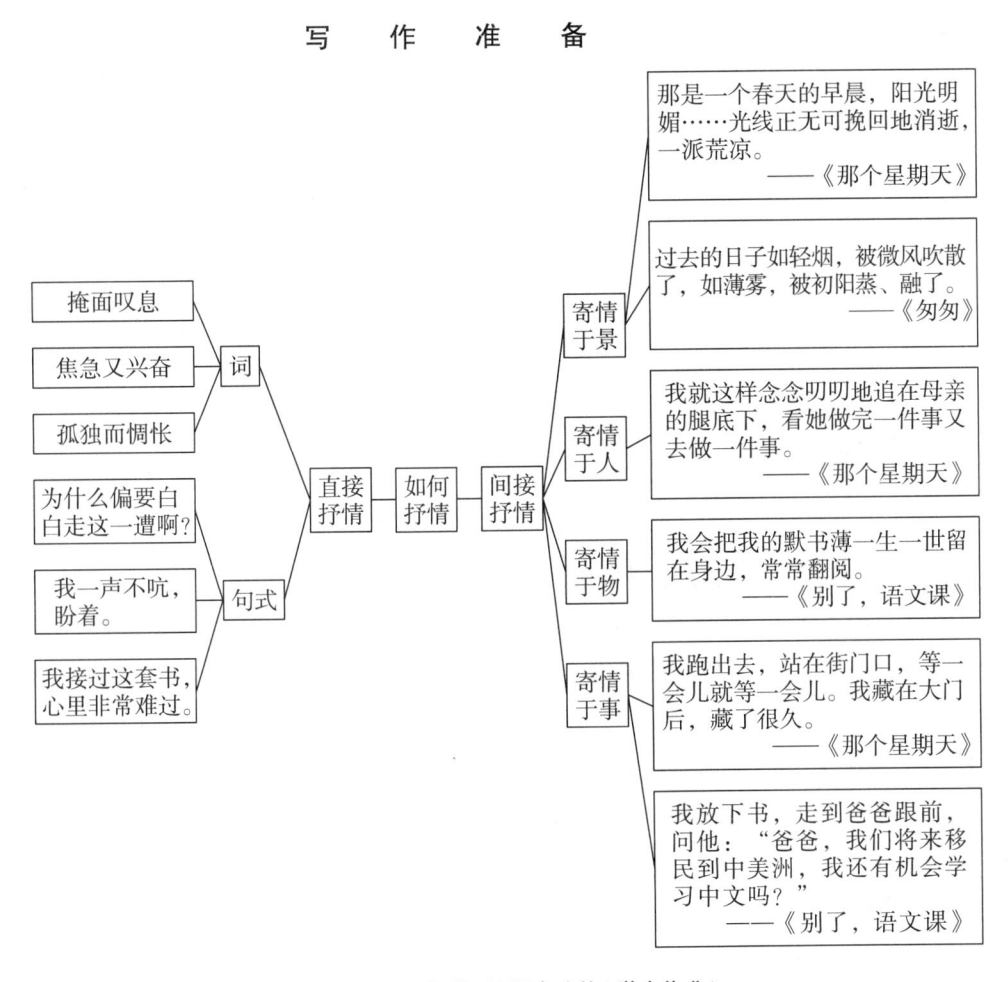

```
                          ┌─ 寄情于景 ─ 那是一个春天的早晨，阳光明媚……光线正无可挽回地消逝，一派荒凉。——《那个星期天》
                          │
                          │            过去的日子如轻烟，被微风吹散了，如薄雾，被初阳蒸、融了。——《匆匆》
                          │
          ┌─词─┬─掩面叹息  │
          │    ├─焦急又兴奋│
          │    └─孤独而惆怅│
直接抒情 ─ 如何抒情 ─ 间接抒情 ─┤─ 寄情于人 ─ 我就这样念念叨叨地追在母亲的腿底下，看她做完一件事又去做一件事。——《那个星期天》
          │    ┌─为什么偏要白白走这一遭啊？
          └─句式┼─我一声不吭，盼着。
               └─我接过这套书，心里非常难过。
                          │
                          │─ 寄情于物 ─ 我会把我的默书薄一生一世留在身边，常常翻阅。——《别了，语文课》
                          │
                          │─ 寄情于事 ─ 我跑出去，站在街门口，等一会儿就等一会儿。我藏在大门后，藏了很久。——《那个星期天》
                          │
                          └─         ─ 我放下书，走到爸爸跟前，问他："爸爸，我们将来移民到中美洲，我还有机会学习中文吗？"——《别了，语文课》
```

图 1　围绕"抒情"的概念建构（学生作业）

当然，概念支架也可以在阅读教学活动中进行动态建构。以该单元中《别了，语文课》单课教学为例，四个较为常规的阅读教学板块同时也指向了"如何抒情"这一写作核心知识（如表 4 所示）。在阅读教学中，教师可以给出提炼写作核心知识的示例，培养学生读写贯通的意识。

表 4　《别了，语文课》阅读教学板块与对应的单元写作核心知识

阅读教学环节	单元写作核心知识（"如何抒情"）
① 概括情节　→	选择情感发生转变的重要事件节点
② 品析描写　→	刻画能传递情感的动作、肖像、语言等
③ 探究"礼物"　→	选择恰当的物品寄托情感
④ 明确意图　→	采用直接抒情

3. 重视写作过程指导

与传统单课单教的写作教学相比，单元写作教学的过程指导历时更长，几乎贯穿了单元写作任务的全过程；其方式也更灵活，需深入学生具体的学习实践"现场"，边发现、边调整、边诊断，并给出有针对性的建议。（如图 2 所示）

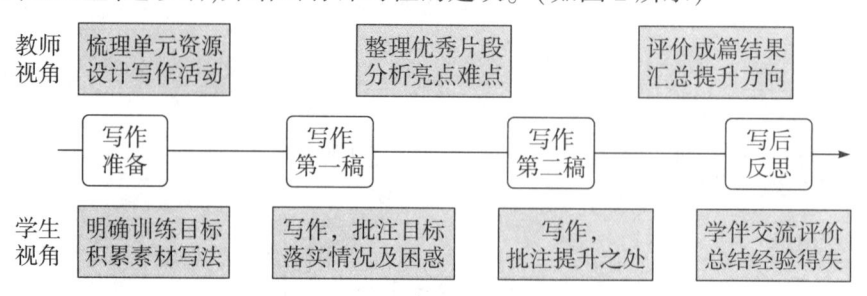

```
教师      ┌──────────┐    ┌──────────┐              ┌──────────┐
视角      │梳理单元资源│    │整理优秀片段│              │评价成篇结果│
          │设计写作活动│    │分析亮点难点│              │汇总提升方向│
          └──────────┘    └──────────┘              └──────────┘
       ┌────┐        ┌────┐          ┌────┐          ┌────┐
   ────│写作│────────│写作│──────────│写作│──────────│写后│────→
       │准备│        │第一稿│         │第二稿│         │反思│
       └────┘        └────┘          └────┘          └────┘
学生      ┌──────────┐    ┌──────────┐    ┌──────────┐    ┌──────────┐
视角      │明确训练目标│    │写作，批注目标│  │写作，      │    │学伴交流评价│
          │积累素材写法│    │落实情况及困惑│  │批注提升之处│  │总结经验得失│
          └──────────┘    └──────────┘    └──────────┘    └──────────┘
```

图 2　单元写作教学的过程指导

在"写作准备"环节，教师需对单元写作任务做整体的初步规划，引导学生在单元阅读学习中有意识地积累任务相关的素材和写法，并根据学情做出调整。例如"人间鲁迅"单元，教材"阅读"板块中呈现的一组鲁迅相关作品与教材建议作文题《有你，真好》之间可以有多种链接方式，如何选择该单元的"写作核心知识"？经过师生共同感受、探讨，普遍认为课文《我的伯父鲁迅先生》不管是从内容还是写法上都给人以亲切之感，阅读时会联想到身边能带给自己积极意义的人。因此，"撷二三事，含情抒写人物"就成为该单元写作主题，旨在引导学生围绕"一个对我有积极影响的人"选取 2—3 个具有典型性的素材，抒发"我"的真情实感。

当学生正式进入单元写作任务后，学习"现场"涌现出更多意外的发现、灵动的表达、真切的困惑……建构起动态的写作智慧资源库。教师需要整理优秀片段，使之成为解决普遍困惑的重要素材。例如"详略结合，我亲历的家乡风俗"写作任务，"如何详写"这一难点的解决大多基于学生相关优秀片段的整理提炼，如展示较为具体的活动过程、记录挫折让过程一波三折、让更多的人互动起来、在最重要的时刻定格特写等，每一种方法配有相关优秀片段，引导学生在交流互动中收获启示与成长。

在"写后反思"环节，教师要基于学生写作的成篇结果，以及批注中目标落实情况、困惑及提升之处，给出整体的评价，引导学生在交流互评中总结提升要点。即使有部分提升要点一时难以达成，也可以记录下来作为今后努力的方向或灵感的来源。

4. 推进多元增值评价

《义务教育课程方案（2022 年版）》明确提出："全面落实新时代教育评价改革要求，改进结果评价，强化过程评价，探索增值评价，健全综合评价。"在单元写作教学中,评价作为一项促进学习的活动,应贯穿写作任务的各个重要环节,让学生在多元评价主体、评价维度的参照中看到自己的进步与不足,明晰努力改进的方向。

以第五单元"学写倡议书,共建美好家园"写作评价量表为例(见表5),该单元写作训练目标包括"① 针对社区、学校生活中不文明的现象写一封倡议书;② 注意落实倡议书写作的相关要求"。那么,写作评价维度也可以从"德"(公民素养)和"智"(倡议书写作规范)两方面展开,但需要注意的是,如"选择合适的称谓""语言委婉恳切"等既是倡议书写作技能要求,也是公民在表达诉求时的涵养表现,也就是说"德"与"智"常在写作实践中呈融合状态,我们需要考虑多元评价维度,但不必在评价维度设计中做明显的区隔。在评分区域,可以通过比较两次写作的各项分值关注变化;评价人可以是自己,也可以邀请老师和同学共同参与。

表5 "学写倡议书,共建美好家园"单元写作评价量表

序号	评价维度(每项10分)	第一稿	第二稿
1	倡议内容针对社区、学校生活中的不文明现象		
2	明确倡议的对象,并选择合适的称谓		
3	倡议缘由基于调查与思考,表述清晰有条理		
4	倡议内容方向明确、具体可行		
5	语言委婉恳切,态度坚定有力,富有感召力		
6	倡议书五要素齐备,格式规范		

当然,评价的方式可以是多样的。相对于针对写作结果的量表式评价,写作过程中的"批注"形式能呈现更多经历细节和成长证据。在单元写作教学的实践中,"批注"也是围绕训练目标展开的,包括在落实训练目标时遇到的困惑、写作片段中落实目标的具体方法、受到的启发、进步之处,等等,是一种监控和调整写作认知思维过程并加以外化的元认知策略。可以说,"批注"是学生自我对话、自我评价的重要过程,也是教师调整指导方法、做出合理评价的关键依据。

三、研究深思

综上所述,"德"与"智"的因素贯穿于教学的各个环节,两者的融合不仅体现在教材"双线组元"的静态结构上,更在"单元写作"这一生动的语言实践活动里生根开花。

经由"智"的启迪,"德"才能转化为滋养学生心灵成长的养料。例如在"详略结合,我亲历的家乡风俗"这一单元中,学生不仅通过阅读领略到中国各地民俗之美,

体会有地方特色的语言魅力,更在采访长辈、收集资料、裁剪素材、谋篇布局等一系列关乎"智"的语言实践中,深入地体悟"德"的内涵——"国家意识""民族情怀""文化自信"等词语逐渐成为真实可感的体认,团结协作、勤勉务实等品质也能在实践活动中得以塑造。于是,民俗文化之美流诸笔端,中华美德悄然浸润心田。

经由"德"的引领,"智"得以在具体情境中被激活、碰撞、反思。例如在"学写倡议书,共建美好家园"单元,不少同学联想起小区中不文明养宠物的种种行为,以及对居民造成的影响。但是,面对同一个现象,养宠物的同学也有自己合理的诉求。因此,以"文明养宠物"为主题的倡议书不能只是"自说自话"的输出,更要充分探究不同人群的认识差异及其原因,在尊重他人合理需求的基础上提出适度、可行的建议,也需要在行文措辞中委婉恳切一些。这样的倡议书写作,看似是一种"智"相关的语言技巧,实则是在"德"的叩问与感召下的精神成长。

语文的学科性质,决定了"德"与"智"必须紧密相连。两者的融合既要遵循语文学科规律,也要兼顾学生成长发展的需求。以"单元写作"为代表的语言实践活动可以成为贯通读写的实践场,师生在"德智融合"的观念引领下共同建立吸纳的标准、表达的尺度,以及人格的健全发展。

四、结语

依托"双线组元"实施单元写作教学,需要聚焦单元最核心的"人文主题"和"语文要素"进行设计,跟随学生写作实践的进程开展灵活、有针对性的指导,无疑是一项有挑战性的任务。

在这项实践的驱动下,教师以一种新的视角审视教材结构、发掘写作知识。如各单元常见的"人物描写"在不同单元写作任务的整合下有了更丰富的指向性,在"详略结合"单元强调"人物描写要具体",在"抒情"单元可细化至"运用人物动作节奏变化等技巧传递心理",在"人物精神"单元可侧重"在特定处境下的人物状态"等。这样基于单元"人文主题"对"语文要素"进行重审,无疑能深化教师的专业本体知识的建构,找到更多的"德智融合"生长点,助力实现育人目标。

对学生来说,因为有指向性的训练目标,写作时更能保持自觉;因为有针对性的过程指导,真实困惑更易被呈现与解决;因为有较完整的过程资料,或可作为今后写作突破的起点;更因为有真实的德育实践场,这些写作技巧被赋予更多迁移、创造的价值。

当然,本文中的6个单元写作任务,还是没有跳出传统"三大写作文体"框架,偏重于应试。如何让写作任务呈现更丰富、更有趣味的样态,如何让"德"与"智"融合得更持久、更具生命力,还需要教师持续成长的专业眼光,以及不断突破"舒适区"的探索勇气。

参考文献:

[1] 中华人民共和国教育部.义务教育语文课程标准(2022年版)[M].北京:人民教育出版社,2022:19.

[2] 温儒敏."部编本"语文教材的编写理念、特色与使用建议[J].课程·教材·教法,2016.36(11)3-11.

[3] 荣维东,曾杨丽娜."新课标"背景下写作教学怎么教[J].语文教学通讯,2022(21):25-28.

[5][7] 曹刚.统编初中语文教材"整本书阅读"的内容确定与教学设计[J].上海课程教学研究,2021(51):89-94.

[6] 邓彤.基于核心素养的写作教学范式转型[J].语文教学通讯,2017(Z3):12-15.

[8] 约翰·D·布兰思福特等.人是如何学习的——大脑、心理、经验及学校(拓展版)[M].程可拉,孙亚玲,王旭卿译,上海:华东师范大学出版社,2013:57.

[9] 中华人民共和国教育部.义务教育课程方案(2022年版)[M].北京:人民教育出版社,2022:14.

第三章 微言大义：探微式课堂观察

　　课堂观察不仅仅是语料的分析，还应借助信息技术揭示互动话语的多义性和复杂性。只有一帧一帧地细描和深研，方可展现出隐秘而幽微的机制，揭示课堂话语的多元意义，让结论更具可信度、说服力和指导力。通过开展聚焦主题、基于实证的系列课例研究，总结出各学科适用的"德智融合"的策略和方法，提炼出"德智融合"的特征和机制。基于实证透视课堂黑箱的真实性与复杂性，探寻让高质量学习真实发生的课堂教学的核心要义、关键环节、实践路径和操作策略，构建心智发展和品德成长相得益彰的"德智融合"课堂模型与运行机制。

克服初中生耐力跑恐惧心理的策略研究

顾新华

【摘要】 为贯彻坚持"健康第一"的教育理念，全面培养学生核心素养，帮助学生在体育锻炼中享受乐趣、增强体质、健全人格、锤炼意志。耐力跑作为锻炼体力、增强学生自信的重要有氧运动之一，一直被初中体育列为重要的运动项目。耐力跑训练不仅可以提高学生的身体素质，还能培养学生顽强勇敢、坚持到底的精神。本研究对这一现实问题进行了跟踪梳理，在文献分析、调查研究的基础上，针对初中生耐力跑存在的问题原因进行剖析；在核心素养视域下，深入研究克服初中生耐力跑时产生恐惧心理的策略，强化学生耐力跑的相关运动能力，提高认知水平；立足核心素养，创设不同运动情境，激发学生运动兴趣；利用信息化技术，设置阶段性的化整为零的运动目标；结合耐力跑教学，设计课后体育作业；多角度营造运动氛围。

【关键词】 核心素养；耐力跑；恐惧心理；解决策略

一、研究目的

初中的体育教学旨在帮助学生逐步形成正确的价值观、必备品格和关键能力，包括健康行为、体育品德、运动能力等方面。耐力跑项目不仅可以充分锻炼正处于重要成长期和发育期的中学生的身体素质，还可以全面提升初中生的心肺功能与体能水平，同时培养学生勇敢顽强、不怕困难、坚持到底的精神，为学生更好地投入学习提质增效。但耐力跑项目具有长距离、体能消耗大的固有属性，对很多学生来说是一种挑战，在训练过程中，相当一部分学生会出现呼吸急促、头晕、四肢酸痛等现象。再加上对耐力跑的技战术认知还不够深入，多数学生不会耐力跑，由此对耐力跑项目的恐惧远大于其他运动项目，学生常常会出现失败感、受挫感，这也是本研究选择耐力跑恐惧心理分析的重要原因之一。笔者提倡通过多样化的教学手段和组织形式激发学生的学练积极性，从而克服对耐力跑恐惧的心理因素。

二、研究方法

1. 文献法

在本论文的准备阶段,通过查阅文献来收集相关的情报资料,完成本论文研究目的和初步设计。在研究过程中,通过查询资料发现很多文献仍以理论研究为核心,对初中生耐力跑恐惧心理的实践性探索仍有不足。基于以上发现,本研究以我校初中学生为案例蓝本,在前人研究成果的基础上,提出了分析并解决初中生耐力跑恐惧心理的实践策略。运用文献法,提高了实践研究的针对性与成果总结的实效性。本研究参考国内外文献共40余篇,其中重点文献15篇。

2. 调查法

在准备阶段,开展关于目前我校初中生耐力跑情况的问卷调查。结合前期调查中学生耐力跑技术动作的掌握情况、学生耐力跑运动氛围、耐力跑时身体耐受情况、学生对耐力跑的综合意识、学生在耐力跑时的心理状态进行了问卷设计。通过问卷星,发放问卷300份,回收有效问卷289份,回收率为96.3%,符合预期假设,意味着本次问卷所收集的数据可以被用于该问题的实践分析。

3. 访谈法

通过访谈,了解相关初中学生的心理状态。在开展耐力跑体育项目时需要逐步消除学生对于耐力跑"劳累、费事、不喜欢"的固有印象,耐力跑训练过程中要采取形式多样的训练方式以消除他们的恐惧心理,在强健他们体魄的同时,逐步提升他们的心理抗压素质。

4. 案例法

选择九年级学生在耐力跑项目练习中不同情况的典型个案数若干个,描述起始情况;分析个案情况,设计干预措施;实施定期与随机相结合的干预;记录干预的情况;进行干预的结果分析与干预措施的改进,努力达成个案干预目标,提高实施效果的针对性。

三、调查与分析

1. 初中生恐惧耐力跑的现状分析

本研究以"核心素养""初中生耐力跑恐惧心理"两个视域为切入点,以问卷调查与文献分析为主要形式,对我校学生耐力跑基本情况与恐惧心理、耐力跑开展的各种形式进行了深度分析,并由此提出了解决策略。

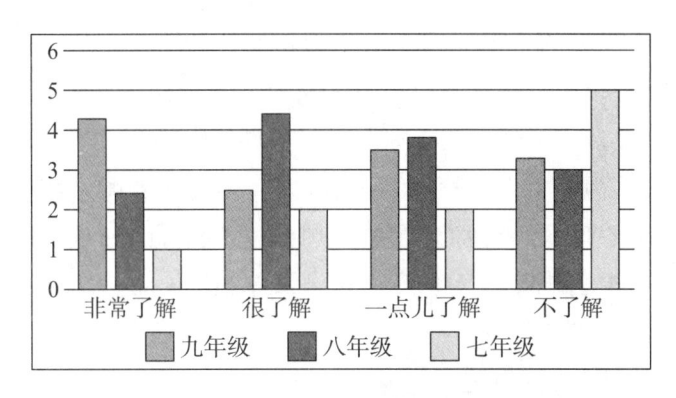

图1 学生是否了解耐力跑相关技术动作

本研究与当今信息时代与综合素质教育的大背景相结合,构建了初中生"怕跑、不会跑"的耐力跑恐惧心理模型,并对各种恐惧原因进行了调查,包括学生对耐力跑的认知水平、运动能力、耐力跑项目的练习形式、学生身体基本素养、学练积极性,等等。不同原因的维度之间也存在一定的联系,这也意味着初中生恐惧耐力跑的原因往往是复合型的,不仅仅是单纯由某一种问题而导致,从而为本研究提出对应的解决策略提供了重要的参考内容。

图2 学生对开展耐力跑时的心理状态

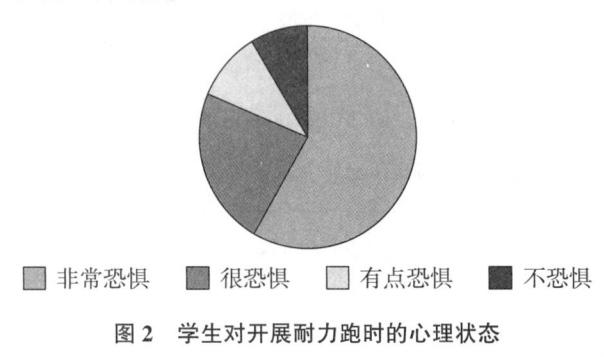

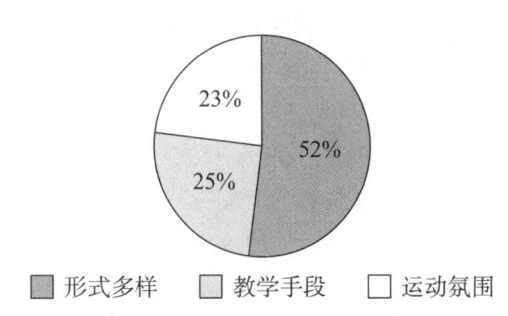

图3 学生期望教师在三个方面改善耐力跑项目训练的单一性

2. 心理原因分析

心理原因是造成初中生耐力跑恐惧心理的最重要的因素。根据图1、图2所示,开展耐力跑时学生恐惧的主要原因是对耐力跑的认知不足。这可能是因为在中小学体育课学习阶段,很多学生往往并不注重体能训练,学校针对体能训练的课程方法和形式单一,从而造成了学生在心理上对耐力训练敬而远之。进入体育中考测试项目后,耐力跑被认为是重点体育课程内容之一,乍一接触耐力跑的学生往往会由此产生陌生与恐惧心理,导致他们对耐力跑谈之色变。此外,也有一部分学生因为懒惰或不自信,对耐力跑测试产生天然的恐惧感,这也会导致耐力跑恐惧心理的出现。

3. 生理原因分析

生理原因也是初中生恐惧耐力跑的主要原因之一。这是因为当今初中生正处于身体与心理健康发展的关键时期,其身体素质与耐力跑的高强度训练可能存在一定脱节,导致初中生对耐力跑产生一定的恐惧感。本研究以表格的形式总结了教学中体能训练负荷安排(见表1)。在耐力跑的前期运动准备中,如跳绳、立定跳远等热身运动被79%的学生或教师纳入高负荷的范畴中,这意味着很多学生的日常训练强度不够,在耐力跑的前期训练都会产生身体疲惫感,更别提800—1000米的耐力跑训练了,这会导致一大部分学生产生头晕恶心、身体乏力的状况,从而其身体机能内部自然而然会对耐力跑产生恐惧感。在耐力跑技术运用不熟练的情况下,很多初中生往往愈难畏难、畏难愈难,久而久之,对所有的体育运动都会产生负向反馈,影响其中枢神经的正向反馈与兴奋活动,从而导致恐惧心理自然而然产生。

表1 教学中体能训练负荷安排一览表

练习内容	运动要求	运动强度
障碍跳跃练习	5次/组×8~10组	中
连续立定跳远	10次/组×3组	高
绳梯练习	连续式两足跳绳梯:6次×2组	高
	连续单腿跳绳梯:每条腿4次/交换×2组	高
阻力带跑练习	20秒/3组(或以上)	中
小型低栏架跑练习	原地摆腿练习:每条腿15次/组×3组	高
原地弓箭步阻力练习	每条腿15次/交换×3组	高
小栏架跑步练习	30米小栏架跑/5次×3组(栏架间距1.8~2m)	中
变速跑	6次往返(16m)×3组(每组间休息3分钟)	低—中—高

4. 课堂教学手段原因分析

教师的教学方法和手段缺乏新意。耐力跑练习内容本身单调、枯燥,再加上部分教师在上课前不钻研教材和学情,备课没有创新,总是围绕着操场跑圈,运动负荷大,使学生感到耐力跑没意思,提不起兴趣,久而久之,就产生厌倦恐惧心理。部分教师教学手段单一,在教学中没有根据学生的具体情况进行分组,不分层次,一味地同一标准、单一要求,使部分身体素质较差、体重较大的学生产生畏惧情绪。

四、核心素养视域下解决学生耐力跑恐惧心理的策略

1. 强化学生耐力跑的相关运动能力策略

在耐力跑的教学设计中,要关注学生相关的体能状况、运动认知和战术运用等方面。六、七年级学生活泼好动,对事物充满好奇心,跑动的欲望和积极性较强,但对耐力跑的技战术运用方面还不够成熟;八、九年级学生处于青春期发育阶段,身体的器官和肌肉在快速发育,对耐力跑时的呼吸方法和跑动节奏的控制比低年级学生强。故在教学中需要以学情来设计耐力跑强度负荷,注重正确耐力跑技术动作的示范讲解,如跑步时的呼吸节奏,两步一呼、两步一吸或者三步一呼、三步一吸;跑时手臂的摆动位置及幅度控制。在理论课及平时的练习中,让学生了解耐力跑的生理特点,教会学生如何对待并解决问题。特别要告诉学生出现"极点"是正常的现象,当"极点"出现时,会产生胸闷、气短、呼吸困难、四肢乏力等生理现象,但只要注意调整跑速,加强口鼻呼气和吸气的深度,保持呼吸的节奏,用顽强的毅力坚持跑下去,这种现象自然会消失,将迎来"第二次呼吸"所带来的轻松、愉快等。针对耐力跑的益处和耐力跑时会产生的生理现象的分析和介绍,消除学生的恐惧心理,培养勇敢顽强、坚持到底的精神品质,在锻炼中磨炼自己的意志,增强学生对耐力跑的认识。

2. 创设多元运动情境激发运动兴趣的策略

兴趣是激发和保持学生行为的内部动力,学生只有对体育活动有兴趣,并使体育活动成为自己的内部需要,才会自觉参与体育活动,才会将体育活动作为自己生活中不可或缺的组成部分。如图3所示,52%的学生希望开展耐力跑项目时形式多样,故改变耐力跑的课堂教学方法和组织形式是至关重要的。要在核心素养视域下,创设多种运动情境,在不同的运动情境中激发学生的学练兴趣,例如四人一组的前后追逐跑、小组变速跑、障碍跑等。教师还可利用篮球罚篮游戏结合耐力跑开展一系列竞赛,使学员在熟练掌握耐力跑技能的过程中不断突破自己的极限,克服身体上的"极点"和恐惧心理,从对耐力跑的恐惧、厌烦中解脱出来。教师可以利用游戏的奖惩方式,让学生不再感到耐力跑是一项单调枯燥可怕的项目。例如在障碍跑时跑道上每间隔一段距离,分别摆放跨栏架、绳子、篮球、足球等学生们比较喜欢的运动器材,把学生分成几个组,进行跑的练习,在跑步进行中遇到什么器材,就根据这种器材的特点进行跑、跳等练习。游戏过程中包含的竞赛性、随机性、偶然性因素会使参加者产生浓厚的兴趣和出乎预料的愉快情感,满足情绪、情感上的需求。

3. 利用信息技术将运动目标化整为零策略

克服学生对耐力跑的恐惧心理,已经成为当下校内外体育活动中老生常谈的话题之一。调查问卷也显示,大约有25%以上的学生认为"开展耐力跑项目需要不同的教学手段",这意味着发挥学生的主观能动性,积极转变学生对于耐力跑的抵触思想,同时充分调整学生对耐力跑恐惧心理的积极应对心态,转移他们耐力跑时的注意力才是解决学生耐力跑下产生恐惧心理的核心路径之一。例如:让学生佩戴运动环给予自己明确的目标距离,把跑步线路分割成几段较短的部分,每当完成一个简短目标时,就在心里给自己一个大大的庆贺,激励自己继续坚持下去。引导学生在耐力跑前对自己采用积极的心理暗示,譬如"我可以坚持""我能行",增强自信和动力,从而培养学生更健全的人格和勇敢顽强、坚持到底的精神品质。

4. 设计课后时间的小马拉松比赛策略

初中学生对耐力跑的恐惧心理也主要来源于他们的体能素养不够。这就要求除了体育课上科学安排耐力跑训练课程,掌握耐力跑技术要求之外,课余时间同伴间也应该组队利用碎片化时间进行反复练习。只有在这样的背景下,耐力跑运动才能够发挥出其原本的锻炼作用。初中体育教师也可利用课后服务时间经常设置校园小型马拉松比赛,跑步时可以结合音乐伴奏,保障学生在跑步时都能有一个健康、开心、活泼的心理氛围,从而逐步消除初中学生对耐力跑的恐惧心理。

5. 多角度营造运动氛围策略

在当今社会素质教育的大环境下,政府、校外教育团体等也要积极发挥自己的第三方作用,在重视体育锻炼与体育教学的同时,也为体育教学赋予更新的活力。比如为耐力跑设置社会比赛与奖励,组织兄弟学校、学区之间的校际小型马拉松比赛,组织学生参与观摩上海国际马拉松赛事等,利用群体性运动的独特性感染学生,从社会氛围上逐步改变学校、教师与家长的心理意见,也能促使学生更积极主动地参与到耐力跑训练当中,活跃身心,强健体魄,从而实现德智体美劳全面发展。

五、研究反思

综上所述,初中生在参加耐力跑项目的过程中很有可能因为心理、身体及课堂教学等因素而导致恐惧心理的产生,耐力跑恐惧心理会极大程度上阻碍初中生对耐力跑学习的积极性,导致他们的综合体能与素养无法得到提高。因此,本研究针对以上问题原因进行了深入分析,以我校初中学生为访谈对象,以问卷调查与数据研究的方式,针对不同学段的学生对耐力跑认知能力不足的问题,提出运用强化耐力跑的相关运动能力策略,以期提高学生耐力跑技术理论知识水平,有效克服在开展耐力跑运动时,学生因对项目的认知不足而产生的恐惧心理;对于耐力跑课堂教学形式枯燥乏味的问题,提出运用创设不同运动情境激发学生兴趣的策略,以期改善学生在单位时间内学练的积极性和有效性;关于学生对于开展耐力跑项目时的抵触心理问题,提出利用信息技术将运动目标化整为零策略,将运动目标分割成小目标,利用运动手环时刻监测跑步速度,以期转移学生注意力,增强自信和动力;针对学生耐力跑项目训练形式传统单一的问题,提出设计课后时间的校园小型马拉松比赛策略,并利用音伴帮助使跑步者产生愉快的心理氛围,进而爱上跑步;关于学生认为耐力跑运动氛围不足的问题,提出运用多角度营造运动氛围策略,以期学生能积极主动参与到耐力跑训练中来,感受户外阳光的同时,提升学生大脑皮层的活跃度,进而提高文化课的学习效率。体育教师在日常耐力跑教学中,要研究学情,发挥耐力训练的价值,在学生掌握耐力跑技能时帮助他们克服恐惧心理,利用好信息技术手段有效解决该运动项目练习时枯燥乏味、一成不变的问题,从而促进初中生身体素质快速提高,为培养今后社会主义建设者和接班人做出积极贡献。

参考文献:

[1]徐伟波."乐练赛"理念下初中耐力跑教学现状分析与对策[J].田径,2022(09):30-33.

[2]程美超.大学生"怕跑"行为及影响因素研究[D].淮北:淮北师范大学,2022.

[3]李强.高中生耐力跑下产生的恐惧心理与解决策略研究[J].创新创业理论研究与实践,2020,3(06):164-165,168.

[4]麻露虹.高校学生恐惧耐力跑的心理分析及对策研究[J].体育师友,2019,42(04):52-54.

[5]宋玉龙.小学体育耐久跑教学的有效策略探讨[J].青少年体育,2019(01):90-91.

[6]王东明.初中女生耐力跑的心理调查与对策研究[J].中学课程辅导(教师教育),2017(02):44.

[7]周晓明.初中耐力跑教学存在的问题和对策分析[J].青少年体育,2015(11):80-81.

[8]黄光诗.谈谈中职生耐力跑的教学训练[J].广东职业技术教育与研究,2014(04):192-193.

[9]袁春.趣味丛生的耐力跑[J].田径,2013(12):48-49.

[10]田勇华.体育教学中提高耐力跑教学的有效途径[J].启迪与智慧(教育),2013(06):80.

[11]林先胜.克服耐力跑畏惧心理的策略探索[J].当代体育科技,2013,3(13):22-23.

[12]蓝军辉.浅析培养学生耐力跑练习兴趣的途径[J].新课程学习(下),2013(03):86.

[13]李慕.如何帮助学生克服对耐力跑的恐惧心理[J].少年体育训练,2009(01):14.

[14]陈钧,杨铁黎.体育教学中游戏运用的方法与技巧[M].北京:北京体育大学出版,2004.

初中语文情境化教学探究

——以《伟大的悲剧》教学设计为例

谢佳佳

【摘要】 新课程改革背景下,语文教学活动的开展需以核心素养培养为根本,相应的教学方法需同步创新。情境化教学是语文教学实践中广泛应用的方法之一,能有效提升教学质量,激发学生的学习兴趣。本文以《伟大的悲剧》教学设计为例,以培养初中生语言建构与运用等素养为切入点,展开对核心素养下的初中语文情境教学的分析,探讨情境化教学的路径,践行"德智融合"的理念。

【关键词】 初中语文;课例研讨;情境化教学;新课标;"德智融合"

一、重要概念的界定

(一)"德智融合"思想

人民教育家于漪先生提出了语文课程"德智融合"的思想,即以学科智育为核心,融合态度、情感、价值观的语文教育。2017年,于老师在实践的基础上明确提出了"德智融合"的概念,阐释了"德智融合"即语文学科本身所蕴含的价值观念和道德内涵与中小学语文学科知识体系的有机统一。[1]"德智融合"思想充分挖掘学科内的育人价值,将其与知识传授能力的培养相融合,真正将立德树人落实到学科主渠道、课堂主阵地,加强教师的德育能力。

(二)情境化教学的内涵与价值

《义务教育语文课程标准(2022年版)》(以下简称《课程标准》)明确提出"要增强课程实施的情境性和实践性,促进学习方式变革""要引导学生在广阔的学习和生活情境中学语文、用语文"。[2]与传统授课方式比较,情境化教学更加能够将学生的思路带入讲解的内容当中,一方面能够减少学生注意力不集中的现象;另一方面也能够使学生更多地参与到课堂教学当中,切身感受到学习语文的乐趣;同时,学生也能够通过情境对课文内容形成更加深入的理解。可以说,情境化教学能够有效使课堂教学模式得到更新,促进教学质量的长远提升。

基于此，教师要利用丰富多样的语文学习资源与实践机会，创设真实而富有意义的学习情境来调动学生的积极性，建立语文学习与现实生活、学生经验之间的联系，让学生在学习语言文字、形成语文素养的过程中潜移默化地受到熏陶，逐步树立正确的思想观念和高尚的道德情操。

二、"德智融合"课例研讨

上海市建平实验中学"德智融合"课例研究工作坊，以研究高质量的课堂互动为逻辑起点，以探索有学科特质的"德智融合"为推进重点，于2023年5月展开了对茨威格《伟大的悲剧》的研究。该活动以建平实验中学语文学科孙伟菁老师在初一5班所执教的《伟大的悲剧》为研究对象，通过课堂实录、前测后测问卷等方式收集资料，并对这些资料进行量的统计和质的分析，以期在课堂话语互动方式取径的课例研究中探索高质量的"德智融合"课堂，促使传统课堂样貌真实改变，真正促进学生核心素养的发展。笔者作为工作坊成员参与了该课例活动的观察和研讨。为了更好地剖析此次情境课堂实践，笔者将结合45名学生的前—后测问卷数据，探讨情境教学法的意义以及今后前行的方向。

（一）教材分析

《伟大的悲剧》是七年级下册第五单元第一篇课文，文章篇幅较长，情节曲折。本单元要求指出：人文要素是探险精神，通过对不同题材的学习，培养学生敢于探险的勇气、集体主义观念和为所热爱的事业献身的崇高精神；语文要素为浏览，通过浏览迅速提取主要信息，并且有所思考和质疑。

（二）学情评估

为了避免依靠教学经验主观推测学情，教师在课前设计了前测问卷，以期对学情进行前置性了解。前测问卷分为五个部分：第一部分为浏览课文，概括主要内容；第二部分为判断题，分析所给例句中人物心理；第三部分为寻找第2段中的人物描写和环境描写，并感受其表达作用；第四部分为分析标题"伟大的悲剧"中"伟大"及"悲"在何处；第五部分为提出遇到的困惑。问卷结果显示：学生平均阅读速度为每分钟750字，速度较快；但是完整提炼故事的能力有待加强，仅11名学生能完整准确概括出原文大意，约占回答该题目学生总数的24%；学生对环境描写和细节描写也关注不够。此外，教师梳理学生自读课文的问题后发现，学生在对人物形象和对文章主旨的解读上有较多困惑，往往因走马观花只停留于一知半解或是贴标签式的概括。这一结果提示执教者：《伟大的悲剧》作为一篇多达4000多字的翻译作品，对于初一学生来说容易产生畏难情绪，浅层面把握文章内容可以做到，但要深入品读细节,透过文字感受人物的美好品质,具有一定的难度。教师需要创设教学情境和驱动性任务,引导学生通过细描画面、咀嚼文字触摸探索者的精神世界。

(三)明确学习目标

《课程标准》在课程理念中第一次明确提出语文核心素养的内涵,根据培育时代新人的要求,义务教育语文课程围绕立德树人的根本任务,以促进学生核心素养发展为目的,发挥育人功能。

孙老师立足于统编版教材中的文本进行设计,锁定第四单元"探索与科幻"的人文主题,聚焦"浏览和深读"的语文要素,确立学习目标:充分发挥学生的主体作用,让学生在积极的言语实践活动中,字斟句酌,了解作者主要通过抓住细节、注重心理分析等手法来塑造人物形象;品读关键句,体会作者是如何通过富含感情色彩的语句来展现主人公的精神品质的,培养学生的语言运用能力、思维能力、审美鉴赏等核心素养。

(四)课堂片段分析

孙老师创设情境,带领学生参与编写《纪念斯科特团队登上南极点111周年纪念册》,来表达对英雄的崇敬之意。在这一主任务的驱动下,孙老师所执教的《伟大的悲剧》基本流程可分割出以下五个环节相扣的任务链,如表1所示:

表1 学习任务链

教学环节	具体内容	设计意图
子任务一	为纪念册编前言,吸引读者阅读兴趣	掌握浏览的方法,快速从文中提取信息,概括故事梗概
子任务二	推荐一组镜头,为之命名并说明推荐理由	聚焦细节描写,深化人物形象
子任务三	小组分工合作,尝试运用镜头和相应的拍摄方式对细节进行描述,或发挥想象,描述最有感染力的镜头画面	让学生感受传记文学的真实性和文学性结合特征;关注文章中有感染力的远景、中景、近景和特写,分析环境和细节描写
子任务四	撰写纪念册结语	关注文章中抒情议论的语句,拓展延伸,树立正确面对失败的人生态度
子任务五	课下阅读《人类群星闪耀时》	扩展课外阅读,增强学生的浏览能力,提高阅读速度

孙老师立足教材,锁定第六单元"探索与科幻"的人文主题,用有趣味、有挑战的情境和任务激发学生的学习动机,努力让学生在积极的言语实践活动中自己发现、自主感悟、自觉推敲,形成独立的判断和思考,从而获得真正的素养提升和精神

成长。

首先,在环节一,让学生编写纪念册的前言,这里聚焦了"浏览和深读"的语文要素,学生通过快速阅读课文,并结合前测问卷中教师给予的学习支架——记叙文六要素来迅速提取信息,完成文字的撰写。其次,传记作品不仅真实地再现历史,还需要通过作者合理的想象展现人物的品质。孙老师从教学内容和学生整体参与的角度设计了环节二、三,这两个环节给学生提供了学习支架:拍摄镜头方法与示例,并选择人物描写的片段进行拍摄,让学生通过课文内容发挥想象描绘当时的场景,从而感悟人物的伟大品质。教师提供的学习支架分别指向环境描写、细节描写等语文学科素养,让学生在合作探究中达成。学生以小组合作形式去解读文本,努力靠近作者的思想感情,揭示斯科特和伙伴们团结合作为他人业绩作证、勇于探索的精神,从而使其情感与文本的情感深层次融合,也使师生建立了更良好的互动关系。

《伟大的悲剧》教学实录片段:

师:茨威格他没有随斯科特一起去南极,但是却还原了这样的一个现场,凭借的是什么?他有天才的想象力。当然他有很多的材料,斯科特一行人留下了日记、书信,还有很多的文件,还有一些电影的胶片,等等。在这个基础上,茨威格又融入了自己的想象和他自己的一个解读。所以这个镜头怎么呈现出来?老师有几个建议,首先选取文本中特别有吸引力、有感染力的一些语句,再融入自己的一个合理解读和丰富的想象。然后描述画面的时候,可以采取远景、中景、近景和特写的方式。

生:我们组用特写镜头呈现第13段中"斯科特上校用冻伤的手指哆哆嗦嗦写下愿望",用近景镜头展示他的遗物——那本很珍贵的日记。

生:我们组用串联的方式,即用每一天的日记穿插每一天的场景。首先在第7段中,一开始是个远景,整个南极一片白雪皑皑;然后画面一点点拉近,出现一个小黑点即埃文斯,他嘴里念念有词,眼神很空洞,他身后有一帮队友,他们的眼神里都是对他的担忧。第二个场景是第10段,用近景方式呈现出寒风在外面吹,到处一片雪白,奥茨站在帐篷门口,这里给一个特写拍摄他的脸,他神情坚定地向死神迈步。

生:第11段还提到"他们爬进各自的睡袋,然后却没有向世界哀叹过一声自己最后遭到的种种苦难",我们组想设计成一个特写,即使他们经历了这么恶劣的环境,但是他们从来就没有抱怨过,依旧树立坚定的信念向前走去。

环节四为撰写纪念册的结语,结语一般具有发人深省、引发共情的作用。通过结束语的撰写,学生将阅读文章后最为真挚的感受,以文字的形式进行表达,进一步领悟作品主题。学习一篇课文,要让学生在态度、情感、价值观上有所增益,这既是语文教学中的德育,也是语文素质能力形成的内涵。这一教学环节的设计,体现了孙老师深邃的教育思想。

《伟大的悲剧》教学实录片段:

师:如果为这本纪念册做一个结语,你会写什么呢?

生:人类的勇气可以跨越时间、维度、年龄,可以战胜一切。或许这几位无名英雄会被覆盖,但他们的精神不该被遗忘,南极的足迹将永远留下。正如《流浪地球2》告诉我们,人类的勇气不会被一个自然灾害所覆盖,他会创造属于自己的未来。

生:仅以此册献给承担南极科考队的同胞和所有需要勇往直前的职业。有些职业得要有人有勇气去干、有坚韧不拔的伟大毅力去面对挫折。我想到了一些特殊的职业,比如说缉毒警察,他们就是甘愿为祖国献身的那些人,就是我们最近流行的一个词叫作"逆行者"。

生:仅以此册献给所有无畏的个人和民族,人类在巨大的困难与灾难面前既渺小又易亡。人之所以不朽,不朽于人的不屈坚决的精神,不朽于人的勇气。我想到《老人与海》中"人可以被毁灭,但不能被打败"这句话。文中这些人被南极惊险恶劣的自然条件所毁灭,但是他们的精神不会被打败。

孙老师创设了开放生动的话语互动情境,布置了具体驱动的言语实践任务,搭建了分工协作的共享交流平台,课堂体现出学习的主动与合作的特点。通过这样的设计,学生积极参与小组讨论,课堂气氛活跃,充分体现了情境的真实以及新课标"以生活为基础,以语文实践活动为主线,以学习主题为引领,以学习任务为载体,设计语文学习任务群"的理念,实现了语文课堂教学的"德智融合"。同时,用一个课时完成了《伟大的悲剧》的教学,对"长文短教"阅读教学探索具有重要的意义。

(四)课后反馈

《伟大的悲剧》教学结束后,为了验证学生在前测问卷中存在的情况是否有所改善,孙老师进行了后测问卷调查。后测问卷同样分为五个部分:第一部分为再次浏览课文,填写"斯科特一行南极点探险"大事年表;第二部分为判断题,考察对艺术手法的掌握情况;第三部分为对比日记和传记,找出想象的片段,感悟传记的文学性;第四部分考察对"伟大""悲剧"的理解,要求从文本的细节中发现人物的精神品质;第五部分调查困惑是否得到解决。

问卷结果显示:学生在浏览文章梳理故事内容时,能正确梳理"时间""地点""人物",但是仅一半学生能完整准确梳理出"事件"。这提示教师,在引导学生概括时,应该提炼记叙文六要素,也可以让学生绘制斯科特一行人的轨迹图,抓住重点情节呈现斯科特等人同"厄运"搏斗的过程。在分析文本时,学生对细节描写和衬托手法的把握不够透彻,仅约31%的同学能正确区分描写和衬托。建议教师在教学中选取典型语言素材来斟酌品悟。例如这句:"这里的自然界是冷酷无情的……使用这一切足以毁灭人的法术来对付这五个鲁莽大胆的勇敢者。"教师可引导学生留意这里的对比和反衬手法,[3]指导学生反复读,读中悟。问卷第三题,在传记和日记的对读中,考查学生对于"传记文学性"的理解。约88%学生能区分文章中的原始文件资料和想象内容,感知传记文学的纪实性和文学性。问卷第四题考察对文章主旨的解读,一半以上的答案都主要集中在"不惧死亡""有团队精神""坚持抗争"和"诚信绅士"这几个精神品质上,前两者占比尤其高,说明斯科特一行人团结勇敢、坦然赴死的精神给大家留下了深刻印象。而与前测问卷反馈情况相同,学生对于"悲剧"的解读仍集中在"梦想破灭"和"死亡之悲",仅一个学生关注到"为人作证之悲"。这也提醒教师关注学情,引导学生关注容易被忽视的悲剧情节,加强对人物的情感共鸣。最后,通过本课学习,约75%的学生完全解决了困惑,其中依靠教师引导者约占48%,靠细读文本和小组讨论者约为30%。可见,情境化教学可以推动学生课前主动整合资料、课上积极思考,促进学生对语文进行主动和深度的探索,推进语文知识、语文学习从课堂延伸至课外。针对学生散点状、碎片化的分析,浅表化、程式化的回答,教师应通过教学目标的瘦身、教学内容的减重和教学设计的简装,给学生更多体验的时间和空间,以获得理解深刻性、情感丰富性、语言精致性、思维关联性几个维度的综合提升。

三、思考与展望

虽然情境教学法已经在初中语文课堂中受到关注,但在实施中也暴露了一系列问题,如情境教学法与教学目标发生偏离、情境创设与有限的课时相冲突、情境浅表化。《课程标准》在教学建议中指出:"学习情境的设置要符合核心素养整体提升和螺旋发展的一般规律。语文学习情景源于生活中语言文字运用的真实需求,服务于解决现实生活中的真实问题。"因此,教师需要创设真实而富有意义的学习情境,培养学生审美情趣和共情能力,以实现"德智融合",充分发挥语文学科独特的育人功能。

(一)教学目标设定须吻合"德智融合"教学观

教学是教师、学生和文本三方对话的过程。教师在尊重学生主体地位的同时,也要尊重文本,在科学解读文本的前提下,确立文本价值和教学价值,设置"德智融合"的教学活动。也就是说,情境教学要把语文学习对象、内容本身所构筑的"情境"

作为根基,要真实地服务于文本教学,与教学目标保持一致。[4]

根据语文学科的特质,语文教学要始终以"语言"为核心,重视并落脚于"语言运用",强调其"本位"的引领和覆盖作用。语文学习情境的设置,也必须指向语言,拉近语言学习与学生现实生活的距离。以《伟大的悲剧》为例,教师应细致研读《课程标准》,提炼出此篇的智育点和德育点,将其具体落实为可操作的学习目标:学习浏览的阅读方式,感受作家茨威格天才的想象力和探险家斯科特等人悲剧的壮美,理解探险与科学幻想在人类历史中的伟大价值,进而培养科学严谨的态度和创新的精神,发展语言、思维和审美等能力,领悟其传达的德育价值。

(二)教学内容选取须贴合"德智融合"教学观

在初中语文教学中,教师应秉承课标精神、课程理念,在观照《课程标准》与教材的基础上进行教学内容的选取。一方面要考虑全班学生的学习水平与学习需求,一方面要重视个性化教学,提升教学内容的灵活度。在此基础上,设计富有思维含量的核心问题和子问题,让学生感受到文本中的叙事、观念、文化等都与自己的生活息息相关。通过教学对话,达成丰富知识、形成技能和启迪智慧、促进身心发展的目的。在《伟大的悲剧》教学中,教师应该引导学生努力去探求作品独特的语言表达,品读茨威格是如何"挖掘人性的光辉",运用什么写作手法激发了读者的情感共鸣。

同时,新课标倡导"教师要以促进学生核心素养发展为出发点和落脚点,精心设计作业……要合理安排不同类型作业的比例,增强作业的可选择性"。科学的作业设计既要精心布置基础性作业,也要尊重学生的个体差异和个性化选择,让每个学生都能在适合自己的作业中获得成功的体验。如《伟大的悲剧》作业可以设置为必做和选做。必做题:学习本课后,用写作的方式感受人物悲剧的崇高性,为斯科特一行人写200字左右的人物颁奖词。选做题:阅读《斯科特日记》《人类群星闪耀时》,结合斯科特等五位英雄的壮举,联系实际生活,说说该怎样看待成败。

(三)教学过程设计须结合"德智融合"教学观

"教学中营造情感的氛围,不仅学生受到熏陶感染,而且能直接促进学习的创造与延伸。氛围不可能自发形成,必须营造……要创设与教学内容相应的情境,渲染气氛,让学生有身历其境之感,耳濡目染。"于漪老师曾言,符合文本的教学情境可以有效缩短学生与文章的距离感,使得学生对主人公当时所在的自然环境及社会环境等有更深入的了解。例如,在导入《伟大的悲剧》时,教师可以将学生们较熟悉的自然灾害(如地震、洪水等)作为铺垫,展示人类力量与大自然力量之间的鲜明对比;接着播放南极视频及图片,展示南极这一极端的环境,特别介绍设在南极点的阿蒙森——斯科特的科学实验站,引出斯科特一行人的悲剧命运,让学生在逼真的情境中带着自身宝贵的经验来理解悲剧情感,激发其对课文、人物的学习兴趣。

就具体教学过程而言,于漪老师指出,语文教学要注重训练学生的基本技能,要在丰富多彩的读写及口语交际等语文实践活动中,找准合适的"德智融合"切口以提升其语文核心素养。以《伟大的悲剧》为例,可以采取不同形式的言语实践活动,如多种朗读训练、概括练习、演绎故事,让学生自然而然地体会作者简明扼要、凝练生动的语言特色,感受作者笔端洋溢出的丰富审美意蕴。

参考文献:

[1] 于漪.德智融合 相得益彰[J].上海教育,2017(10):20.

[2] 中华人民共和国教育部.义务教育语文课程标准(2022年版)[M].北京:北京师范大学出版社,2022:3.

[3] 杨静.文本审美性解读刍议——以《伟大的悲剧》教学为例[J].中学教学参考,2021(10):14-16.

[4] 肖培东.基于真实学习的语文情境教学[J].中学语文教学参考,2023(14):13-16.

初中语文预习单设计研究

董玉玮

【摘要】 课前预习是高效进行课堂教学的保证。预习单作为语文预习环节的重要辅助工具,对于减轻学生学习负担、提高学生课堂效率起着重要作用。本文主要研究初中阶段语文学科预习单设计,对预习及预习单进行概念界定,在实践基础上总结现阶段初中语文预习单设计中存在的部分问题,结合具体案例分析探索预习单设计环节的要点,并展望相关研究成果。本文主要采用文献研究法和案例分析法,结合实例对预习单设计进行分析,并在此基础上力求为具体教学设计提供更具有针对性的指导。

【关键词】 初中语文;预习;预习单设计

美国著名心理学家桑代克提出了三大学习定律:准备律、练习律和结果律。其中,"准备律"主要针对课前预习,具体指学习者在学习开始时的预备定势。这条定律要求教师在展开教学前应提醒学生做好准备,提前熟悉课堂学习内容,避免"突袭"。著名语文教育家叶圣陶先生也曾说:"上课以前,学生要切实预习。"足见预习在教学与学习中的重要性。

随着课程标准改革与"德智融合"理论的不断深化,语文教师开始注重学生语文素养与自学能力的提升,致力于在有限的课堂时间内使语文课充分发挥"德育"和"智育"相结合的功能。一份合理设计的预习单可以让学生通过自主探究发现学习中的困难,带着问题走进课堂,深入研究并自主解决问题。同时,预习单也是教师确定教学起点、重难点的参考依据,可以帮助教师有效提升教学的针对性。

一、概念界定

(一) 预习

预习是指学生在听课前预先了解新课的过程。《现代汉语词典(第7版)》将"预习"定义为"学生在课前预先自学功课的过程"。也有学者认为预习是学生在进行课堂学习前的一种自觉、自主的学习活动,对课堂教学起促进作用。

结合学界对于"预习"概念的诸多定义,本文将"预习"界定为课堂教学之前、在课堂之外,学生在教师或其他媒介的帮助下,就课堂教学内容自觉进行的事先学习。

(二)预习单

"预习单"指教师以课标为标准,以课本为依据,根据学生的认知和情感特点设计并以题目形式呈现在纸上的具体学习条目。其关注的重点是课前的预习环节,用于引导学生通过预先学习,形成自主学习、主动参与、敢于质疑、合作探究的学习习惯,也可以帮助教师精准掌握学情,为具体教学设计提供具有针对性的指导。

二、初中语文预习单设计中存在的问题

(一)题目量大,题型单一

很多初中语文教师在设计、编写课前预习单时,只是简单地将其当作教学内容的"习题化",机械地把从课外参考书、教学指导书中收集的大量题目进行整合,堆砌成一份篇幅冗长的预习题目。这使得语文预习方式在无形中又回到了传统的题海战术模式,也让语文预习单变成了一份语文课前习题集。学生在完成这类预习单时,会自然而然地将其视作负担,更无从谈起提升课堂学习的效率和学习语文的兴趣。

不够灵活、缺少针对性的题目,同样导致初中语文预习单失去了应有的实效性。有教师在学期内教授每一篇课文前都会下发如下预习单:

表1 语文预习单

篇目	
我最感兴趣的(重要任务、事件等)	
读准字音	
词语理解	
好句摘录及理由	
我的疑问	

上表呈现的题目都是传统语文课堂课前预习的主要内容。完成此类预习单后,学生的确可以明确语文课前预习的必要步骤与基本方法,掌握重点学习内容。但长此以往,由于预习单中的题目缺少新意与变化,学生在整个初中阶段看到的都是相似的预习内容,便会产生懈怠的心理,对学习语文的积极性也将大打折扣。

(二)脱离课本,表述不明

预习单中题目的设计是否严谨、科学,是否能够真正提高学生的语文素养,同样是值得我们注意的问题。以下面的预习单为例:

> 1. 你对于童年印象最深刻的是什么？
> 2. 如果让你写一篇回忆童年的文章，你会摘录哪些场景？
> 3. 了解作者相关的文学常识。
> 4. 理解生字词的读音和词义。
> 5. 读完这篇文章后，你产生了哪些疑问？

图 1 《从百草园到三味书屋》预习单

一方面，问题的设计太过浅表，学生只需要快速浏览文章，甚至不必翻开课本就能够轻松作答。这样的预习单对于预备年级的学生而言，很难帮助他们养成独立思考探究的习惯，更无从谈起锻炼语言文字的使用能力、提升语文素养。

另一方面，题目的表述方式也太过笼统，预习目标的指向也不够明确。如第 3 题中的"了解"，具体要学生了解关于作者的哪些内容，又应该了解到什么程度？第 4 题中的"生字词"指代不明，如果能在预习单中详细列出会让学生在预习时有更加明确的方向。而第 5 题则缺少对问题维度的限定，也缺少范例，容易导致学生的思维流于表面，写下对于新课学习没有任何探究价值的"假问题"。

（三）忽视学情，缺少分层

综合来看，初中阶段语文教师对于预习单的设计，往往偏重其与课堂教学内容的关联性，而忽视了学生的实际学情和预习单本身的层次性。以《爱莲说》预习单的学习目标为例：

> 1. 了解"说"的有关知识和作者信息。
> 2. 通过朗读领会课文的主要内容，背诵全文。
> 3. 结合已掌握的文言知识、书下注解和工具书等，理解课文大意。

图 2 《爱莲说》预习单

这份预习单的目标设定对于已经掌握了一定文言知识的大部分七年级学生来说，过于简单，缺少层次性，忽略了语文预习单以学生为主体的设计初衷。完成这些预习目标并不能提高学生相应的语文能力，对于学生个性化语文素养的培养也是十分不利的。

三、案例分析

预习单作为语文预习环节的重要工具，对于减轻学生学习负担、提高学生课堂效率起着重要作用。教师在编写预习单时，要根据教学目标、课程内容、学生学情等不同特点,进行有针对性的设计。

(一) 题目形式灵活,激发学生兴趣

著名教育家皮亚杰曾说:"所有智力方面的工作都要依赖于兴趣。"兴趣是力求探索某些事物的带有情绪色彩的意识倾向,是动机系统的重要因素。因此,预习单中的题目应充分激发学生思考与学习的兴趣,让学生主动翻开书本,走进课文。

有教师在讲授《藤野先生》前,在预习单上设计了这样的题目:

在一堂时间管理课上,教授在桌子上放了一个能装水的罐子,又拿出一些刚好可以放进罐口的鹅卵石。教授将鹅卵石一个个放进瓶子里,随后问学生:"你们说这瓶子是不是满的?"

"是!"所有学生异口同声地回答。

教授笑着往瓶子里灌了一些碎石子,摇了摇瓶子后又加了一些,直至装不进碎石子了为止。教授又问学生:"你们说这瓶子是不是满的?"

这次学生们不敢回答得太快。只有一位学生小声回答道:"也许没满。"

教授又拿出一袋沙子,慢慢地倒进罐子里。倒完后再一次问班上的学生:"现在满了吗?"

"没有满。"学生们信心满满地回答。

"好极了!"教授随即从桌底下拿出一大瓶水,把水倒在已经被鹅卵石、碎石子、沙子填满了的罐子中。

思考:

1. 读了上面的故事,你受到了怎样的启发?
2. 你觉得这个故事和《藤野先生》这篇课文有何联系?说说你的感受。

教师在预习单中讲述了一个引人入胜的哲理小故事,这个故事看似与课文内容无关,但实际上已经深入到了课文的精神内核——在人生重要时刻,良好的判断力和决断力是十分重要的。当我们在做决定的时候,必须判断最有价值的是哪一步,并要努力坚定地走下去。鲁迅先生决定弃医从文,正像是教授将碎石子投入罐子,令人豁然开朗,打开了一片新天地。这样的问题设置既能够提示学生关注文本的精神内涵,又能引导学生进行深入思考、求同存异,更给了青少年在课堂上畅所欲言、展示自我的机会,自然能够提升学生语文学习的兴趣,进而在锻炼思维能力的同时,真正提高语文素养。

(二) 内容编排合理,指向课标要求

设计合理的预习单可以引导学生初步感知新学内容,并有效调动已有知识解决可能出现的问题。为此,教师要基于对学生已掌握的知识与已具备的能力的了解,进行题目设计,更要熟悉教材,根据课标要求、单元教学目标等,明确预习内容。

以七年级上册第一课《春》的预习单题目设计为例:

1. 查阅相关资料,简单复述作者生平经历和本文写作背景。

2. 摘抄课文中你认为值得积累的词语,并在易写错的词语下加点。

3. 作者在文中给我们展示了一幅幅美丽的春日图景。请你给文中出现的五幅图画各取一个名字,并说说理由。

4. 请摘抄文中你最喜欢的段落,并根据你的理解标出句子的停连和重音。

5. 在朗诵比赛上,你的朋友选择了《春》作为朗诵篇目,你会为他推荐一首怎样的背景音乐?说说你的理由。

根据《义务教育语文课程标准(2022年版)》的要求,初中一年级的学生应"独立识字,能借助工具书准确理解不同语境中汉字的意思""发现富有表现力的词句和段落,自觉记录、整理"。《春》作为一篇写景散文,内容浅显,结构严谨,十分适合朗读。同时,本文还是学生正式进入初中阶段接触的第一篇语文课文,学生不仅可以从中感受到旺盛蓬勃的生命力,更能对即将开始的新生活展开无尽向往,充满无限希望。上述预习题目能够做到由易到难,链接单元学习目标和新课标要求,能够达到用优质的预习作业帮助学生获得深刻学习体验的目的。

(三)充分考虑学情,实现分层预习

根据苏联著名心理学家维果茨基提出的"最近发展区"理论,教师在设计并开展教学时要充分考虑学生的水平分布。预习单的编写要体现层次性,给每一位学生搭建一座通往语文学习的桥梁。因此,教师在安排预习内容时,要结合课文特点和学生的实际情况,让学力不足的学生夯实基础,找回信心;让中等生掌握方法,稳步提高;让优秀学生培养思维,力求突破。

有教师在讲授《诫子书》时,在预习单中设计了如下题目:

1.《诫子书》作者_____,字_____,是_____时期的_____家、_____家。

2. 划分下列句子的朗读节奏,并解释画线词语的含义。

(1)夫君子之行 (2)非学无以广才 (3)淫慢则不能励精

3. 借助书下注解和工具书,翻译全文,并体会作者的写作意图。

4. 通读文章,思考以下问题:

(1) 课文的中心论点是什么?分论点是什么?采用了什么论证方法?

(2) 诸葛亮对他的儿子有哪些劝诫?其中最打动你的是哪一点?为什么?

在这份预习单中,第1、2题重在基础,是学力不足或语文基础待提高的学生需完成的题目。第3题要求学生用现代汉语翻译全文,并在疏通文义的基础上理解作者的思想感情,中等及以上语文水平的学生可以完成。最后一题则是针对文章整体结构、写作手法和具体细节,是对优秀学生提出的挑战。

四、初中语文预习单设计建议与研究展望

(一) 建议

1. 设定预习目标

明确的预习目标可以让学生清楚地了解并检验自身学习情况,更为后续课堂教学活动的开展做好准备。预习单中学习目标的设计要紧扣学习内容、链接课标要求、易于学生接受,才能真正做到提升学生的学习兴趣,让学生在学习中收获真知。一方面,初中语文预习目标的设定要着眼于整个单元,关注教材中单元导读的内容,引导学生建立单元学习的意识;另一方面,预习目标的设定还应具有整体意识,要注意预习目标的全面性,注重学生"听""说""读""写"能力的全面发展,和"德育"与"智育"的深度结合,使学生获得整体的提高与发展,全面培养初中学生语文素养。

2. 控制题目数量

预习单的作用是帮助学生在课前进行自主学习,明确学习起点,在课堂更有针对性地听讲,进而提高课堂学习效率。所有题目的设计都是为培养学生独立自主发现问题、解决问题的能力而服务的。如果只是将各处搜集来的练习题进行简单拼接,让学生意识到预习单只是变相的练习作业,是一种复习,那么学生的学习兴趣就会大打折扣,也就无法发挥预习单的作用。因此,教师在设计预习问题时,要遵循"少而精"的原则,严格控制题目数量,最大程度地激发学生主动阅读课文、动脑思考的兴趣。

3. 体现分层设计

教师在设计预习单时,应结合本班学生的实际学情来设计多样化的、具有针对性的预习题目。在预习单整体内容的编排上,要注重针对性和层次性,充分凸显预习单的优势和作用,激发起学生预习语文的兴趣,调动学生学习语文的积极性。对于语文基础比较好的学生,应该多设计一些思维训练,全面提升语文素养;对于语文水平一般的学生,应该在落实基础知识的前提下,适当设计一些具有挑战性的内容;对于学力稍显不足的学生,预习学案的设计重在夯实基础,提升他们学习语文的效能感。

(二) 展望

学生本人往往能够最准确地把握自己的学情,教师在进行预习单设计时可以利

用这一宝贵的教学资源,在不加重学习负担的前提下鼓励初中生自主参与。初中语文预习单应该给学生留有足够的表达空间,让学生选择自己最感兴趣的内容、最值得进行预习的问题,进而引导学生深入文本、积极思考,培养学生独立自主发现、分析并解决问题的能力,进而真正贯彻落实新课标中提出的要求:"全面提高学生的语文素养,注重语文应用、审美与探究能力的培养,促进学生均衡而有个性的发展。"

参考文献:
[1]孙勇静.初中语文预习学案有效设计和使用研究[D].上海:上海师范大学,2015.
[2]唐玮.初中语文预习作业的有效设计与实践[J].基础教育研究,2020(15):50-52.
[3]邬鑫森.初中语文教学中"预习单"的设计[J].语文天地,2012(14):21-23.
[4]易晓阳.初中语文预习作业设计优化策略[J].语文教学通讯,2022(32):81-83.
[5]张正.初中语文预习作业设计现状及原则[J].中学课程辅导(教师通讯),2015(17):17.

在初中文言文教学互动中落实德育价值

——以《狼》课堂互动分析为例

蒋卓汝

【摘要】 语文学科教学承担着"立德树人"的根本任务,"德智融合"理念下学科教学与育人是有效教学的一体两面。德育价值难以量化,阅读教学中对文言文育人价值的要求,应该落实为学生在阅读后,表达的内容中体现出来的理解水平。如何了解真实课堂中所发生的文言文教与学的现状,尤其是其德育价值的呈现?笔者试图以文言文《狼》的教学为例,从微观角度呈现课堂个案样本,采取互动分析的方法,在具体真实的课堂情境中,梳理初中文言文教与学的脉络,充分体现"德智融合"。

【关键词】 德智融合;课堂互动分析;文言文教学;初中语文

一、研究背景,解读课标

文言文是初中阶段语文的重要教学内容,承载着中华民族的古典智慧与人文表达,是传统文化的精华。文言文教学可以提高学生的文学素养,发展学生的思维能力,坚定学生的文化自信。作为经典教育的重要部分,在思想纷繁变化的当今世界,文言文对中学生的国民精神塑造和自我价值理解有着重要的锚定作用,具有重要的育人价值。然而由于对语言形式和文章写作年代的陌生,初中生学习文言文有一定的隔阂感,学生或是将文言文看作单纯的知识系统用以应试,过度强调其功利属性;或将其当成一般性文章看待,忽略了其特有的古典美学和内涵。以单篇或节选形式出现的文章,也会让学生难以掌握文言文的主旨全貌,无法将其德育价值深挖出来。

2022年新课标"义务教育语文课程内容"主要以学习任务群组织与呈现,要围绕特定的学习主题,确定具有内在逻辑关联的语文实践活动,共同指向学生的核心素养发展,具有情境性、实践性、综合性。新背景新要求下,如何在课堂师生互动中有效创建情境?如何调动学生使其投入实践活动?如何提高课堂教学互动的品质?如此种种,值得思考探究。针对以上困惑,笔者试图以《狼》这篇文言文的教学为例,从微观角度呈现课堂个案样本,采取互动分析的方法,在具体真实的课堂情境中,细致地梳理教与学的脉络。

二、样本分析,方法选用

(一) 研究样本

笔者以统编版初中《语文》七年级上册第五单元《狼》一课为例子,所用的主要数据来源是课堂实录视频,总共 40 分钟,辅助数据来源是教师的教案与课件。本节课经过组内的集体备课,汇集了不同层次专家型教师的意见,由新手教师来呈现。任教老师通过深入的文本解读,结合学生学情,完成教学设计,在活动层面,教学环节完善,活动设计新颖。杨小微指出:"教师对文本的解读深度、学生对文本的认同与体验、互动中教师对价值资源的捕捉与回应意识和能力,都会对互动的品质与效果产生影响。"[1]学生对文本的认同和理解是动态发展的过程,对一线教师来说,文言文教学课堂互动中,及时捕捉并回应价值资源,对德育价值的落实尤为关键。

(二) 研究方法

语文学科教学承担着"立德树人"的根本任务,"德智融合"理念下学科教学与育人是有效教学的一体两面。德育价值难以量化,阅读教学中对文言文育人价值的要求,应该落实为学生在阅读后,表达的内容中体现出来的理解水平,既有对文本主题的理解,更重要的是在文本阅读基础上联系自身产生的对自我的理解。[2]学生"表达自己独特的体验与思考",教师要对准心弦,观察学生身上具备的时代特征,关注学生内心的所思所想,为其精神成长赋能。

笔者采用互动分析假设的方法,对教师的课堂教学行为进行深描分析,找出有效的应对方法,针对真实课堂暴露出的问题,借助实际经验和理论资源提出应对策略。互动分析假设方法关注课堂中教师和学生的话语表现,其在教学活动层面表现为师生如何一步一步地实现教学计划里的各个环节,在教学话语层面,表现为师生(主要是教师)如何通过话语引导课堂。[3]达到教学目标最为关键的因素之一是课堂互动中教师话语的质量,教师通过话语调度来引导学生真正走进文言文的世界,深入促进学生对德育价值的独特性理解。

三、课堂设计,互动分析

蒲松龄的《狼》是比较典型的文言叙事性作品,该小说背后遵循着"困境—解决"的故事结构模型,内容较为简单,易于理解和把握情节,但对于初一学生来说,仍具有一定的学习难度。《狼》是屠夫遇险,凭机智成功脱险的故事。屠夫在解决问题之前幻想逃避,经历了失败。成功战胜两狼的思考与相应的策略选择,即是文本的主题所在。从文学本体论层面看,《狼》是一篇阐发义理、训导教化之文,其特征是"比德"与"载道",借物喻人,明写狼的贪婪狡诈,暗写清代社会环境中酷吏的为官不仁及恶势力的阴险凶狠。

《狼》这节课可以分为作品介绍、读准文章、读懂故事、拓展阅读四个教学板块。主体部分是小组合作读懂故事环节,从狼和屠户的角度来讲述故事,并深度联想分析借物喻人的艺术价值,共28分钟,占近70%的时间。小组合作环节根据故事的开端、发展、高潮和结局,将班级划分为三大组复述故事,要求学生两两合作,分别用第一人称,从"狼"和"屠户"的角度来讲述故事。讲述故事要注意呈现狼和屠户的心理活动,想象要扣住主要情节,内容要合理流畅。非表演的同学认真聆听,从以下角度进行评价:1.故事内容是否准确;2.角色心理活动是否贴切;3.表述是否清晰生动。教师给出评价示例,减少学生发言表达的难度,例如:该同学讲清楚了屠户遇狼的时间、地点和矛盾双方,这是故事开端;讲清了"尽""缀"等关键字词,抓住了狼的关键动作,想象合理,渲染出了令人紧张的气氛。

表1 《狼》教学过程

教学板块	主题环节
作品介绍	介绍志怪小说《聊斋志异》的风格及意图
读准文章	教师范读,学生听读纠正
	全班有感情地朗读课文
读懂故事	根据小说四环节,梳理故事大意
	小组合作从狼和屠户的角度来讲述故事并深度联想分析借物喻人的艺术价值
	同学互评,多角度深化主题
	总结概括故事
总结升华	总结狼、屠户的人物形象及启示
	补充资料,进一步明确主题价值

笔者详细转录了"以第一人称从狼和屠户的角度来讲述故事"部分的内容,这是师生互动中,内容稳定又有极大生成空间的片段。选取的课堂实录片段如下:

(PPT出示《狼》故事的连环画图片)

教师:好,讨论得差不多了。对同一幅图,从狼和屠户两个角度进行复述,谁是狼?谁是屠户?确定好了吗?可以看着老师的图片,从屠户开始讲述。(讲述故事发展部分的情节)

学生A：那两只狼呢，吃了我的骨头，竟然还不肯离开，我非常地生气，但是我也非常害怕这两只狼，但是我告诉我自己，我要保持理智。然后呢，我看到了前方的不远处，有一个麦场，有一些草垛在那边，然后我的心里，便有一个主意。然后呢，我就快步走向了那个麦场，卸下担子，拔出刀，瞪着他们坐了下来。

教师：嗯，好，屠户的讲故事结束了，现在请狼来说，途中你做了什么？

学生B：我们跟着这个屠户很久，过了一会儿，一座麦场出现在了我和我同伴的视野当中，一个不注意，这个屠户就跑进了这个麦场，放下他的担子，拿出了担子里面的刀，我们虽然很眼馋他，但是毕竟他拿着屠刀，我们也不敢上去，就只能瞪着他。

教师：好的，他们俩讲好了，我现在请同学来评价，他们的故事是否讲准确了？

学生C：我觉得他们的故事描述得非常好，但是小A的"然后"太多了。

教师：好，你对他的口头表达提出了一些建议，是吧？其他方面呢？

学生C：他们的表达特别生动形象，尤其是小A。

教师：那生动形象体现在哪呢？

学生C：小A用了一连串的动词，体现出了这个屠户他当时的，我觉得应该是内心的紧张。

教师：他用了哪些动词？（师板书动词）

学生C：他用了这个"拔出刀"。

教师："拔出刀"对应文中的哪个字？

学生C："弛担持刀"，卸下担子拔出刀。

教师：那这个"弛"的意思应该是卸下、放下是吧。还有呢？

学生C：还有那个"奔倚其下"，我觉得应该是跑下去。

教师：跑着，然后倚靠。"倚"就是倚靠，"其"代指前边说的柴草堆。好，你关注到了他刚刚说的这些动作。所以他们的描述很准确。请坐。

教师：刚刚都是对屠户的点评，那狼呢？小D。

学生D：一个不注意就让屠户溜到了那里，这不合理，因为狼在捕食的时候是不会分心的。

教师：所以你觉得小B补充的情节不是很贴合，你觉得屠户是一不小心溜过去的。能不能从文中找找，到底是狼不小心让屠户溜过去的，还是屠户本身发挥了作用？

学生D：是屠户本身发挥了作用。他害怕"前后受其敌"，所以"奔倚其下"，避免背后受敌。

教师：所以狼到底有没有盯着屠户？

学生D：盯着呀。

教师：哪里可以看出？

学生D：狼不敢前，眈眈相向。

教师：大家看这个"眈眈相向"是什么意思？"眈眈"什么意思啊？注释怎么说的？

学生D：凶狠注视的样子。

教师：狼确实一直盯着这个屠户，但是屠户发挥了自己的主动性。禽兽的变化莫测，终究是抵不过人的智慧的。

四、结果呈现，反思育人效果

关注课堂话语层面的互动分析，关注学习过程和情境，教师可以看到学生对文言文德育价值理解的发生，从而明晰如何在一次次的话语调度中有效落实"德智融合"。以上选取了较有代表性的课堂互动片段，其设计意图在于补充故事情节，使用三个评价标准，给学生走近文本的支架，让学生从故事讲述的准确性、情节的合理性、角色心理活动的贴切性来进行评价。理清情节的始末，深入把握人物形象，学生才能逐渐理解文意主旨和文化内涵。

（一）以问导学，深化育人价值。

当评价组学生和表演组学生开始对话时，教学环节中教师最难以把握的部分出现了。教师需要通过话语调度，不断引导学生回到文本。文言文德育价值的阐释围绕的根本，是语言文字所构成的文本，最终要提升学生的理解力。这种理解是多方面的，是认知与情感、理性与非理性的统一。课堂实录中，学生B开始的评价脱离了核心支架，只针对表演同学个人的语言习惯，执教者用"其他方面呢？"调转话题，并具体追问"生动形象体现在哪里"，使学生体会到文言文动词的精准，同时感受到屠户当机立断、果断勇敢的性格品质。学生D从现代科学常识的角度进行质疑，狼不会让猎物逃脱，认为学生B的补充不合理，执教者给出了不同角度的提问让学生主动意识到"还是屠户本身发挥了作用"，唤醒学生对"眈眈"二字的注意力，从而展开积极的思考，在对比补充中学生更深入地意识到狼的凶狠和人的机智。这里的课堂互动是丰富开放、生机勃勃的，表演组学生对文本的理解，评价组学生与表演组学生的互动，执教者与评价组学生的互动，都展现其中。

提问不是从正面直接切入，而是着眼于问题的众多侧面，引导学生从更广泛的角度去思考。教师的引导话语具有挑动性，不断激发学生的兴趣，像是一次次在平静的湖面上泛起的涟漪。同时借助课堂话语互动分析，我们明白了教师为何做出这样的追问,学生活跃的课堂参与度是如何发生的,我们不仅需要关注教师提出的关键性问题,还要明白这些问题从何而来,在具体的课堂情境中如何影响学生。

(二)任务驱动,丰富互动方式。

师生在有限课堂时间中的互动,离不开教师根据初中学生的学情、教学目标和文本特点精心设计出的任务驱动。在任务的推动下,互动不是形式化的,而是能更加调动起学生主动性和探究兴趣的问答,由此课堂变得更加丰富。目标明确的任务能够提高课堂教学互动的品质。结合《狼》连环画图片,教师给学生提供场景,让其想象屠户和狼的心理,并布置了评价的任务。有效的任务安排带来灵活的课堂互动空间,能让学生更自主地参与课堂,更深入地体悟中国传统文化蕴含的育人价值。

新课标提出的核心素养期待着学生拥有深入沟通、分享想法的能力,在有效对话中发展思维。在以第一人称为视角复述屠户和狼的故事的过程中,学生有了充分的体验感,展示的学生甚至以自身的文字内容、语音语调、肢体动作为其他同学创设了超脱书本的情境感。学生将自己整体的生命体验融于文本之中,也就是同时调动自己的认知、情感与意志参与文本意义的理解。在古代汉语言的含蓄中享受美的陶冶,在对文言文本身的喜爱与探索欲望中达成对文章的理解。

参考文献:

[1]杨小微.教学互动与学生德性成长[J].教育科学研究,2006(04):5-8,13.

[2]韩江雪.文言文的育人价值及其落实[D].上海:上海师范大学,2021.

[3]肖思汉,William A.Sandoval.如何将科学探究的主体还给学生——基于课堂互动分析的经验研究[J].课程·教材·教法,2014,34(07):48-54.

浅谈德智融合背景下初中生地理实践力的培养

叶 彬

【摘要】2022版新课标对初中地理的核心素养提出明确要求。本文聚焦初中阶段德智融合背景下如何培养地理实践力这一核心素养，列举出改变课堂教学方式、巧用跨学科教学手段、设计校外社会实践活动的三种培养策略，总结了六项培养举措并提供可复制、可推广、可操作的相关教学示例。

【关键词】德智融合；初中；地理实践力；培养策略

教育部发布的《义务教育课程方案和课程标准（2022年版）》明确指出，人地协调观、综合思维、区域认知和地理实践力等核心素养是地理课程育人价值的集中体现。[1]一方面，对于地理这门很强调实践性的学科而言，实践力恰恰是当前非常依赖课堂教学的初中地理教学的薄弱环节。传统的地理课堂教学以"教师讲学生听"为主要教学形式，学生的课堂参与相对比较被动，听课效率往往取决于学生自身的课堂参与意愿，这样的课堂要提高学生的实践力显然难度很大。另一方面，关于初中地理实践力培养的理论研究和实践探索在可操作性和可推广性方面还有所欠缺。[2]有鉴于此，本文将结合笔者在教学实践中的尝试、摸索和经验，探讨在德智融合背景下提高初中学生地理实践力的培养策略。

一、改变课堂教学方式，搭建实践学习平台

当前的初中地理课堂教学中，学生鲜有动手操作的机会，而动手实践的能力正是地理实践力培养的重要前提条件和基础能力。因此教师应有意识地根据教学内容设计和组织形式多样、易于上手且带有一定趣味性的，以学生为实践主体的课堂实践活动，引导学生多动手、多动脑，主动参与到课堂教学活动中来。

1. 制作地理模型，深化知识理解

初中地理的一些知识点对于学生的思维要求比较高，部分抽象思维和空间思维较弱的初中生面对某些知识点常常产生"好像听懂了但是面对题目又好像什么都不会"的感觉，这就说明单单听懂课堂上教师的讲解是远远不够的，"听懂"也显然不一定是真正的掌握。所以教师可以根据知识内容的特点以及学生掌握的情况设计一

些地理模型制作的手工操作课,通过让学生亲手制作地理模型来深化对知识的理解,同时培养学生动手操作和创新设计的实践能力。

【教学示例1】手工制作地球仪模型

材料准备:小球体(乒乓球、黏土球、橡皮球、泡沫球等),有良好形变塑性的金属丝(铁丝、铜丝等),彩笔(荧光笔、水彩笔、蜡笔等),橡皮筋或细线等。

制作过程:

1. 教师展示标准地球仪,复习地图等相关知识;

2. 将金属丝做成有托盘的支架,注意南北极球体固定处的角度和位置;

3. 在球体上绘制南极点和北极点;

4. 以绕在球体上的橡皮筋或细线为准线,在球体上绘制本初子午线、180°经线、20°W经线、160°E经线、赤道、北回归线、南回归线、北极圈、南极圈等特殊经纬线,有条件的同学可以提前在球体上用不同颜色的彩笔简单画出地球的海陆轮廓后再绘制经纬线;

5. 将完成绘制的球体固定在金属丝托盘上,要特别注意球体倾斜角度是否与标准地球仪一致。

在学习《地图》这一章节的内容时,方向、比例尺、经纬网、半球的划分等知识点对于刚刚接触地理的预备新生而言理解起来着实有难度,常规的课堂讲解效果往往不佳。但是亲手制作地球仪使同学们有了动手操作的机会,多数同学在制作过程中都是兴趣盎然并保持了很高的专注度,对于经纬网等各方面知识有了更加形象的认知,个人的地理实践力也得到了很好的锻炼。

2. 拍摄地理微课,提高课堂参与度

微课是一种重要的课堂教学资源,通常由教师制作完成。而将微课拍摄制作的实施主体转换为学生,对于学生的知识理解、理论转化、口头表达以及信息技术应用等课堂实践能力的提高都是大有裨益的。教师可提前将整堂课的部分或者全部知识点拆分成几个主题,在课前将其中的一个或者几个主题交由个别学生或者学习小组制作专题微课,并在下节课的正式课堂教学中的相应环节予以播放并进行点评。

【教学示例2】"新疆维吾尔自治区"之"坎儿井"专题微课制作

设备准备:有摄像功能的高像素数码设备(数码摄像机、数码相机、智能手机都可),电脑(台式机、手提电脑、平板电脑等),摄像光源(摄像灯、台灯等),有条件的可准备麦克风等收音设备。

软件准备:PPT(制作课件),Word(写微课教案、脚本、台词),录屏软件(录屏大师、拍大师等),微课制作软件(希沃白板等),视频剪辑软件(EV剪辑等),动画制作软件等。

简要提纲：

1. 对照结构示意图讲解坎儿井的构造，并通过动画演示输水原理；
2. 根据新疆地形图分析坎儿井竖井的数量和分布特点；
3. 结合新疆气温、降水的时间和空间分布等气候特点，分析坎儿井输水渠道为地下暗渠的原因；
4. 综合分析坎儿井在新疆的分布规律；
5. 比较分析我国其他地区类似于坎儿井形式的引水工程；
6. 拓展讨论坎儿井对当地生态环境的影响，引申思考可持续发展对于人地关系的重要意义。

对于学生来说，微课的制作过程就是一个地理知识学习、理解、领悟、转化、应用和输出的自主实践过程。课前的设计制作、课上的交流展示和课后的讨论反思都会促使学生的主体参与性显著提高，在提升学生实践操作能力的同时也推动了课堂教学方式的优化和进步。

二、巧用跨学科教学手段，培养学生综合实践思维

作为研究地球表面自然要素与人文要素的系统性科学，地理学是一门涉及门类繁多、科目庞杂的学科，其教学不可避免地涉及多学科知识的融合应用。因此教师在日常教学中应多采用跨学科的研究方法进行综合教学，在课堂教学中尽可能渗透跨学科主题学习，如此才能有效提升学生运用多学科知识解决综合类问题的地理实践思维能力。[3]

1. 开展地理实验，强化科学认知

初中地理学科的设置集中在预备、初一年级的低学段，学生对自然科学类学科还未进行过系统学习。所以教师在进行气候、地形等相关自然地理知识教学时，可借助物理、化学、生物等学科的实验方法帮助学生设计并操作一些简单的科学实验，通过观察、记录、比较、分析建立直观的科学认知并掌握初步的科学实践研究方法。

【教学示例3】"世界气温分布"之"海陆热力差异"小实验

实验器材：烧杯、托盘天平、量筒、温度计、水、细砂。

实验步骤：

1. 用托盘天平称取200克细砂并全部倒入A烧杯；
2. 用量筒称取200毫升水并全部倒入B烧杯；
3. 在A烧杯和B烧杯中各插入一支温度计，并确保感温泡全部插入细砂或者

水中;

4. 将A、B两个烧杯在实验室内阴凉处静置10分钟后读取并记录两支温度计的温度示数;

5. 将A、B两个烧杯同时放置在阳光下20分钟后读取并记录两支温度计的温度示数;

6. 将A、B两个烧杯放回实验室内阴凉处静置10分钟后读取并记录两支温度计的温度示数。

实验结论:同等条件下水的升温和降温幅度都比细砂小,升温和降温的速度也比细砂慢,通过实验可解释某些条件下同纬度的海洋和大陆产生温差的原因。

预备年级的学生还未学习过"比热"等物理知识,但是可以通过实验直观感受到不同物质温度变化的差异,这样的地理实验相较于日常的课堂讲解更容易被低学段的初中生所接受。而且实验过程中的各项操作也有效锻炼了学生多方面的实践能力,为初中高年段物理、化学等自然科学类学科的学习打下良好基础。

2. 秉持大地理视角,分析跨学科问题

在初中地理教学中存在这样一种现象,一些知识点很多学生一听就懂,但是一旦遇到实际问题又两手一摊不知所措了。究其原因就是跨学科的综合应用能力不够。生活中碰到的问题往往都是复合型的,很少以单一学科的形式出现,很多地理问题是穿着其他学科的外衣出现的,这使得早就习惯了分学科学习的学生发现不了问题的本质,面对"披着羊皮的狼"顿时感觉无从下手了。所以教师每学期可以有意识地穿插一些跨学科专题拓展学习,引导学生用所学的地理知识分析并解释其他学科里存在或者反映出的一些地理现象和问题,真正做到学以致用,有效提高学生对地理知识的跨学科实践应用能力,帮助学生在学习过程中真正树立"大地理"的研究概念和"德智融合"的学习理念。

【教学示例4】《早发白帝城》地理拓展专题融合探究

原诗全文:

> 朝辞白帝彩云间,
> 千里江陵一日还。
> 两岸猿声啼不住,
> 轻舟已过万重山。

拓展问题讨论:

1. 你在这首诗里发现了哪些地理现象?
2. 这首诗描写的是哪条河流上的景象?

3. 你知道白帝城和江陵的地理位置分别位于现在的哪个省级行政区的哪座城市吗?

4. "彩云间"说明了白帝城的什么地势特点?

5. "千里"的"里"这个单位是指公里吗?

6. "万重山"说明了当地什么样的地形特点?

7. 请你从我国地势三级阶梯的角度分析李白从白帝城到江陵的这一段行程位于我国的什么位置? 为什么说千里的距离可以"一日还"? 这一行程途中会经过我国现今非常著名的一项水利工程所在地,你知道这项水利工程的名称吗?

其实只要教师做一个有心人,就会发现语文学科中有大量的古诗文、文言文、现代文等可作为地理知识实践应用分析的教学资源。而且不只是语文学科,道德与法治学科里的国际政治事件、历史学科里历朝历代的发展和更迭路线、生命科学学科里的生物活动现象,等等,都可以成为地理课堂开展知识应用实践的研究专题或者教学情境。当然这也对地理教师本身提出了更高的要求,教师日常就要做到对各门学科以及各个领域广接触、深研究,课前还要做大量的准备工作,如此才能对跨学科教学资源做到信手拈来,课堂上也能从容应对学生实践应用过程中出现的各类问题。

三、设计校外社会实践活动,拓展学生地理实践能力

相对于校内课堂教学有限的地理实践场地和资源,学校以外则蕴藏着广阔的地理实践空间和取之不尽的实践资源。初中地理教师可借助综合评价系统对于社会实践活动的课时要求,再结合学校统一组织的校外集体社会实践和学生自行组织的小组社会实践等不同的活动形式,设计不同类型的校外实践任务,创造多样化的校外实践机会,带领学生走进真实的社会,真正有效锻炼学生的实践能力。[4]这类实践活动帮助学生学会了如何在现实生活中有效应用所学到的地理知识和技能,同时给予学生实地感受祖国大好河山、历史文化遗产和民族精神等的实践平台。

1. 开发定向拓展活动,提高地图应用能力

地图被称为地理学的语言,是地理学科中不可取代的学习、研究和实践工具,也是初中地理教学中非常重要的基础性知识,良好的读图能力更是学好初中地理的必要前提条件。但是地图的相关知识点也是初中地理教学的难点之一,部分学生始终难以熟练地进行方向的判定和比例尺的计算等。因此教师可以充分利用学校春秋季校外社会实践这一契机,与承办活动的第三方进行协调,将定向拓展活动设计到校外社会实践中,并根据活动园区场地的范围和地形特点设计定向拓展路线,为学

生打造在游戏中学习地理、在竞争中应用地图的地理实践活动。这样以现场调研和实地勘察为主的实践学习方式弥补了课堂理论学习的不足,也有效提升了学生对地理学科的学习兴趣。

【教学示例5】秋季校外社会实践之"世纪公园定向拓展"活动

活动时间:10月末

活动地点:世纪公园园区内

活动对象:预备年级全体学生

活动准备:每班所有学生分为六个小组,每组7—8人(可以根据实际需要现场增减人数),小组成员可以自行组合,也可以随机分配。

活动工具:定向运动设备套装(包括指南针、园区地图、活动卡片、标记旗等)。

活动流程:

1. 检查各班学生分组情况,确定各小组负责人;

2. 讲解活动规则,要特别说明如何正确使用园区地图、如何选择活动路线、各打卡点和标记点的分布规律以及打卡过关的正确方式;

3. 向每组学生发放定向运动设备套装,并讲解使用场景和使用要点;

4. 活动正式开始后,引导学生根据地图和指南针找到地图上的打卡点和标记点,并在打卡点处打卡盖章,在标记点处插上标记旗;

5. 活动结束后统计每组学生完成活动的时间,评选出最优组。

教师应在返校后利用地理课总结活动情况,请学生讲一讲活动过程中碰到的问题,尤其是读图过程中方向的判定、图例的辨识、路线的选择以及根据比例尺对距离的估算等方面,尽可能真实再现学生在地图实践应用过程中遇到的困难,帮助他们分析解读并了解正确的解决方法和途径,使学生真正具备在现实生活中灵活有效应用地图的实践能力。

2. 鼓励学生开展校外学习,调查研究培养实践能力

对于部分地理学习实践能力较强的学生,教师可以根据课程内容进度和前期课堂教学的知识基础,结合他们的学习兴趣设计一些适合初中学生初步尝试的地理小课题开展校外实践学习。鼓励学生利用小组社会实践活动的课时和资源开展现场参观、调查和走访,提倡尽可能亲身到达实地获取第一手的数据,并对收集到的各类资料进行分类统计和梳理分析,得出研究结论,形成微型的项目报告。整个研究过程对于学生的地理研究实践能力可谓是一次全方位的锻炼和提升。

【教学示例6】"南汇大团水蜜桃种植条件分析"校外学习实践研究

学习背景:

七年级第二学期在学习了第一章"农业及其地区差异"和第三节"因地制宜发展农业"后,学生已经具备了解释一些基础地理现象或者解决部分简单地理问题的知识基础和综合思考能力。因此结合同学们的研究意向和讨论结果,地理兴趣小组最终选取浦东当地品牌农产品中的南汇大团水蜜桃作为农业生产条件分析的校外实践学习研究小课题。

实践准备:

1. 农业生产条件知识建构(以微课、微讲座或学生分组查资料的形式进行准备)。

2. 在图书馆或者相关专业网站上收集南汇大团地区气温、光照、降水的时间分布和空间分布等反映当地气候条件的相关数据(包括河流水文、地形、土壤等数据),分析大团地区的气候等具体自然条件和特点。

3. 查找资料提前熟悉水蜜桃的种植条件:

(1) 水蜜桃生长时所需最低气温范围、最低地温范围,花期最适温度范围,果实膨大期最适温度范围;

(2) 水蜜桃在生长初期或营养生长期需水量为多少,生长后期或结果期需水量多少,果实生长过程中雨水及露水过多或过少会产生哪些影响;

(3) 光照太强或者日照不足对水蜜桃生长成熟及结果的影响;

(4) 水蜜桃适合种植在什么样的土壤里,分析南汇大团哪些地区分布这一类土壤。

现场调研:

组织地理兴趣小组到南汇大团水蜜桃种植基地进行考察,现场观察种植水蜜桃的各种生长条件。可以通过实地测量数据的方式进行研究,也可以走访水蜜桃种植基地的负责人、养护人员或者技术人员,了解水蜜桃生长各个环节对于阳光、水分、热量、肥料、土壤的条件要求以及种植过程中有哪些注意事项,并进行必要的数据和文字记录。

分析研讨:

整理前期收集和现场调研的数据以及其他相关资料,对比分析后进行分类汇总,为小组成员共同研究讨论提供佐证材料,研讨方向主要为:

1. 当地种植水蜜桃的优势因素分析;

2. 当地种植水蜜桃的不利因素分析;

3. 南汇大团种植水蜜桃的发展建议。

撰写调研报告:

根据小组的分析研讨结果撰写校外实践学习的调研报告。

校外实践学习为学有余力的学生提供了进一步深入学习研究地理科学的选择，也使思维能力和探究能力较强的学生获得了开展实践研究的机会。这些都有助于深化学生对知识的理解，提高其发现问题、分析问题以及解决问题的实践能力。

四、地理实践力培养策略的成效与反思

本文所探讨的几种地理实践力培养策略在笔者的教学实践中确实是行之有效的，但在实际应用过程中仍有值得反思和改进的地方，具体体现在以下几个方面：

1. 动手操作的实践活动要重视安全问题

初中生尤其是预备年级等低学段的学生对于课堂上动手类的实践活动是非常乐于参与的，但由于年龄较小、容易兴奋、动手能力差、实验操作规则不明确等多方面的原因使得实践过程中存在一些安全隐患。例如在"地球仪模型制作"活动中要注意美工刀和剪刀等工具的使用手势和方法，在"海陆热力差异小实验"中要小心使用烧杯等易碎易破裂的玻璃器材，这些都要在实践过程中特别提醒学生注意使用安全，避免伤到自己和其他同学。

2. 开展实践活动要避免占用过多课堂教学时间

在初中阶段，地理实践确实有助于学生理解和应用所学知识，但如果频繁增加实践类活动则会占用过多的课堂教学时间，造成正常的教学计划被打乱，也会使学科知识教学的连贯性和系统性受到影响。因此教师在设计地理实践活动时最好以一学年或一学期的教学内容为基础进行整体统筹安排，可能的情况下尽量充分利用课余时间，同时做到实践规划合理以及组织过程高效，从而尽可能在不影响日常课堂教学的前提下真正有效提高初中生的地理实践力。

3. 要注重实践活动评价的全面性和针对性

地理实践活动能否真正达到提高学生应用地理知识和技能的目标，其关键影响因素之一就是教师是否采用了合理有效的评价方法。在实践活动中教师应当对学生在实践活动中的表现和成果进行全方位的评价，例如活动目标的实际完成度、活动全程的参与比例、与小组其他成员的合作意识、面对突发问题的应对水平、后期活动数据的汇总分析能力和撰写活动总结报告的质量，等等。这些都可以帮助教师更全面地了解所有学生在活动中的实际参与情况和实践应用能力，有利于在今后的实践活动中为学生个体提供有针对性的指导，有效促进全体学生的全面发展。

综上所述，笔者在初中地理实践力培养策略方面进行了初步的实践和探索，以期为初中地理各方面核心素养的培养研究提供一些参考和借鉴。当然，值得研究的问题还有很多：如何在地理课堂实践中融入更加真实的教学情境，如何促进学生核心素养的持续生成和发展,[5]如何优化、完善并形成系统化的实践素养培养体系……这些方面都还有很长的路要走,期待业界同人进行更多的实践研究,共同推进,共同发展。

参考文献：

[1]中华人民共和国教育部.义务教育地理课程标准(2022年版)[M].北京:北京师范大学出版社,2022.

[2]程锋,蒋凤丹.基于地理实践力的教师专业素养现状调查与省思[J].地理教学,2017(17):17-21,16.

[3]朱雪梅,王敏萱.跨学科主题学习:初中地理课程改革的新挑战[J].地理教育,2022(7):3-7.

[4]黄璐,黄青山.地理跨学科主题学习的内涵、独特价值及对教师的挑战[J].中学地理教学参考,2023(14):9-12.

[5]姚炳华.地理课程跨学科主题学习的教学实践与反思——以"南烛特色农业发展"为例[J].地理教育,2023(4):11-15.

"德智融合"视域下初中化学情境教学的实践研究

——以《石灰石　钟乳石》一课情境设计为例

唐　倩

【摘要】 立德树人是教育的根本任务,德育内容应有机融入教学的过程中。在学科知识教学中融合育德,实现德育和智育的有机融合,教学中创设情境是较为有效的方式。本研究在"德智融合"视域下,选取和自然、社会紧密关联的《石灰石　钟乳石》一课,在课堂中创设情境,让学生学习碳酸钙的性质和用途等知识,完善学生对自然界中存在的碳循环的了解,认识到物质在自然界中可以相互转化以及物质对维持人类生活与平衡的意义。学生基于已有知识,置身情境,发展科学思维和人文情怀,培养解决问题的能力,强化社会责任意识,促进知行合一,充分发挥化学学科的育人功能。

【关键词】 "德智融合";情境教学;初中化学;石灰石;钟乳石

近年来,随着教育的不断改革与发展,立德树人作为教育的根本任务备受关注。2017年教育部印发的《中小学德育工作指南》指出:"将中小学德育内容细化落实到各学科课程的教学目标之中,融入渗透到教育教学全过程。"[1]如何将德育内容有机融入教学的过程中,实现德育和智育的有机结合,成为教育界关注的重要话题。21世纪初,于漪老师提出了"德智融合"理念。就语文学科而言,"德智融合"是"教文育人"思想与实践的凝聚,也是对立德树人在学科教学中如何落地生根的探索与回答。[2]除语文学科外,这一理念在其他学科同样适用。探索"德智融合",教师应当立足于"立德树人"的教学理念,重视德育,挖掘学科教学中的德育素材。

在化学学科中,育德的其中一条策略就是要立足生活,创设情境,注重化学知识背后的育人价值。教学中创设化学学科育德情境,让学生们领悟化学知识背后的道理,并感知知行合一的魅力。[3]

一、"德智融合"视域下的化学教学

以"德智融合"为主题和关键词在知网数据库中检索,得到58篇相关研究成果。

这些成果集中在近5年内,且其中百分之五十的研究集中在中等教育(见图1),这与新时期国家增强中学生德育紧密相关。这一结果进一步说明中学课堂中的德育内容应融入各门学科教学中,在学科教学中实现德智的有机融合是目前学科德育的研究趋势。

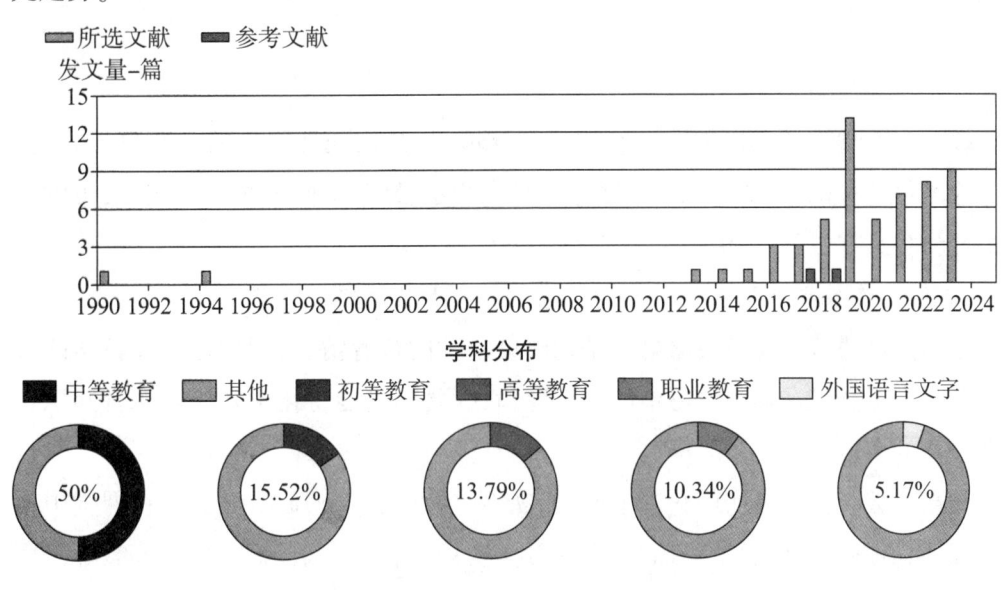

图1 "德智融合"相关研究年代分布和学科分布

在中学化学学科中直接以"德智融合"为主题进行的研究比较少,且多集中在化学学科德育中。学科德育是指教师在进行教育教学时,充分挖掘除道德与法治、思想政治等专门的德育课程以外的其他学科课程中的德育元素,用以培养学生良好品德行为的实践活动。[4]

(一) 化学学科德育形式

初中化学课程中德育与智育有不同的融合方式。首先,从不同德育目标上来说,比如培养爱国主义精神可以通过化学史或化学家的事迹等形式进行融合,也可以将当下的时事融合进教学当中;培养科学态度则是通过化学观念学习,在科学探究和团队合作中,培育学生科学价值观和科学思维。其次,对于不同类型的初中化学知识,德育与智育也有不同的融合方式,如实验类知识可融合科学态度培养,物质转化相关知识可以融合可持续发展和社会责任的教育等。

(二) 化学学科德育中存在的问题

1. 学科德育虚无化

教育者缺乏对德育的重视,一些教师认为化学学科知识具有客观性和真理性,而价值引导的功能较小,学科德育属于形式化的内容,实施意义不大。教师只把关注点放在化学知识的讲解上,认为德育不属于自己的职责范围,只注重学生智的发展。特别是在初中化学只有一年学习时间又面临着较大的升学压力的情况下,教师容易形成"唯分数论",进而导致化学课堂教学内容单一化,化学学科德育的实践效果并不理想。

2. 学科德育表面化

教师在课堂教学中未创设良好的德育环境,只是用硬性附加的一些口号式、标签化的内容进行德育,学科德育往往只停留在表层,缺乏深入的思考和实践,也没有将德育和智育有机融合,仍然是"德""智"两张皮。

(三) 情境教学是化学教学中"德智融合"的最优策略

化学渗透德育的有效策略之一是创建融合性的德育情境,情境是开展教学的重要依托。为了真正在知识学习中渗透德育,教师要创设能将化学知识与德育知识融合在一起的情境。[5]

如在沪教版九年级初中化学上册《石灰石 钟乳石》公开课中,教师在课堂中某些时段,明显进行了化学学科德育(具体教学实录见表1)。在课堂结尾处,教师引用了于谦《石灰吟》中的相关诗句创设石灰石开采和应用的相关情境,并运用本堂课所学碳酸钙、氧化钙和氢氧化钙三者之间的转化关系,从化学视角解释《石灰吟》中描述的石灰石开采和应用原理,并通过赞颂石灰坚强不屈的品格来勉励正处于初三阶段的学生。

表1 《石灰石 钟乳石》课堂育德教学实录

师	明朝有一位诗人政治家叫于谦,写了一首《石灰吟》,描述了三者之间的转化,我们以它为结尾。"千锤万凿出深山",讲的是石灰石的开采。 "烈火焚烧若等闲",碳酸钙在高温下反应变成了熟石灰。 "粉身碎骨浑不怕",块状的石灰石变成了粉末状的熟石灰。 最后一句是什么?
生	要留清白在人间。
师	对了,熟石灰和二氧化碳反应又变成了白色的纯净的碳酸钙。那么大家感觉到这首诗于谦托物言志,抒发了什么样的精神呢? 视死如归,不畏艰难,从容不迫,刚正不阿。我希望同学们在初三迎考的人生关键阶段,要学习石灰石的这种精神,面对学习的压力怎么样? 不屈不挠,坚强勇敢,然后浴火焚身,凤凰涅槃。

此外,朱鹏飞等(2023年)[6]在研究我国化学学科德育的变迁历程时,选取1949年至今我国正式颁发的16份初、高中化学课程标准或教学大纲进行文本分析,发现在化学学科德育的四个不同阶段(初步探索阶段、稳步发展阶段、改革推动阶段和深化研究阶段),德育目标和德育主要内容呈现出了鲜明的特征。在目前所处的深化研究阶段,化学学科德育的主要内容是强化可持续发展和社会责任元素,增加科学家精神、科学伦理和法治意识元素。并给出了《义务教育化学课程标准(2022年版)》系统落实学科德育的规划设计(见图2)。从图2中可以看到,研究者认为应以化学学科大概念统领化学课程内容,可在每个主题下使用情境素材,创设情境进行学科德育。

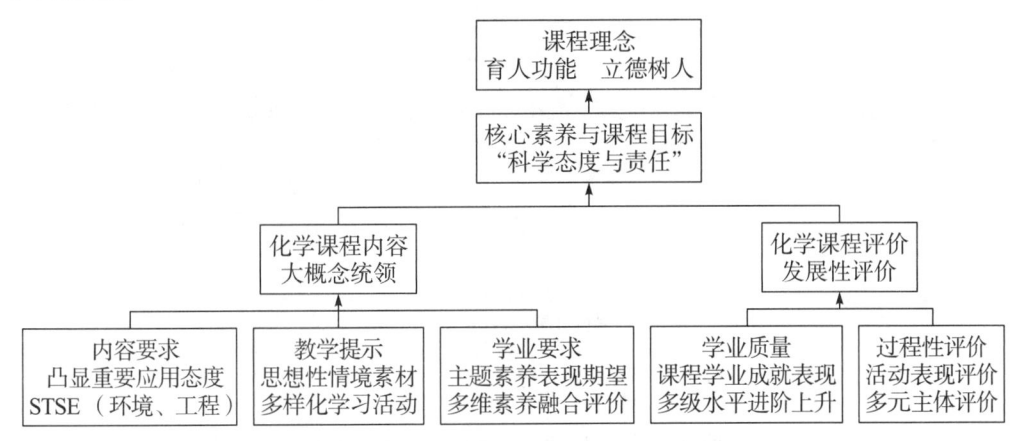

图2 《义务教育地理课程标准(2022年版)》系统落实学科德育的规划设计

情境教学是一种教学方法,要求教师在教学中创设情境,使学生能够在这种情境中完成学习任务。在"德智融合"的背景下,情境教学不仅要求学生掌握相关的学科知识,还要求学生在学习过程中发展素养,对真实生活中的问题进行关注和思考,进而在科学思维和人文情怀等方面有所发展。

基于此,本研究选取了与自然、社会紧密关联的《石灰石 钟乳石》为教学和研究内容,创设"小石头之旅"这一情境,以期在教学中将智育和德育有机融合,充分挖掘知识背后的德育素材,引导学生学习、认识自然规律,了解人类如何认知和利用一些自然规律。

二、以《石灰石 钟乳石》为例的情境教学设计

(一) 育人价值

将《石灰石 钟乳石》的教学设计与自然界中的碳循环原理相结合,将学生置于"小石头"的奇妙冒险之旅的情境中,学习碳酸钙的相关性质,了解自然界中溶洞和

钟乳石的形成过程,从化学视角理解、解释地理学科中学到的喀斯特地貌形成的原理,并知道碳元素在岩石圈缓慢循环的过程,帮助学生形成发展变化观、守恒观等化学观念,培养学生化学学科核心素养。

学生置于情境中,不仅能够掌握与碳酸钙相关的学科知识,还能够对自然界中存在的碳循环有更深入的了解,发展科学思维和人文情怀,培养解决问题的能力,强化社会责任意识。这样的设计有利于逐步实现化学科学智育和德育的有机融合,促进知行合一,充分发挥化学学科的育人功能。

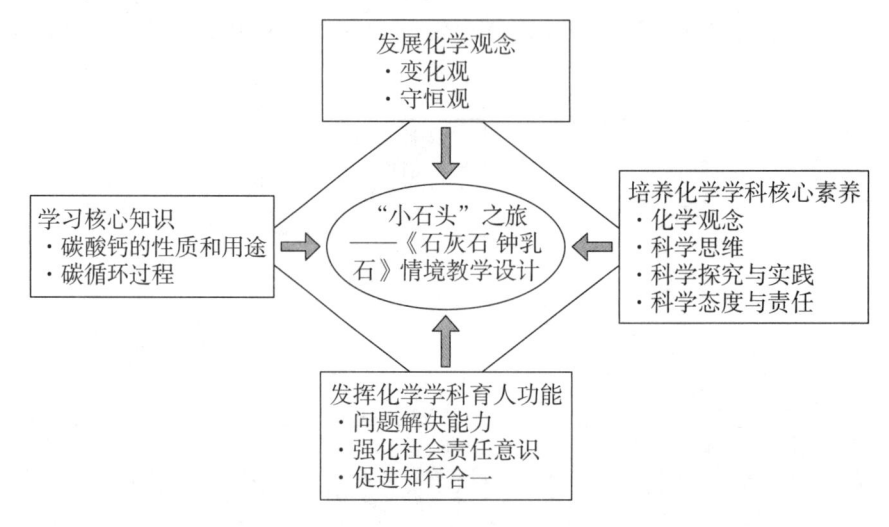

图3 "小石头"之旅教学设计的育人价值

(二) 内容结构

图4 "小石头"之旅教学设计线索图

(三) 教学简要流程

	师生活动	设计意图
环节一 "慧眼"识 "石"	【互动引入】 　　教师让学生观察课前收集到的几种石头，并从中找出本堂课聚焦的石灰石和钟乳石。 【观察归纳】 　　石灰石和钟乳石主要成分是为碳酸钙，观察纯净碳酸钙粉末，总结碳酸钙的化学性质。 【教师提问】 　　如何证明某固体(如石灰石)中含有碳酸钙？ 【演示实验】 （向石灰石中加入稀盐酸，HCl，澄清石灰水） 注意： 加入试剂的量 装置搭建顺序	通过观察不同种类的实体石头，激发学生学习和探究兴趣； 培养学生应用分析、归纳等科学方法解决化学问题的能力； 强化学生实事求是的严谨科学态度，保持学生的探究欲
过渡	演示实验中澄清石灰水先变浑浊后又澄清	
环节二 溶洞探秘	【教师提问】 　　为什么浑浊的石灰水又变澄清了？ 【引导分析】 　　碳酸钙与水和二氧化碳反应生成了可溶性的物质(碳酸氢钙) $CaCO_3+CO_2+H_2O = Ca(HCO_3)_2$ 【演示实验】 　　加热反应上述实验后变澄清的溶液 $Ca(HCO_3)_2 \xrightarrow{\triangle} CaCO_3\downarrow +CO_2\uparrow +H_2O$ 【内容小结】 （CO_2 → 浑浊体系变澄清　CO_2 → 澄清体系变浑浊　加热） $CaCO_3+CO_2+H_2O=Ca(HCO_3)_2$ $Ca(HCO_3)_2 \xrightarrow{\triangle} CaCO_3\downarrow +CO_2\uparrow +H_2O$ 【拓展交流】创设情境，应用新知，迁移理解 　　(引用《梦溪笔谈》中相关记载："石穴中水，所滴者皆为钟乳。") 关联实际，了解自然界中碳酸钙和碳酸氢钙之间可以相互转化，	基于实验事实，引导学生推理得到在一定条件下，碳酸钙和碳酸氢钙之间可以相互转化，培养学生基于实验事实进行证据推理并推测物质及其变化的思维能力；

续　表

	师生活动	设计意图
	并用其解释溶洞、钟乳石的形成,从化学角度理解地理上的喀斯特地貌 $CaCO_3+CO_2+H_2O=Ca(HCO_3)_2$ $CO_2+H_2O=H_2CO_3$ 钟乳石　石柱　石笋 $Ca(HCO_3)_2 \xrightarrow{\triangle} CaCO_3\downarrow+CO_2\uparrow+H_2O$	形成化学观念,关联实际生活情境,用所学知识从化学视角解释生活现象
过渡	以上是"石头"之间的转化(石灰石和钟乳石之间),没有被侵蚀的石灰石可以开采出来为人们所用	
环节三 用"石" 于筑	【创设情境】 《天工开物》中对石灰石开采和利用的相关记录: "凡石灰,经火焚炼为用……" "凡石灰,经火焚炼为用……" 先取煤炭泥和做成饼,每煤饼一层,叠石一层,铺薪其底,灼火播之。 天工开物　石灰石　煤饼　木材　$CaCO_3 \xrightarrow{\text{高温}} ?$ 【演示实验】 酒精喷灯提供高温煅烧石灰石 【实验讨论】 ① 实验过程现象观察;② 如何证明高温下碳酸钙发生了分解? 【实验小结】 碳酸钙高温下发生分解: $CaCO_3 \xrightarrow{\text{高温}} CaO+CO_2\uparrow$	创设情境,并通过《天工开物》中的记载,引导学生体会中国古代在手工生产业方面的璀璨成就;

续 表

	师生活动	设计意图
	【教师提问】 　　高温煅烧后石块中的碳酸钙是否完全发生分解？设计实验证明。 【学生讨论，分组实验】 　　小组代表分享实验方案和实验结论，小组之间互评实验方案。 【内容小结】 　　① 碳酸钙高温下发生分解原理； 　　② 碳酸钙在高温下完全分解和部分分解的验证方法。 【用途学习】 　　由碳酸钙的性质推导总结碳酸钙的用途	引导学生基于化学知识进行逻辑推理，整理信息、观点，并能对不同信息、观点和结论进行质疑与批判，提出创造性见解的能力； 　培养学生科学探究能力及与他人分工协作、沟通交流、合作解决问题的能力； 　强化学生化学观念
课堂小结	【创设情境，巩固新知】 　　应用本堂课内容所涉及的主要物质的转化（即氧化钙、碳酸钙和碳酸氢钙之间的转化）理解自然界中岩石圈和海洋中的碳循环过程	
课堂板书		

三、情境教学课例中"德智融合"分析

（一）在情境中形成化学观念

1. 认识物质转化的重要性

创设"小石头"在不同条件下"旅行"的情境，将学生置身于情境中，跟随"小石头"在自然界中漫长的"旅行"脚步，学习碳酸钙和碳酸氢钙之间的相互转换，并从化学视角解释自然界中溶洞钟乳石的形成原理，学生能够关联课堂创设的教学情境和真实存在的实际情境。紧接着，学生再跟随"小石头"的"旅行"进入人类社会，在石灰石开采和进行煅烧后用于建筑材料的情境中，学习碳酸钙向氧化钙的转化，而氧

化钙在被用于建筑材料时会发生氧化钙和氢氧化钙、碳酸钙之间的转化,学生的转化观得到强化。

通过"溶洞探秘"和"用'石'于筑"这两个主要环节,学生学习碳酸钙、碳酸氢钙、氢氧化钙和氧化钙等物质间的相互转化,认识通过化学反应实现物质转化的重要性,并初步理解存在于大气圈、岩石圈和海洋圈缓慢的碳循环以及其对人类社会的重要意义。

2. 形成合理利用物质的意识

在"'慧眼'识'石'"环节,利用碳酸钙能与盐酸发生化学反应并产生二氧化碳的这一化学性质,可证明某固体中是否含有碳酸钙,利用碳酸钙此条化学性质关联生活,可以知道含有碳酸钙的药品可用于治疗胃酸过多(胃酸中主要成分是盐酸),也可以作为补钙剂。在"用'石'于筑"环节,利用碳酸钙能在高温下分解产生氧化钙和二氧化碳这一化学性质,可将含有碳酸钙的物质作为建筑原料(氧化钙是重要建筑材料)。此外,此反应还会有二氧化碳产生,教学中此部分可关联产生的二氧化碳带来的环境问题及处理方式,由此发展学生合理利用物质的意识。

通过学习常见含碳酸钙物质的用途,进一步掌握物质的性质决定物质用途这一化学观念,形成合理利用物质的意识,能从物质及其变化的视角初步理解、分析并解决一些与化学相关的简单实际问题。

(二)在情境中发展科学思维

1. 运用科学方法认识物质,形成证据推理能力

科学方法包括比较、分类、分析、归纳等。本节课在碳酸钙和碳酸氢钙相互转化的实验和推理中体现了多种科学方法。如在学习碳酸钙向碳酸氢钙转化时,先用实验让学生直观感受变化——将二氧化碳持续通入澄清石灰水中,观察溶液变浑浊后又变得澄清,说明在持续通入二氧化碳的过程中,生成的白色难溶于水的碳酸钙固体确实转化为了某种无色可溶于水的物质。此时,再复习回忆第三章溶液部分的溶解度知识,给出碳酸氢钙在20℃下的溶解度并得出碳酸氢钙可溶于水,引导学生提出科学猜想,溶液变浑浊后又变得澄清是因为碳酸钙转化为了可溶于水的碳酸氢钙。再依据第二章学习的质量守恒定律——化学反应前后元素种类不发生改变,结合证据推理得到结论:碳酸钙和水和二氧化碳反应会生成可溶于水的碳酸氢钙,因此在实验过程中看到溶液变浑浊后又变得澄清。再基于以上基础尝试理解自然界中碳酸钙和碳酸氢钙相互转化,学习自然界中溶洞和钟乳石的形成原理。

通过学习碳酸钙和碳酸氢钙相互转化,从实验现象入手,引导学生提出科学的实验猜想,在猜想的基础上基于证据学会归纳并得出正确的实验结论,并应用结论

解释由于自然界中这一转化的存在,形成了溶洞和钟乳石以及地理上的喀斯特地貌。学生在学习过程中运用科学方法认识物质及其变化,形成证据推理能力,发展了科学思维。

2. 构建物质变化探究模型

模型是解决一类问题的方法。本节课在"用'石'于筑"这一环节中,通过进行高温煅烧后碳酸钙是否发生了分解和是否完全发生分解的相关探究,构建了一个物质是否发生分解和是否完全发生分解的问题解决模型(见图5)。

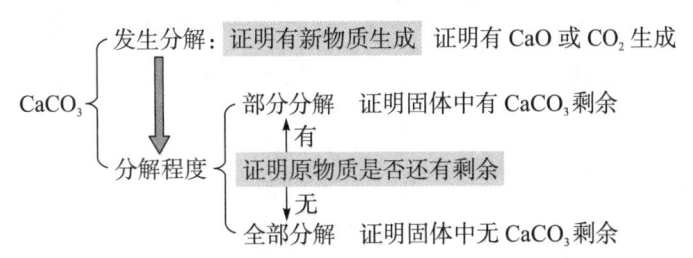

$CaCO_3$
- 发生分解:证明有新物质生成 证明有 CaO 或 CO_2 生成
- 分解程度
  - 部分分解 证明固体中有 $CaCO_3$ 剩余
  - ↑有
  - 证明原物质是否还有剩余
  - ↓无
  - 全部分解 证明固体中无 $CaCO_3$ 剩余

图 5 物质是否发生分解和是否完全发生分解的问题解决模型

(三) 在情境中培养科学态度

1. 保持对科学的热爱

在"用'石'于筑"这一环节,探究碳酸钙在高温下分解是否有氧化钙生成时,部分课堂实录如下(见表2)。在课堂互动中引导学生发现问题进行思考交流,在师生对话的基础上引导生生对话,激发学生的探究兴趣,培养严谨的科学态度。

表 2 探究碳酸钙在高温下分解是否有氧化钙生成教学实录

师	如何设计实验证明高温下石灰石中的碳酸钙会分解生成氧化钙?
生1	将煅烧后的固体放入水中,向其中通入二氧化碳,若溶液变浑浊,则证明高温煅烧石灰石后碳酸钙会分解生成氧化钙。
师	同学们同意这位同学的观点吗?将煅烧后的固体放入水中,即使是足量的水,一定会全部溶解形成澄清透明的溶液吗?
生2	不会,煅烧后的固体中一定有一些不溶性的杂质,还可能有未分解的碳酸钙。将煅烧后的固体放入水中可能原本就是有固体存在的浑浊状态,会对浑浊状态观察造成影响。
师	那如何对实验方案进行改进呢?
生2	将煅烧后的固体放入水中,取上层清液,向其中通入二氧化碳,若溶液变浑浊,则证明高温煅烧石灰石后碳酸钙会分解生成氧化钙。
师	非常好,等下咱们这一小组用此方法进行实验验证。

通过设计一系列与现实生活紧密相关的情境任务,如引导学生考虑石灰石在现代工业、建筑等领域的应用,让学生思考如何在满足人类需求的同时,保护好这些珍贵的自然资源。在教学中激发学生对物质世界及其变化的好奇心和探究欲,调动学习热情,引导他们热爱科学,逐步形成严谨求实、大胆质疑、追求真理的科学精神。

2. 树立绿色发展观

通过学习碳酸钙、碳酸氢钙和氧化钙之间的转化,理解了岩石圈中的慢碳循环(见图6),碳酸钙和碳酸氢钙是碳循环中的重要组成部分,知道这一过程对于地球的生态平衡和气候稳定的重要性,认识到保护岩石圈中的慢碳循环对于维护地球生态平衡的重要性,树立节能环保的意识,减少碳排放,推动可持续发展。

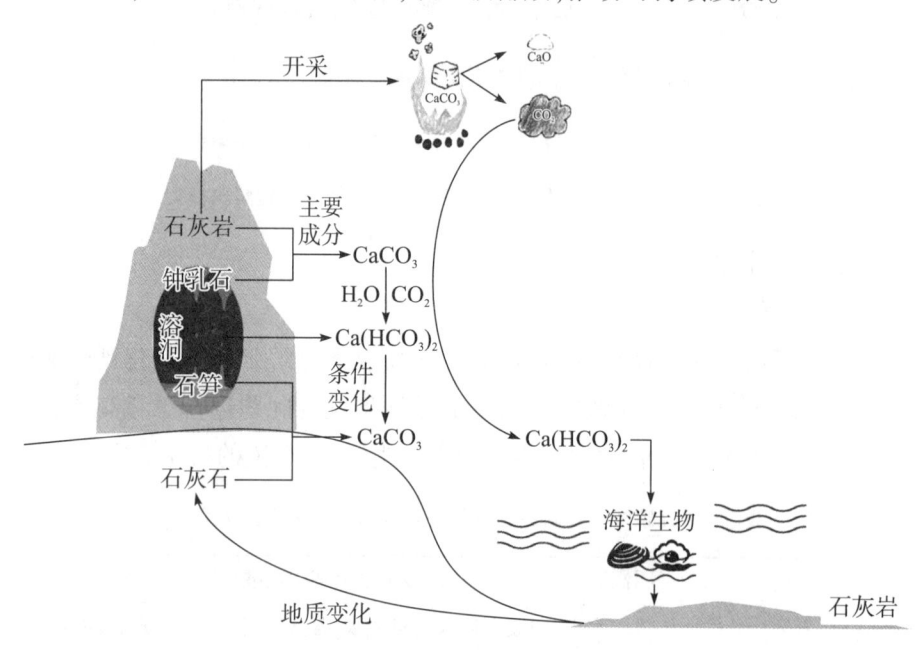

图6 岩石圈中的慢碳循环图

四、研究反思

(一)创设情境能更好地实现"德智融合"

在"德智融合"的视域下,情境教学可以为初中化学教育提供一个有效的教学方法。通过创设贴近实际的学习情境,不仅可以帮助学生更深入地理解化学现象和原理,还能引导他们思考化学知识与日常生活的联系,在学科学习的同时培养科学思维和人文素养,从而实现德育与智育的有机融合。

(二)创设情境能提高学生问题解决能力

情境教学不仅限于知识的传授,更重要的是培养学生的问题发现和解决能力。

在创设的学习情境中,学生被鼓励主动探索、提问,并寻找解决问题的方法。这种教学方式能够激发学生的好奇心和探索欲,使学生在实践中学习并应用化学知识,思考在面对社会发展问题时,如何做出科学和有责任心的决策。

（三）创设情境能帮助学生形成正确的价值观

情境教学不仅能帮助学生加深对化学知识的理解,还能让学生理解到科学精神的重要性,如客观、实事求是和批判性思维等。在初中化学教学中借助情境教学去实现"德智融合",可以帮助学生树立正确的人生观和价值观,提高综合素质,促进全面发展,为未来发展打下坚实的基础。

参考文献：

[1]教育部关于印发《中小学德育工作指南》的通知[EB/OL].(2017-09-04).http://www.moe.gov.cn/srcsite/A06/s3325/201709/t20170904_313128.html.

[2]王荣华,王平.于漪教育教学思想概要[M].上海:上海教育出版社,2021:84.

[3]高永琼.基于立德树人背景刍议初中化学德育教学要点[C]//华教创新(北京)文化传媒有限公司,中国环球文化出版社,2022.2022教育教学现代化精准管理高峰论坛论文集(初中教育篇)(二).

[4]王天娇,戚万学.学科育德的实践向度[J].课程·教材·教法,2022,42(10):122-129.

[5]马建强.指向核心素养的高中化学教学融合德育的方法[J].中学课程辅导,2023(05):48-50.

[6]朱鹏飞,岳俊冰.建国以来我国中学化学学科德育研究回顾与展望——基于中学化学课程标准(教学大纲)的分析[J].化学教学,2023(09):7-12.

以"德智融合"为导向的初中地理课堂设计

——以沪教版《南美巨人——巴西》为例

程雯雯

【摘要】 立德树人是教育的根本任务,在学科教学中"德智融合"是实现立德树人任务的重要途径。本文以《南美巨人——巴西》为例,探究了"德智融合"导向下,初中地理教学在充分挖掘德育素材的基础上,可以通过"设置真实情境——关键问题点拨——小组合作探究"的形式实施"德智融合"。

【关键词】 德智融合;课程德育;巴西

立德树人是教育的根本任务,将立德树人的目标融入学科教学之中,促进学生全面发展是基础教育的重要课题。21世纪以来,于漪老师提出了"德智融合"的教育思想,在教学中将德育、智育两者有机融合,将立德树人的根本任务落实到学科主渠道、课堂主阵地,在教学达成特定的智育任务的同时,提升学生的"德性",从而引领提高教学的整体价值。"德智融合"思想是对立德树人在学科教学中如何落地生根的探索与回答。[1]

地理学科兼具自然科学和社会科学的性质,具有丰富的德育内涵。《义务教育地理课程标准(2022年版)》指出,地理课程对培育学生的人地协调观、家国情怀、全球视野,以及批判性思维、创新精神和实践能力具有重要价值。[2] 初中阶段是学生身心发展最快的时期,也是人生观念培养的关键时期,在初中地理课程中进行"德智融合"的探索,将德育渗透到日常的地理教学中,可以帮助学生在领会知识内涵的同时,树立正确的世界观、人生观、价值观。本文以《"南美巨人——巴西"》一课为例,探索了"德智融合"导向下初中地理课堂设计的实施路径。

一、教材分析

《南美巨人——巴西》是沪教版初中《地理》六年级第一学期,《世界分国篇》第六章。教材围绕"人种大熔炉"、"咖啡王国"的变化、"地球之肺"的忧患和首都的变迁四个部分展开,既包含地理位置、气候、地形、植被等自然要素,又包含了人口、经济、民族、文化等人文要素。四个部分相对独立又相互联系,内容由浅入深,符合学生的认知规律。

充分挖掘教材中的德育资源,找到德育生长点,是实现"德智融合"的基础。本课中蕴含丰富的德育资源,"'地球之肺'的忧患",展示了巴西经济发展与环境保护之间的矛盾,是探索如何正确看待人地关系的一个经典案例,有助于学生树立人地协调观,形成可持续发展的理念。"人种大熔炉"展示了巴西的历史文化特点,帮助学生形成种族平等、理解和尊重文化多元性的思维品质。"'咖啡王国'的变化"通过分析巴西经济发展与当地资源禀赋的联系,帮助学生形成尊重自然、因地制宜的发展思维。

二、学情分析

本课的授课对象是六年级第一学期的学生,对国家地理充满好奇心,并且之前已经学习了日本、埃及、德国、美国等四个大洲的6个国家,能够运用地图等资料简述国家的地理位置、范围等地理特征,具备一定的知识和能力基础。但是学生结合图表和文字材料归纳地理信息、分析地理问题、提出解决方案的综合思维能力有待培养和提高,因地制宜、人地协调等地理观念还需进一步加深。

此外,学生普遍对拉丁美洲的认知较少,对巴西较为陌生,如何将遥远的巴西与学生的日常生活联系起来是本课的关键。因此,本课以学生生活中常见的饮品"咖啡"为导入,唤醒学生的已有经验,消除陌生感,激发兴趣。结合巴西"咖啡王国"的标签,设置相关情境,通过探究活动,引导学生在分析问题、解决问题的过程中培养地理核心素养,提升思想道德水平。

三、教学目标

1. 能够阅读地图说出巴西的地理位置,提升读图能力;掌握巴西的地形、气候等自然地理特征和农业、工业、人口、城市、文化等社会人文特征,提升区域认知素养;学会尊重不同民族文化的多元性。

2. 通过巴西咖啡种植地的选择、巴西之旅等探究活动,综合运用所学知识解决实际问题,锻炼综合思维能力。

3. 了解热带雨林的生态价值,讨论如何对热带雨林进行保护,感受环境保护、可持续发展的重要性,树立人地协调观,形成人类命运共同体意识。

四、教学思路设计

本课以"德智融合"为导向,以地理学科核心素养的落实为目标展开教学设计。

巴西因盛产咖啡,被称为"咖啡王国",本课以学生熟悉的"咖啡"导入,将"咖啡王国"这一情境贯穿始终。在真实的情境下,学生探究真问题,进行真思考,形成真感悟。通过在情境中探究"咖啡王国"的起源、变化、现状等,学生从区域视角分析地理要素之间的联系,体会地理环境整体性,树立人地协调观,训练综合思维能力。实施"德智融合"需要教师适时、合理的引导点拨,在德育生长点设置相关问题,引导学生进行情感、态度和价值观的思考,在课堂中层层渗透德育。通过小组合作探究的学习方式,激发学习兴趣,提升团队合作意识,在合作交流中内化思想道德观念,提高分析地理问题、解决问题的能力,培养地理学科的核心素养。

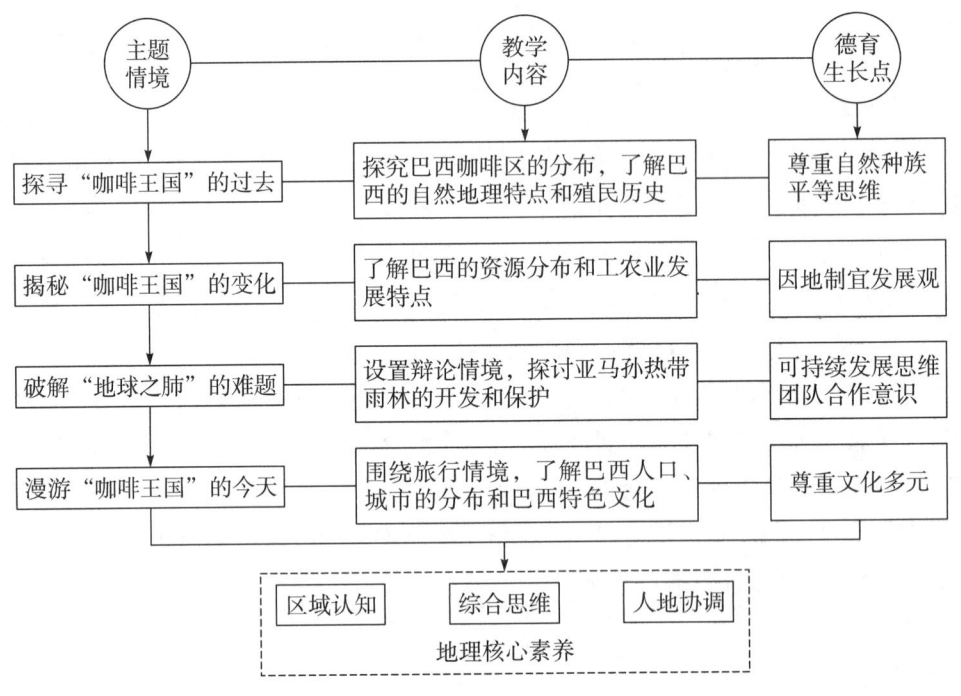

图 1 教学流程设计

五、重难点分析

教学重点:巴西的自然地理环境和迅速发展的工农业;热带雨林的作用及其开发与保护。

教学难点:巴西的地理位置、地形、气候等自然地理要素和农业、工业、城市等社会经济要素的相互关系。

六、教学实施过程

1. 问题设计,新课导入

教师展示咖啡实物:咖啡是我们生活中常见的饮品,一杯香浓的咖啡是由咖啡豆经过烘焙、冲泡等工序才能呈现的。你们知道世界咖啡豆的主要产区在哪里吗?

教师展示咖啡豆主要产区地图:根据咖啡豆产区图,世界上面积最大的咖啡豆产区位于哪个国家呢?

> 【设计意图】咖啡是生活中常见的饮品,但学生对咖啡的产地知之甚少,以学生熟悉的生活饮品引入本课,创设情景导入,设置疑问,能够激发学生兴趣。
>
> 【转承过渡】今天我们就走近世界咖啡最大产区——巴西。

2. 活动情境设计,完成环节一:探寻"咖啡王国"的过去

巴西咖啡种植面积广、产量大,被誉为"咖啡王国",为什么巴西适合种植咖啡呢?巴西的咖啡究竟生长在什么样的环境中呢?

教学活动:(1)教师展示世界尺度、南美洲尺度的巴西地图,请学生在地图上找到巴西的海陆位置和纬度位置,并进行描述。

(2)教师展示巴西常见咖啡品种的种植条件:理想海拔 600—2000 m,降水量 1500—2000 mm,理想温度 15—25 ℃,喜光照。根据巴西的地形图、气候图,小组探究巴西咖啡区的主要分布,并在地图上圈画出来,以小组为单位进行展示。教师引导学生:咖啡种植区的选址不仅要考虑自然条件还要考虑交通、历史等自然条件。学生对咖啡区分布进行调整完善。

(3)早期的咖啡种植业需要大量的劳动力,结合巴西殖民历史资料,劳动力的来源是什么?这与巴西成为"人种大熔炉"有什么联系?我们该如何看待多种族的文化?

> 【设计意图】通过自主阅读地图,学生学习巴西的位置、邻国等,可以培养学生读图兴趣和能力,提高区域认知能力和水平。探究巴西咖啡产区这一真实问题,在探究过程中认识巴西的地形和气候特点,综合分析得出巴西咖啡的主要产区,能够帮助学生提高归纳地理信息的能力,树立因地制宜的发展观,锻炼综合性思维素养。以咖啡种植所需要的劳动力为切入口,可以让学生更深层次理解殖民统治对巴西社会的影响,了解"人种大熔炉"的由来,树立种族平等思维。

【转承过渡】18世纪50年代,巴西凭借独特的自然条件成为"咖啡王国",如果巴西长期依赖单一的咖啡经济,会有什么样的弊端呢?后来"咖啡王国"在农业和工业方面发生了变化,让我们一起来探究吧。

3. 活动情境设计,完成环节二:揭秘"咖啡王国"的变化

教学活动:(1)教师展示巴西农业分布地图,除了咖啡,巴西主要农作物还有哪些?教师展示巴西现代农业照片,引导学生归纳巴西农业发生的变化。

(2)教师展示巴西矿产资源和工业地图。巴西有哪些矿产资源?分布在哪里?什么是巴西的优势资源,利用该资源发展了什么产业?这给我们什么启示?

【设计意图】通过问题链的设计,引导学生认识巴西农业和工业发展的自然条件的优势与劣势,强调因地制宜的发展观;通过逐步深入了解巴西经济发展的转变过程,引导学生学会全面、动态分析和认识地理环境与人类活动的关系,培养综合思维能力。

【转承过渡】巴西在不断发展工农业的同时,境内的热带雨林也在不断受到破坏。

4. 活动情境设计,完成环节三:破解"地球之肺"的难题

展示卫星图片对比显示亚马孙热带雨林近30年面积不断萎缩的过程。

教学活动:(1)结合巴西工农业的发展,思考巴西境内的亚马孙热带雨林为什么会遭到破坏呢?

(2)阅读材料,思考热带雨林为什么被称作"地球之肺",它的存在有哪些价值呢?

(3)小组讨论。学生分为3组扮演相关角色,A组成员假设是当地政府工作人员,B组成员假设是环保人士,C组成员假设是当地居民。各小组内部讨论:对巴西境内的热带雨林我们究竟是该开发还是该保护呢?该采取什么样的措施呢?各小组展示观点,进行辩论。教师引导学生思考:亚马孙雨林根本的问题是当地发展经济的需要和环境保护的矛盾,该如何破解这个难题,兼顾热带雨林的经济效益和环境效益呢?

习总书记提出国家发展"既要金山银山,也要保住绿水青山,绿水青山就是金山银山"。这给我们什么样的启示?说明了我国什么样的发展理念?

【设计意图】通过问题链引导学生了解热带雨林具有调节气候、涵养水源等环境效益,以及提供木材、药材、生物资源等经济效益。设置当地居民和环保工作人员的冲突情境,以小组为单位,通过角色扮演的形式探讨巴西经济发展和环境保护之间的冲突,学生能够设身处地地思考实际问题,触发感性认知,树立环境保护意识,倡导人地和谐,树立人地协调观。由巴西的发展问题,引入我国的发展理念,促进学生对人地协调观的深刻认识,树立爱国主义情感。

【转承过渡】"咖啡"一词源自希腊语,含义是"力量与热情",这也象征了巴西极具特色的文化,如果我们去巴西旅行,我们会看到怎样的巴西呢?

5. 活动情境设计,完成环节四:漫游"咖啡王国"的今天

教学活动:(1)设置"咖啡王国之旅"主题情境,结合课本资料和"巴西人口和城市分布"图,了解巴西的城市特点,以小组合作的形式,选定一组要旅行的城市,拟定路线,并介绍城市的特点。

(2)结合本课所学内容,小组讨论巴西人口分布现状的自然原因和社会经济原因,成果以思维导图的形式呈现。

(3)"咖啡王国之旅"的重要内容是了解巴西的文化,教师展示桑巴舞、狂欢节表演和足球比赛的视频,这象征了巴西什么样的文化特点?这些文化与巴西的历史有什么联系?

【设计意图】置"咖啡王国之旅"的情境,以小组合作的形式展开活动,调动学生学习兴趣,学生更积极主动参与到小组讨论中来。通过绘制巴西人口分布成因的思维导图,分析区域地理要素之间的联系,进一步提升学生综合思维能力,发挥学生个性创意。通过分析巴西热情奔放文化背后的原因,学生对巴西独特文化产生更深层次的认知,提升对文化多元性的认识,认识到地理现象与历史事件的联系。

6. 课后拓展,作业设计:长江流域的开发和保护是我国生态建设的重点,请在课下搜集资料,小组合作探究长江流域开发和保护之间的关系,上交后展示交流。

【设计意图】将真实情境中长江流域开发和保护对策作为课后拓展作业,学生可以深入了解环境保护和经济发展的矛盾冲突,关注现实的环境问题以及保护环境的措施,树立人地协调观。

七、教学反思,成果提炼

本课以"德智融合"为导向,以落实地理核心素养为目标,对《南美巨人——巴西》一课进行了教学设计。充分挖掘了本课中的德育素材,将因地制宜的发展观、人地协调观、种族平等、尊重民族文化多元性等观念融入教学之中,在体现地理学科特性的基础上,使德育和智育在教学活动中有机融合。本课探索了初中地理学科进行"德智融合"的主要途径:

（一）设置真实情境,以情境促德育

《义务教育地理课程标准（2022年版）》指出:"创设契合学生的认知发展水平、与地理问题和任务有较强的关联性的情境,有利于激发学生对地方、区域和全球问题的好奇心[2]。""在真实情境中创设驱动性的任务,能帮助学生学习知识、提高能力。"[3]本课围绕巴西的咖啡设置了相关情境,在真实的地理情境下,探究巴西所面临的真实地理问题,不仅将知识形象化、具体化,便于理解,而且还能够充分调动学生的感性认知,实现情感、态度和价值观的提升与进步。例如,在"'地球之肺'的忧患"一节的教学中,设置"破解'地球之肺'的难题"的情境,引导学生代入原住民、环保人士和政府人员的视角来思考,在沉浸式的课堂对话中切身感受热带雨林开发与保护的难题,培养人地协调观。

（二）问题任务驱动,点拨渗透德育

找准德育生长点,设置适时、合理的问题是课堂中渗透德育的重要方式。问题的提出来源于真实复杂的情境,根据实际教学需要、学生的知识水平和发展需求,创设出促进学生"德智融合"的问题,点拨学生思考知识与技能背后所蕴含的情感、态度和价值观。通过问题的任务驱动,学生主动思考,在问题解决的过程中提升思维能力,潜移默化培养道德观念。例如,本课通过"殖民统治与巴西成为'人种大熔炉'有什么联系？我们该如何看待多种族的文化？"的问题设置渗透了种族平等、尊重文化多元性的观念。通过追问"巴西的工业发展与矿产资源有什么联系？给我们什么启示？"在训练学生综合思维的同时,引导他们树立因地制宜的发展观念。

（三）小组合作探究,落实"德智融合"

小组合作探究的学习方式是"德智融合"在课堂落地的重要载体。小组合作探究的形式能够调动学生充分参与课堂学习的积极性,通过组内的分工、讨论、合作,学生间可以有更多思维碰撞和情感互动,将思想道德观念进行内化。在生成小组回答的过程中,促进交流,感受团队合作的价值和意义,发现他人的闪光点。本课的教学活动中采用较多小组合作探究的形式,例如通过小组合作探究亚马孙热带雨林问题的解决对策,帮助学生在理解人地关系的基础上进一步内化人地协调观念。小组讨论巴西人口分布现状原因,成果以思维导图的形式呈现,能够深化小组合作的程度。此外,教学中发现部分小组在合作探究过程中发言较为混乱、效率较低,导致学习效果不理想。因此,教师在进行小组合作探究之前应对学生予以辅导,明确小组合作的方法和策略。

参考文献:

[1]黄音.语文教学"德智融合"探源与实践[J].上海教师,2022(02):7-12.

[2]中华人民共和国教育部.义务教育地理课程标准(2022年版)[M].北京:北京师范大学出版社,2022.

[3]徐波.新课程背景下中学地理情境教学研究[D].上海:华东师范大学,2009.

第四章 循循善诱：参与式智慧分享

克丽丝·古铁雷斯说："有效的实践存在于这样的情境中：在这种情境里，多样的文化、话语和知识都向所有的课堂参与者敞开，因此变成学习的中介资源。"参与不仅仅是为了发展必要的认知和技能，更深的意义在于激发动机与建构身份。重视学生的情境参与，立足于学生的真实兴趣和内在需要，让学生在各类参与中获得体验感、效能感和内在价值。当学习者沉浸地参与课堂实践时，产生的身份认同和能力意识会转化为足够的情感激励和成功体验，促使其在学习过程中产生正向效益，有助于更多后续学习行为的发生与展开，让课堂互动真实发生，让智慧分享有效达成。

"德智融合"观心理 冰山理论看自己

——以"解救'冰冰'行动"为例

史 斐

【摘要】 充分运用心理教育资源,培养学生正确的情感和价值观,实现"德智融合",全方位地提升中学生的综合素养已经越来越受到学校和教师的重视。本文将围绕如何在初中心理健康教育课的教学中实现德育与智育的融合,以"解救'冰冰'行动"一课为例,进行"德智融合"理念在心理健康教育课中的新实践。

【关键词】 德智融合;认识自我;心理健康教育;冰山理论

一、引言

人民教育家于漪老师提出了"德智融合"的教育思想。所谓德智融合思想,是以学科智育为核心,融合态度、情感、价值观的教育。[1]德智融合的课堂教学是教师的生命涌动、学生的生命涌动,其关键是改变课堂教学组织形式。当我们俯下身来看学生,会发现每一个学生都是创造之人,每一堂课都是创造之时。我们现在的课堂教学应面向每一个学生,教师的教要作用于每一个学生,每一个学生的状况要反馈给教师。学生之间也要互相切磋、互相作用。教、学和谐互动,师生在语言交流、思想碰撞中获得求知的快乐。[2]

二、课前思考

(一)教材分析

"认识自我"是初中心理健康教育"自我认识"专题下的内容,主要包括认识自己的生理状况、心理特征以及自己与他人之间的关系。学生通过本课的学习,能够全面、客观地认识自己,了解自己。

(二)学情分析

初中阶段学生正处于青春期,身心迅速发展。一方面,他们的认知、情感、自我意识等方面均有了较大的发展;另一方面,由于他们未完全成熟,思维方面有一定的片面性,自我认识往往会局限于单个方面,发生偏差。本课通过"冰山理论"期待学生逐层深入,更全面、立体地认识自我。

(三)德育指向

认识自己的意义在于建立起一个完整的自我意识,它是社会适应的重要步骤。为了适应社会和生活,个体必须"知己知彼",即清楚地了解自己,清楚地掌握周围情况,这样才能协调人与环境或社会生活关系。

初中阶段的学生自我意识还未完全确立,还不能正确地看待自己,很容易陷入以偏概全的误区。因此,本课旨在利用"冰山理论"给学生提供一个自我认识的有效模型。

三、教学过程

(一)问题导入,启发思维

师:同学们,同学们,我的好朋友"冰冰"失联了,你们知道他在哪吗?(一个声音)什么声音?

生:不知道。(齐声说)

播放视频。(视频内容:是你们在找"冰冰"吗?他现在在我们的手上,你们想要找到他必须完成我们设置的闯关任务。看看你们是不是和"冰冰"心有灵犀,只有足够了解他,了解他的内心才能把他解救出来。我们共设四个关卡,每个关卡完成后将获得一朵小红花,集齐四朵小红花就能成功解救"冰冰"。现在解救"冰冰"行动即将开始,小侦探们你们准备好来迎接挑战了吗?)

生点头示意。

【设计意图】通过悬疑侦探故事导入,生动有趣。引起学生的好奇心,激发学生的兴趣和参与度。

(二)创设情境,实施营救

师:"冰冰"遇到了危险,解救行动即将开始,小侦探们你们准备好了吗?

生:准备好了。(齐声说)

师:我看到很多同学都跃跃欲试。现在"冰冰"对于大家来说还是一个陌生人,而我们的任务是要详细了解"冰冰",那我们就从"冰冰"的基本情况入手吧。(视频内容:冰冰在他的歌唱生涯中他发行了许多专辑,每一首都脍炙人口,都会引起一阵流行风潮。对于舞台他精益求精,每一场演唱会他都用心准备,因此也总能不断给歌迷们带来惊喜。在他正式出道的第九年,他创作了第一首自己作词的歌曲,此后他开始痴迷创作,连续高产。他以演员的身份出道,却在歌唱领域大放异彩。当然他也总能平衡好各种角色,作为演员时,他虚心向前辈请教,参加演技培训班,只要有拍摄,他对自己的要求都是提前2小时到达片场,熟悉环境,熟悉台本,对好台词。作为爱国人士,在其他人政治立场不坚定的时候,他也是第一时间站出来发声抵制。他还很关心慈善,积极参加各类公益活动并创立了个人慈善基金会。)这,就是"冰冰"的基本信息。

师:同学们,你们从视频中可以挖掘到"冰冰"的哪些行为信息呢?

生1:发行了许多专辑;对于舞台他精益求精,每一场演唱会他都用心准备。

生2:创作了第一首自己作词的歌曲;他虚心向前辈请教,参加演技培训班,只要有拍摄,他对自己的要求都是提前2小时到达片场,熟悉环境。

生3:在其他人政治立场不坚定的时候也是第一时间站出来发声抵制;积极参加各类公益活动并创立了个人慈善基金会。

师:哇,同学们都很认真地进行"搜证",总结出了"冰冰"的各种行为。这些都是我们可以直观看到的行为方面。(板贴:行为)(粘贴小红花)

师:你们知道吗?就是这样的冰冰,还上过热搜。到底是怎么回事儿呢?让我们回到当天的情况:这天,"冰冰"和平常一样打开网络,猛然发现自己登上了热搜,正纳闷,鼠标一点,映入眼帘的是这些字眼和话语。(PPT上显示话语内容:"没有看过写词写得那么笨的作词人""在创作这条路上,他走得比演戏艰难多了""冰冰得于勤勉,论天分不如其他人""冰冰的闪光点很多,对比起来作词是他所有技能里最不起眼的"……)

看到这些评论,作为小侦探的你觉得"冰冰"接下来会有什么行动,他会怎么应对呢?

生1:他会创作一些歌曲,来让这些评论员改观。

生2:他也许会不回应这些负面信息,但是他会用行动证明自己其实是有实力的,他会用他的作品说话。

生3:也可能就是不睬这些负面消息。因为他知道这些并不是真实的,所以就没有必要做出任何回应。

生4:他会联系经纪公司做公关处理,撤出这条热搜。

师:好,我们的小侦探们做出了很多选择,究竟"冰冰"的最终做法是如何的呢?我们通过视频来了解一下。(揭秘视频:在"冰冰"的字典里从来没有"放弃"两个字,他会这样对自己说:"你说我达不到,那我明天达到,后天达到,或者我能撑下去撑到有一天,你相信了。"天赋是没得选择的,但努力可以。就这样"冰冰"不断创作出高质量脍炙人口的歌曲。于是他的创作能力开始被认可,也凭借自己创作的多首歌曲斩获各大音乐奖项,可谓音乐大奖拿到手软啊。他写出了脍炙人口的歌词,他把自己的歌带上了更多舞台,最终他成了知名填词人。演唱歌曲超600多首,创作歌曲200多首,实现了从歌手到创作人的华丽转变。这一路上,他选择了奉陪到底。)

师:"冰冰"是这样应对的,他表现出的应对方式是……

生1:"冰冰"的应对方式应该是不退缩、勇往直前。

生2:"冰冰"用努力证明自己,而且他从歌手转变为创作人,他选择了奉陪到底。

师:通过2个关卡的任务,小侦探们已经能够初步了解"冰冰"了,想要再深入了解他,就更需要各位小侦探的观察力和感受力了。话不多说,我们进入难度升级的关卡3:当"冰冰"做出上述行为、有这样应对方式的时候,他的感受是什么?他又有怎样的情绪?

生1:"冰冰"的感受是有变化的,是波动的。从最开始受到批判感受到低落,后来化悲愤为力量,实现了自己的目标,他又是开心的。

生2:从失落甚至怀疑自己到兴奋、高兴的变化过程。

师:大家的观察、觉察能力都很棒,具备了一名侦探的素质。现在离成功解救"冰冰"还有一步之遥,让我们一鼓作气冲向最后一个关卡。大家认为是什么根植于"冰冰"的内心,让他一路向前的呢?

生1:"冰冰"对自己是有要求的,他会希望自己有拿得出手的作品。所以他一直努力向前。

生2:"冰冰"他不想辜负自己的粉丝、家人们对自己的期待,同样也不想辜负自己对自己的期待。

生3:他想在自己擅长的领域实现自己的价值。

师:最后一朵小红花也被小侦探们成功获得,我们闯关成功。"冰冰"也被成功解救回到了家中。

师:解救"冰冰"的过程,小侦探们由表及里,从表面可视化的行为层层深入,分析这些行为背后隐藏的更广阔的部分,还原了一个立体化的"冰冰"形象。这便是我们认识他人、认识自己的一种新方式,也是心理学家萨提亚提出的冰山理论。

【设计意图】本环节通过层层深入解密"冰冰"的方式带领学生逐层了解了"冰山理论"的内涵,期待学生从该理论中掌握认识自我更多元的角度,展现更立体的自我。

(3) 探索自身,回归自我

师:那回到我们自身,同学们你们了解自己吗?

生:了解。(或不了解)

师:我们在日常生活中会有各种行为,比如:和好朋友产生分歧,明明双方都有错,你却总是在自己身上找原因;其实我没有表面上那么乐观,也会有 emo 时刻,更多时候我却选择独自承受;我凡事都会拼尽全力,一定要展现最优秀的自己……平日里我们很少会思考这样的问题,其实我们每个人都有一个"冰冰"。借此机会我们来探索一下自己的"冰冰",试着挖掘行为背后都隐藏了哪些未曾触碰到的自己,大家能挖掘到几层就挖掘几层。

生1:一定要展现自己最好的一面给大家,虽然在这个过程中会感觉到疲累,但是收到别人的赞美夸奖时又会感到愉快。因为来自父母与自身的期待,最终希望能成为更好的自己。

生2:当和其他人意见不符,出现分歧的时候会主动向他人道歉。在这个过程中会先主动寻求自己身上的错误,尽管有时候其实是对方的错。因为想在他人的心目中树立一个完美的形象,这也是自己对自己的期待,渴望拥有不会分散的友谊。

【设计意图】本环节旨在让学生们利用"冰山理论"的七层分析,进行实践分析,更深入剖析自身看得见的部分背后的隐藏部分,认识到对自己的认识其实是一个立体、多元的解析。

(4) 总结提炼,归纳要点

师:我看到了大家变化多样的冰山,也由衷赞赏大家对自己冰山的层层探索分析,给大家点个赞。冰山不是一成不变的,它是变动的,就像我们认识自己的过程也会随着知识的积累、身心的成熟、阅历的丰富不断变化,不断丰富。当然这座冰山还有很多隐藏空间待我们去挖掘。所以希望大家报以积极的心态,用发展和期待的眼光看自己,相信由我们主动认识的自己,一定是闪着光的存在。

师:大家还记得"冰冰"吗?你们还好奇他是谁吗?其实我们的"冰冰"是有人物原型的,他就是——刘德华(PPT 展示给出简单介绍),你们猜到了吗?

生:猜到了。(或没猜到)

师:最后再次恭喜大家,今天的解救行动圆满成功!同样也开启了我们认识自己的新征程。

四、教后反思

1. 认识自我。认识自我这个主题早已获得了普遍的关注,相关的研究、活动设计、心理辅导层出不穷。但我在教学过程中发现，许多学生对于探索自己存在一定的困惑。因为当前社会、学校、家庭更注重培养孩子探索外部世界的能力，他们相对缺乏自我探索的经验和技巧。

本节课旨在引导学生认识到认识自我的重要性，通过引入用"冰山理论"认识自我的方式，让学生们通过逐层深入地认识自我，促进更完善、更全面、更客观的自我认识。

2. 巧妙导入。在导入环节通过设置挑战任务，激发学生兴趣；解救"冰冰"行动中，学生一步步了解"冰冰"的同时，也了解了通过"冰山理论"认识自己的过程，这是一个全新的自我认识模式，为后面学生从自身角度出发认识自己奠定了基础。本课能够从创新和创意角度，结合时下流行元素构思出一节新颖的心理课。

3. 问题设计。本课通过核心问题链，从体验营救"冰冰"行动到解锁自我认识的"冰山"层层递进、环环相扣。以任务导向不断推进教学过程，促使学生在课程中锻炼合作、创新、反思、内省等综合思维能力，进一步优化核心素养能力。

但在教学过程中还存在一些不足。如在层层推进讲解"冰山理论"的过程中，还可以更巧妙地将此理论解释清楚，避免还有学生一知半解，在撰写任务单的时候没有方向。在最重要的交流收获的环节，还应该再细致探索寻找更有利于学生彰显个性的方式方法。

总的来说，本节课让我收获很大，在今后的教学中还要继续研磨，取得进步。

参考文献：

[1]于漪.语文教学谈艺录[M].上海:上海教育出版社,2012.

[2]谈永康.德智融合:语文学科育人之道[J].小学教学研究(教学版),2022(1):9-11,14.

"德智融合"视域下初中语文教学小组合作的策略探寻

吴 非

【摘要】"德智融合"理念强调学生课堂综合素质的培养。学生小组合作正是初中语文教师丰富课堂教学手段和激发学生学习兴趣的有效手段。本文聚焦小组合作中的任务分工、话语互动和成果展示,关注学生课堂学习行为的真实发生,以此探讨"德智融合"视域下小组协作对促进初中语文教学的作用。

【关键词】德智融合、小组合作、初中语文教学

《义务教育语文课程标准(2022年版)》强调"应关注学习方式的改变",这要求学生们的学习方式向自主化学习、合作化学习、探究化学习和个性化学习转换。"德智融合"理念强调学生的课堂主体性。学生小组合作正是初中语文教师丰富课堂教学手段和激发学生学习兴趣的有效手段。

小组合作学习就是按照不同性格、不同学力,在公平、公正、公开的原则下,按照一定比例,将学生合理分成几个学习小组,各个小组成员明确各自的分工,并做到互帮互助、共同学习,从而完成教师布置的课堂学习任务,获得更高效的课堂学习成果。

一、小组合作的现状分析

(一)合作的运用不够普遍

目前,主流的初中语文教学模式仍将应试教育放在首位,注重语文知识的讲解,而忽略了对学生学科素养的培育。虽然随着教学改革的不断推进,"德"与"智"相得益彰的教学理念得到了多数教师的认可,但在实际的语文教学中,学生的主体性并未得到充分发扬,小组合作学习的实际应用并不普遍。

(二)合作的形式大于内容

在当下的教学实际中,一些教师在实施小组合作学习时只是将几张桌子凑在一起,再布置几个思考问题让学生自主讨论。表面上看学生的讨论很热烈,但小组间

的实质交流却很少,甚至一些问题本没有合作讨论的必要。这样的课堂只充斥着虚假的"繁荣",阻碍了学生综合能力的提升。

(三) 学生的参与度不均衡

在很多实际的语文小组合作学习课堂上,发言的往往只是一部分学习能力较好、表达能力较突出的学生,而学习能力较弱或性格内敛的学生则成了旁观者和倾听者,只能被动地在别人的回答中获取信息,长期如此就丧失了主动思考的能力。一个真正有效的小组合作学习是以真实情境、任务驱动为引领的,可以让每位学生的学习热情被点燃,每位学生都能平等地参与到课堂环节中来。

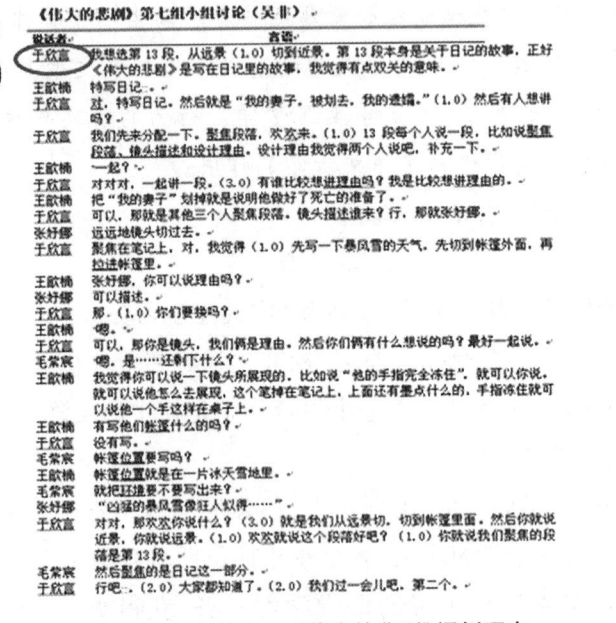

参与人数:
4人
发言频次:
11次、8次、
4次、3次

图 1 《伟大的悲剧》课例研究

表 1 《伟大的悲剧》小组讨论情况统览

组别	参与人数	发言次数合计	讨论内容
第一组	4	1	小组分工
第二组	3	15	小组分工+文本交流
第三组	3	19	小组分工+文本交流
第四组	3	15	小组分工+文本交流
第五组	0	0	无
第六组	3	28	小组分工+文本交流
第七组	4	26	小组分工+文本交流

二、小组合作学习的重要性

（一）有利于激发学生的学习热情

小组合作学习能够增强学生之间的交流和互动，拉近学生之间的距离，构建生生对话的和谐场域，营造积极的班级学习氛围。小组合作学习的实质是在学生之间建立互相依存的关系，学生不仅要关注自己的学习状态，还要关注小组内其他成员的学习状态，在小组内部形成互帮互助、互相学习的积极场域，以达到互促的整体学习目标。教师可根据学生的表现对学生个人和小组整体进行奖励，使学生在不断获得激励的过程中增强学习的信心，并在互相督促交流中收获成长。

（二）有利于提高学生的主动思维能力

在初中语文教学中，教师应注重培养学生的学科思维能力。无论是"智育"还是"德育"，小组合作的形式都具有极大的优势，如学生的学科知识、口语表达能力、团队合作精神等都能得到极大的提升。在教学过程中，教师以读、说等形式解决学生对课文的困惑为辅，以邀请小组成员对小组学习情况进行汇报展示并指导为主。由此提升学生的主动思维能力和自主解决问题的能力。通过小组交流和成果展示等形式，教师积极引导学生主动思考和探究，学生在观点的碰撞中自主形成适合自己的学科思维，从而提升语文学习水平，实现语文学科"德"与"智"的融合。

（三）有利于培养学生的"德智融合"素养

初中语文教学，不仅要给学生"智"的知识，还要培养学生"德"的素养，小组合作学习有利于学生核心素养的综合培育。在新课标的指导下，教师应注重语文教学过程中培养学生的思想情感和思维创造能力，在提升学生综合核心素养上下功夫。这就要求教师真正转换课堂角色，让学生成为课堂的主人，让学生的主动学习在课堂上真实地发生。而采用小组合作学习的方式便是这一教学理念践行的策略，在小组合作中教师根据学生的学习状态和发言反馈不断调整教学节奏，真正看见每一位孩子的需求，努力促进每一位学生的成长。

三、关注"德智融合"，改进合作学习策略

（一）进行合理小组分配

在传统的教学活动中，教师常常以座位进行分组，这样的分组形式比较单一。不同学生之间的性格特点、对知识的接收程度、兴趣爱好等都不尽相同，教师应充分了解每位学生的学习特征，考虑学生之间的个体差异，针对不同的教学内容以及不同学生的学习情况进行合理分组，并引导学生根据自身的学习能力和特长来进行合

理的组内分工。通过综合能力较强的组长的引领,确保每位组员都真正参与其中,不让基础较为薄弱的学生掉队。合理的小组分配可以帮助学生提升学习效率和学习兴趣。

将学生们进行合理的分组,可以让课堂学习更高效。采取分组的课堂学习过程能够让学生发挥自主能动性,积极地对学习内容进行思考,每个学生都可以发表自己的观点,无论自己的意见是否正确。通过小组之间的讨论,能够帮助思路偏颇的学生进行改正,并更大程度地让每位学生参与到课堂讨论中来,保证学生在课堂上思维的运转,从而提升课堂学习质量。

(二)指导小组合作方法

在小组合作学习开展的初始阶段,部分学生可能还不适应这种教学方式,容易出现小组合作流于形式、秩序混乱、沟通不畅等状况,达不到理想的教学效果。因此,教师应充分发挥组织者和协调者的作用,指导学生正确的小组合作方法,鼓励每位学生参与到小组合作中去。通过观察小组成员的学习状态,如对小组学生进行细致的课堂观察,对学生课堂行为进行量化或对小组讨论内容进行转录分析,来了解学生真实的学习状态,帮助学生解决在小组合作学习中出现的问题,不断指导学生掌握正确的合作学习方法,不断调整自身的教学状态。以此在班级内部形成良好的合作互助、合作竞争的机制,让小组合作带动每位学生的学习,以促进班级整体学习水平的提升。

(三)结合课文内容布置小组任务

小组合作学习在初中语文教学中的有效开展,改变了以往传统低效的教学模式。但在实际操作过程中,教师也应避免课堂模式的单一化,要选择适合的教学篇目开展小组学习;对于不适合的篇目可以选择其他更高效的教学形式,不必拘泥于一种。同时,为有效提高这一方法在日常教学中的应用,教师也要结合具体课文内容布置小组合作学习的任务,选择最适合的合作形式让学生充分理解课文内容,积极参与到课堂中来,真正获得思维和能力的提升。例如,在进行《伟大的悲剧》这一课的教学时,由于本篇课文涉及科学探索的主题,是学生平时接触较少的题材,并且这篇文章篇幅较长,如何精准地把握教学主线,调动学生的主动性、提升学生的思维能力是教师的教学设计方向。教师将学生科学、合理地进行分组,采用小组项目化学习的方式,让学生围绕撰写"《伟大的悲剧》纪念册"这一主任务进行小组学习讨论,在课堂中给学生留有充足的讨论时间,在小组讨论中每位学生都有各自的分工,保证每位学生都能真正参与其中,调动每位学生的积极性,最后每个小组派一个代表进行总结发言。教师可以结合小组的发言情况及时调整课堂的进度和方向,从而就大大提高课堂的教学效率和学生的学习质量。

（四）关注"德智融合"，构建评价体系

评价在教学过程中有着重要的作用，但目前仍存在着评价方式单一、评价工具不规范等问题。教师在选择评价工具时应尽可能多样化，并开发更多符合学生特点的评价工具。同时，评价主体也不应该局限于教师，可以多鼓励学生自我评价和小组成员之间的相互评价，这样既可以减轻教师的教学压力，也可以让学生在评价中更清楚地认识到自己的不足，根据评价反馈及时调整自己的学习状态，促进小组成员间的互相学习和进步。另外，在评价时，也应避免简单给出评价结果，需给出具体的评价依据，以确保评价的有效性。

在新课程改革和"德智融合"教育实践的背景下，初中语文教学要立足学生核心素养的培育，充分发挥课程的育人功能，为学生学好其他课程奠定基础，为学生形成正确的世界观、人生观、价值观及健全的人格奠定基础，为培养学生求实创新、实践合作的终身发展品格奠定基础。要达到这些目标，就要改变传统的语文教学模式，采用小组合作学习的教学模式。这种形式突破传统课堂教师单向灌输的局限性，将学生进行合理的分组化学习，能充分尊重学生的主体地位，让教师的教学效率有效提升。同时学生也能在与同学的交流中找到自己与他人的思维差异，找到自己语文学习的薄弱点，从而增强语文学习的自信心，真正成为课堂的主人。

参考文献：

[1]中华人民共和国教育部.义务教育语文课程标准(2022年版)[M].北京:北京师范大学出版社,2022.

创设语文学习情境的误区及修正

戴 熙

【摘要】 情境教学能够以情启智,通过巧妙的活动创设,把情感活动和认知活动自然结合。新课标提出情境活动的设计需是真实的、丰富多彩的、可操作的,但如果片面理解或是盲目追求这三者,反倒会陷入脱离实际、缺乏思考的新误区。本文尝试通过真实案例分析常见的实践误区,链接核心问题,联结最近发展区,对标核心素养的"德智融合"教学要求,在教学实操上给教师们一些建议。

【关键词】 学习情境;误区;修正

一、实施背景

情境教学的传统由来已久。古希腊哲学家苏格拉底提出的"产婆术",即通过与他人的对话引导对方产生理性认识,可被视为情境教学的最初运用。苏联教育家苏霍姆林斯基让学生在大自然中感受"审美需求和趣味丰富"的境界也是情境教育的另一实践。[1]我国教育家对情境教学也有较多研究。李吉林老师在情境教学中融入了"真、美、情、思"四大元素,拓宽了原先的课堂空间,丰富了学生的情感体验;[2]于淑宁老师认为"情"和"境"更需相互融合,将课堂所学迁移入真实情境。[3]

自从新课程改革实施以来,我国的教育生态出现了巨大的变革。以往的学科本位,纯粹的接受学习逐渐被摒弃,学生观、教师观和发展观都顺应时代的变化做出了相应调整,素质教育、全面发展逐渐成为新的教育风口。在这风口之中,情境教育越来越受到教育界的重视。据统计,在 2011 年版的《义务教育语文课程标准》中,"情境"一词出现 7 次,而到了 2017 年,《普通高中语文课程标准》中"情境"的出现次数跃升到了 34 次。[4]2019 年,为了进一步深化教育教学改革,《中共中央国务院关于深化教育教学改革全面提高义务教育质量的意见》中更是明确提出"运用传统与现代技术手段,重视情境教学"。情境教学更是能融合"德"与"智"的并行发展,在活动设计中潜移默化地培养学生的学科智慧,提高学生的德行修养。现今,"情境教学"已经越来越融入学校生活,成为当下每一位教师必须考虑的教学方式。

二、概念误区

《义务教育语文课程标准(2022年版)》(以下简称《新课标》)中反复强调要"创设真实的语言运用情境""创设丰富多彩的语言运用情境""增强课程实施的情境性和实践性"。意欲何为？关键是要提醒教师们关注"情境"。一般来说，情境可以被理解为"情形、景象和遇到的情况"，"语言运用情境"是指"发生言语行为时的情形和遇到的情况"，[5]语文教师要做的就是让言语行为以口头或书面的形式贯穿课堂始终，并且是真实的，丰富多彩的，可操作的。

《新课标》中的修饰词"真实"不是否认课堂存在的真实性，而是反对脱离学生生活实际的、超出学生认知水平的、具有表演性质的课堂。学生不是课堂的演员，而是鲜活的学习者，是一个个独立的、有思想的个体。要"真实"就要尊重学生的现实生活，看清他们的现实需要，创造学生能够理解的现实情境，这也是每一个教师必须秉持的操守。

活动设计应该尽量新颖、"丰富多彩"似乎已经成了教师们的共识，特别是到公开课的时候，恨不得每个环节都是"前不见古人"的新鲜创意，大胆且充满挑战性。这样的课堂学生自然是喜闻乐见的，但值得警惕的是过多的活动设计对于学生来说未必就是好事，由此产生的前摄抑制和倒摄抑制会使中间本该是重点的部分失去了它存在的价值，学生的听课效果自然大打折扣。另外，这也可能使学生的思维充满跳跃感，而丧失课堂的完整性，情感的衔接一旦中断，那么课堂的审美体验也就无从谈起。

课程实施的取向之一是忠实取向，即教学过程应尽可能忠实于教学设计。这里要提出的是，创设的新情境中的言语实践活动相较一般课堂更有可能脱离教师的预设，这样的变化更考验教师的临场反应能力，何时引回课题或是否留有更多时间都需要视情况而定。所以设计教案时需要更加灵活，给课堂一定的留白，畅所欲言的过程也是学生自主学习的过程。

学习情境不仅要运用于新授课的教学设计，课堂之外的学习活动同样不能忽视这一点。也就是说，学习情境应该成为一种教学理念，贯穿于教学的各个环节，让学生体会到学习是真实发生的，明白学有所用才能学有所成。在这样的教学氛围之下，"德智融合"的学习才能成为一种习惯，自然发生在学习生活的各个阶段。

三、走出误区与方法指导

在《新课标》明确提出"语言运用情境"的概念之前，就已经有教学的先驱们在这一方面做了尝试,其中不乏取得掌声与赞誉的课堂,但总有一些"遗憾的艺术",对"遗憾"的分析和改进或许可以成为下一个课堂的点睛之笔。

(一)避免创意为先,明确核心问题

一位教师在讲授《阿长与〈山海经〉》的时候,设定的教学重难点为"体会先抑后扬的表现手法,把握阿长的人物形象",为此设计的主问题是"在阿长与《山海经》之间添加多个动词"。随着文本解读的推进,动词从"买"过渡到"讲",最后上升为"像"。初看这一设计似乎符合逐层深入地解读人物形象的要求,也通过具体的语言实践活动带领学生走近人物,但在课堂实践中却碰了壁——学生们无法自主地说出第二、第三个动词,回应教师的只有沉默。仔细研读这份教学设计我们也能发现问题。人物形象的分析一定要立足文本,而教师把"阿长买《山海经》"这一情节放在课堂之初,就已经重组了文本,背离了作者"欲抑先扬"的用意,也把真正值得仔细研读的有关"阿长疼爱孩子,善良热心"的细节一笔带过,只是为了实现课堂的连贯性和创新性而进行情境设计,注定是失败的。

"德智融合"的前提是明确要达成的"德"与"智"的目标,在设计学习情境之前,教师首先要对文本有全方位的深入解读,了解课文中涉及的学科知识,明确其传达的思想与价值观。文本解读不是照本宣科,不是看了众多参考资料之后的拼拼凑凑,而是要在前人理解的基础上,以自身的知识储备为背景,找到一个适合的突破口,形成自己独有的解读逻辑。以此为基础明确教学重难点,锁定核心问题,这个核心问题就是情境设计的落脚点。每一个环节都是为解答核心问题服务的,设计的时候就需要对此进行评估。此外,问题与问题之间是否有逐层递进的关系也是需要考虑的内容。

既然这位教师设置了这样一个教学重难点,我们就以此为抓手对教案内容进行修正。"先抑后扬"指的是鲁迅对阿长的情感态度的变化,就可以让学生分析情感变化,明确情感产生及变化的原因。以此产生的情境有很多,可以补全文中的抒情语句,可以让阿长与鲁迅进行对话,不一而足。无论采取哪一种形式,都紧扣情境中人物的感情色彩,教学重点就不会偏离。

(二)立足学情,联结最近发展区

无论是平常课还是公开课,每一节课开始之前,相信教师都会对所教授的学生的认知水平有一个大概的了解,这是我们日常理解中的学情。除此以外,在设计学习情境时还有两点需要特别注意。首先,虽然部分课文历经修订一直保留下来,但是面对的学习群体已经与先前的截然不同。不只是因为时代的更迭,更关键的是现在学生对于陌生事物的了解已经远超多年前的学生,他们三观的确立时间也进一步提前。这就要求教师们不能再拿着以前的教学设计和情境建构方式来照本宣科,必须立足学情,贴合时代要求,贴近学生的兴趣点,结合时下热点,唤起学生的共鸣。其次,不让学情分析的意义止步于导入阶段。在课堂导入部分吸引学生的注意力,燃起学生学习的热情只是开始,要让学习真实地发生于课堂就必须在情境设计时考虑到学生的最近发展区,设置在教师引导下"跳一跳,能够到"的环节,让学生有挑战也有达成的希望,有思辨的问题也有解决的可能。

笔者在第一次使用"演读法"来上《木兰诗》一课的时候就遇到了这样的问题。给出的情境要求是以小组为单位,根据自己的理解来重新设计诗歌的朗读节奏,并辅之以一定的肢体动作,最后全班展示。因为任务涉及多人讨论,所以给了15分钟的时间让学生进行准备。从朗读到彩排一直到最后的演出,半节课的时间中每一个学生都积极参与其中,乐在其中,最后的演出也获得了满堂彩。但在课堂结束之后,学生上交的练习却给了我当头一棒,情感表述不完整,原因叙述不到位的现象比比皆是。事后,对此进行的课后反思让我意识到,课堂的活泼并不意味着进步,安静的思考也是课堂存在的价值。语文课堂最终的落脚点一定是文字,如果我能对当初的情境任务进行细化,让学生从感性的表达上升到理性的理解,那可能会收到更好的效果。比如在朗读设计时,让学生以书面形式记录组内讨论的过程和结果,在表演后加上主角阐释或同学提问的环节,就能让学生更好地把握人物性格和心理。

(三) 实现育人导向,对标核心素养

语文学科早已摒弃唯学科化的倾向,转而为实现学生的全面发展发挥学科价值,努力实现"德智融合"的纵深发展。但教师在创设学习情境时却很容易忘记这一目标,走进"死胡同",一心关注情境是否完整,任务衔接是否流畅,把语文课变成单向发展的课堂。

一位教师在对六年级的学生教授文言文《两小儿辩日》时创设了这样一种情境。她以文题中的"辩"字串联课堂,先请学生读熟课文知"辩";再明确文章大意以此明"辩";然后以小组为单位,组员分别扮演两小儿及孔子,用原文对话,也可以说是演"辩";最后回归现代汉语,用日常的对话还原"辩"的场景。虽看上去整节课环节层次清晰,课堂有声有色,学生的参与度高,但是经不起推敲。一节课结束后,学生真正能收获到的只能是文本的朗读和翻译,简单的复述任务不能调动思维的活力,更没有对人物形象的感知理解,那么精神品质的学习也无从谈起,这样的课堂离核心素养的培养还有很明显的距离。

诚然,一堂课很难做到各个环节面面俱到,但要实现这一目标也不是全无办法。我们可以保持"辩"的主线不动,对这位教师的部分教学环节做出一些修改。在翻译完全文后,可以对两小儿的思辨进行组内讨论:他们分别是从什么角度出发解释太阳离人远近这一问题的,现在的你能否从科学的角度指出各自存在的问题?以此思

"辩"。孔子的态度也同样值得品读。可以从不同对象的角度出发,分析两小儿听完孔子说话的心理,甚至可以再造角色,比如路人甲或者是学生自己等。通过这一个过程让学生看到孔子的实事求是和谦虚谨慎,也明白学无止境的道理。在这样一节课上,学生的学习从了解基本大意开始发散开去,有语言运用的训练,有创新思考的碰撞,更有情感启迪的震撼,从始至终也并未偏离情境教学的基本要求,这份教学设计的思路可供一线教师们参考。

四、研究反思

（一）情境教学的关键在于因材施教

很多教师会认为情境教学之下,学生一定能加深对文本的理解,但情境教学只是教学方法之一,实施后的教学效果依旧要结合学生的学情和教学目标来预测和分析。笔者经过研究总结出,若想要达成满意的教学目标,最主要的是基于学情构建好通向教学目标的桥梁,即情境设计需要能够被当前学生的价值观所接受和认可,并在当前价值观的基础上嵌入知识和新的价值观,让"德智融合"自然地、无痕迹地发生。这就需要每个教师对当前时代下整体学生的状态进行了解和把控。换句话说,了解学生和理解教学目的比设计教学方法本身更加重要。笔者始终坚信教有常法却无定法,期待每位教师都能形成自己关于情境教学的逻辑体系和实操思路。

（二）情境教学的设计方法值得深入研究

本文结合当前教师运用情境教学的误区对情境教学的注意事项进行了初步总结,但是情境教学的理论仍待完善,例如如何设计学生认可和接受的情境并实现对价值观的引导和知识的教育,情境教学的评价手段等,如此种种都是非常有意义的研究方向,值得大家共同探讨和研究。

参考文献：

[1]苏霍姆林斯基.帕夫雷什中学[M].北京:教育科学出版社,1983.

[2]丁伟.李吉林的教育人生[J].江苏教育,2020(57):8-15.

[3]于淑宁.情境教学法在高中思想政治课法治教学中的运用研究[D].上海:上海师范大学,2022.

[4]叶丽新."情境"的理解维度与"情境化试题"的设计框架——以语文学科为例[J].课程·教材·教法,2019,39(05):107-113.

[5]王意如,徐思源.《义务教育语文课程标准(2022年版)》解析与课例[M].上海:华东师范大学出版社,2023.

基于情境学习理论的初中美术协作式教学活动设计

弓新丹

【摘要】 情境化教学作为一种教学策略,能够促进美术学科专业知识和学生具身学习经验的密切融合,有效地将抽象的理论知识转化为生动的感知过程。本研究尝试在初中美术协作式教学活动中分层分类地实施情境化教学,结合学生已有的生活认知与情感体验,创设贯穿全程的主题情境、问题情境、生活情境、文化情境,引导学生在相应情境中沉浸式感知、品味、探究、创作、评价。一体化、探究性、协同式教学情境的推进,激发了初中生对艺术学习的内在热情,加速了教师教学方式和学生学习方式的转型发展。

【关键词】 情境化教学;协作式探究;美术活动设计;学科核心素养

一、研究背景

21世纪,科学技术的飞速发展,人工智能与移动学习的多维普及,知识与技能的加速更新,不仅改变了信息传播的形态,也改变了我们接受信息的方式。在信息加量加载、资源极其丰富、知识随处可得的现状下,学生的学习行为与协作方式也突破了时间和空间的限制,开始变成一种"跨越边界""随时随地"的行为。基于这样的现状,如何运用有效的教学策略和方法创设综合、融通、协作、创新的教与学模式,发展审美综合能力,提升学科核心素养,是新时代艺术教育工作者需要不断思考、孜孜求索的重要问题。

1. 推进情境理论落地,加速教学方式转型

纵观课程发展现状,可以发现许多课程论专家都开始聚焦于情境学习、情境认知等一系列围绕着"情境"的全新课程观。他们不满足于传统学校教育以课堂、教师和书本为中心的教学模式,更加强调生活与实践的重要性,以及协作式、探究性学习基于真实的生活经验所具有的感受性、主体性、合作性、情境性。于是,情境理论、情

境教学逐渐走进教育领域和教育一线,成为更多教育工作者关注的焦点。

《义务教育课程方案(2022年版)》的颁布也对新一阶段的教育教学提出了新要求和新挑战,教育工作者要在实践中逐步建立起真正以人为本、以核心素养为导向的新型育人方式和培养模式。落实到学科层面,《义务教育艺术课程标准(2022年版)》着力体现了坚持学生为本、强化素养导向、突出艺术特色、凸显美育功能、促进学科融合等特点。因此,我们要把激发兴趣与学习内驱力、尊重差异、增强自信、发展素养、形成特长等作为教学基本要求,充分体现核心素养培育的具身性、综合性、情境性等特点。

2. 激发学生学习热情,提升美术核心素养

艺术类课程偏重于感性认知,关注学生的艺术感受与审美体验。美术作为培养学生艺术素养的专业课程,其课程定位、教学目标、学习需求与情境理论的要素是高度契合的。情境化教学作为一种教学策略,能够促进美术学科专业知识和学生具身学习经验的密切融合,有效地将抽象的理论知识转化为生动的感知过程,也能够满足美术学科核心素养的维度要求,加速教师教学方式和学生学习方式的转型发展。

初中生在艺术学习上有一定的理论基础和实践能力,也有着较强的好奇心和求知欲,他们渴望丰富充实的知识,也渴望生动有趣的课堂。在当下的初中美术教学中,许多教师开始尝试在课堂导入环节采用图片、视频、故事、音乐等多媒体资源来引入课题,这样的方式能够在一定程度上吸引学生的注意,激发学生的兴趣,但难以让他们持久地沉浸在课题的学习中。作为一线教师,我们要以教材的要求和学生的需求为设计重心,以情境化教学为基本策略,充分利用图、文、声、像等多方位的教学资源,创设融汇、贯穿在多个教学环节的一体化、探究性、协同式教学情境,引导学生在美术教学中沉浸式感知、品味与欣赏,激发学生对艺术学习的内在热情,使其积极、主动地参与到具体的课程学习中,实现情境化教学在初中美术教学实践中的有效运用。

二、理论取向

1. 情境认知与情境学习理论

情境认知是认知心理学家的术语,主要关注个体认知与环境间的关系。它将知识和行动同步引入学习者的文化建构中,强调在合适的情境中活动和运用知识能够促进学习者的理解和把握。情境学习的思想早而有之,杜威、怀特海、维果斯基、列

昂节夫的理论中都曾表达过这样的理念。而后，布朗、柯林斯、杜盖德联名发表的《情境认知与文化》从心理学的认知角度说明了学校中的情境化活动在获得知识方面的重要性，强调了学习与认知的情境本质。莱夫与温格合作的《情境学习：合法的边缘性参与》一书则用合法的边缘性参与来描绘了情境学习的过程。这些研究都在提示后来者们关注知识、学习和教学的情境性。

在情境学习理论看来，知识是基于社会情境的一种活动，是个体与环境交互作用过程中建构的一种交互状态，是一种人类协调一系列行为去适应动态变化发展的环境的能力。情境学习理论的研究强调真实的学习情境，将学习者浸润于学习共同体中，克服惰性知识的产生，保持认知与实践的整合，提供个性化的学习环境，激发学生的学习动机和参与行动，促进高阶思维和问题解决能力的发展，并获得支持终身学习所需的元认知能力和自我学习能力。

2. 初中美术情境化教学的设计原则与实施框架

初中美术情境化教学活动设计应关注学科的独特价值，根据教材内容来确定情境类型、收集资料、增设活动、创建关联、加强协作，鼓励学生探索更多跨学科、跨主题、跨文化理解的实践探究。作为教学活动内容的一线设计者与实施者，我们要注意在"情境"和"教学"两者间寻求平衡点和共同点，不可过分追求某一要素的单向度输出。首先，课程设计要聚焦美术学科核心素养，明确学生应具备的必备品格和关键能力，注重学生的全面发展与可持续发展。其次，课程设计要基于美术学科内含的人文性、审美性、感受性，注重价值取向的时代性、科学性和多样性，充分发挥美术与生活、美术与自然、美术与情感、美术与多元文化之间的跨界与融通。

传统美术教学常常将知识、技能与生活相分离，教学活动过程与学生真实的情感体验之间缺乏长效的链接，难以持续地调动初中学段学生的学习力和参与度，这样的现状也导致了初中阶段学生在艺术学习能力上的不均与匮乏。因此，笔者尝试在初中美术教学中实施情境化教学（图1），以教材的要求和学生的需求为设计重心，结合学生已有的生活认知与情感体验，创设不同的主题情境、问题情境、生活情境、文化情境，融汇多元的情境来设置每堂课的主线环节和支线任务，激发学生对艺术学习与小组协作的内在热情，促使其积极、主动地参与到各个环节的学习与探索中。

```
                    建境
        ┌────────┬────┴────┬────────┐
        ↓        ↓         ↓        ↓
     主题情境  问题情境  生活情境  文化情境
        │        └────┬────┘        │
        │             ↓             │
        │           入境             │
        │             ↓             │
        │           探境             │
        │             ↓             │
        │           绘境             │
        │             ↓             │
        └──────────→复境←───────────┘
```

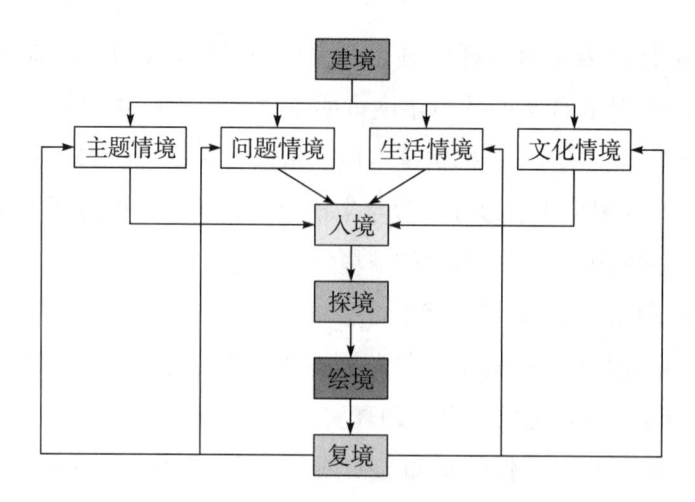

图1 初中美术情境化教学实施框架图

三、实践探究

《威武的门神》是七年级《美术》第一学期"民间美术"单元中的一课，意图让学生走进传统习俗、了解门神年画、绘制门神形象，感受这一艺术形象和风俗仪式的悠长历史与丰富内涵，鼓励学生继承弘扬传统民俗民艺。

从古至今，我国各地区都有在农历新年张贴门神年画的习俗，门神画以独特的人物造型、典型的用色搭配、威武的气质神韵、美好的寓意象征传存于世，既表达了人们对美好生活的向往，也散发出浓郁的地方风味，成为中华民族历史悠久、意义深厚的文化遗产。本课的教学对象是七年级学生，他们在单元前期学习中对民间美术的品类特征、工艺制作、艺术魅力等进行了多样化的探索，具备一定的认知背景；同时，他们长期在都市中生活缺乏对于传统民俗的了解和体验，对门神形象比较陌生，难以快速融入课题情境。

因此，本课根据课标的理念要求、教材的基本内容和本校七年级学生的具体学情，创设了以下情境化教学流程(图2)和小组协作任务单(表1)，在对门神故事的推进中让学生主动走进门神传说的历史长河，浸润风俗民情；在对造型元素的探究中动脑思考、动手创造，掌握绘制门神形象的技巧；让传统艺术在他们的手中重焕光彩，呈现时代魅力。

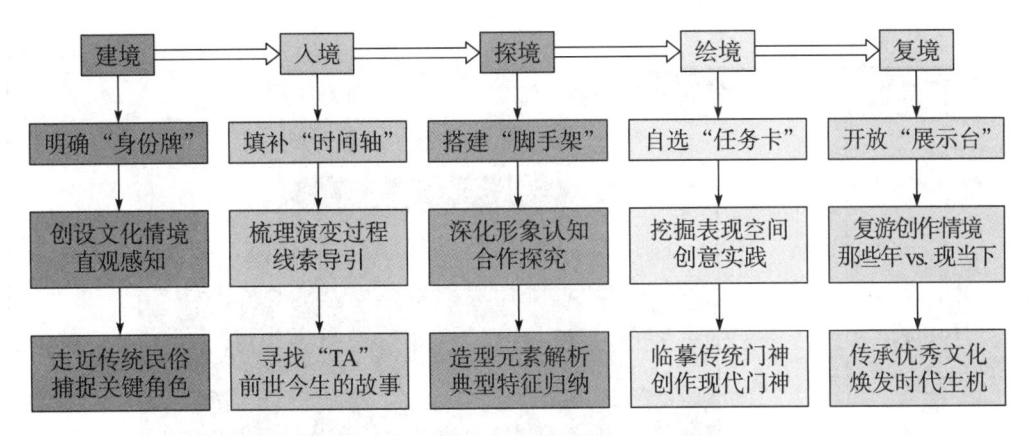

第四章　循循善诱：参与式智慧分享 | 147

```
建境 → 入境 → 探境 → 绘境 → 复境
 ↓      ↓      ↓      ↓      ↓
明确"身份牌"  填补"时间轴"  搭建"脚手架"  自选"任务卡"  开放"展示台"
 ↓      ↓      ↓      ↓      ↓
创设文化情境  梳理演变过程  深化形象认知  挖掘表现空间  复游创作情境
直观感知     线索导引     合作探究     创意实践     那些年 vs. 现当下
 ↓      ↓      ↓      ↓      ↓
走近传统民俗  寻找"TA"    造型元素解析  临摹传统门神  传承优秀文化
捕捉关键角色  前世今生的故事 典型特征归纳  创作现代门神  焕发时代生机
```

图 2　《威武的门神》情境化教学流程图

表 1　《威武的门神》小组协作任务单

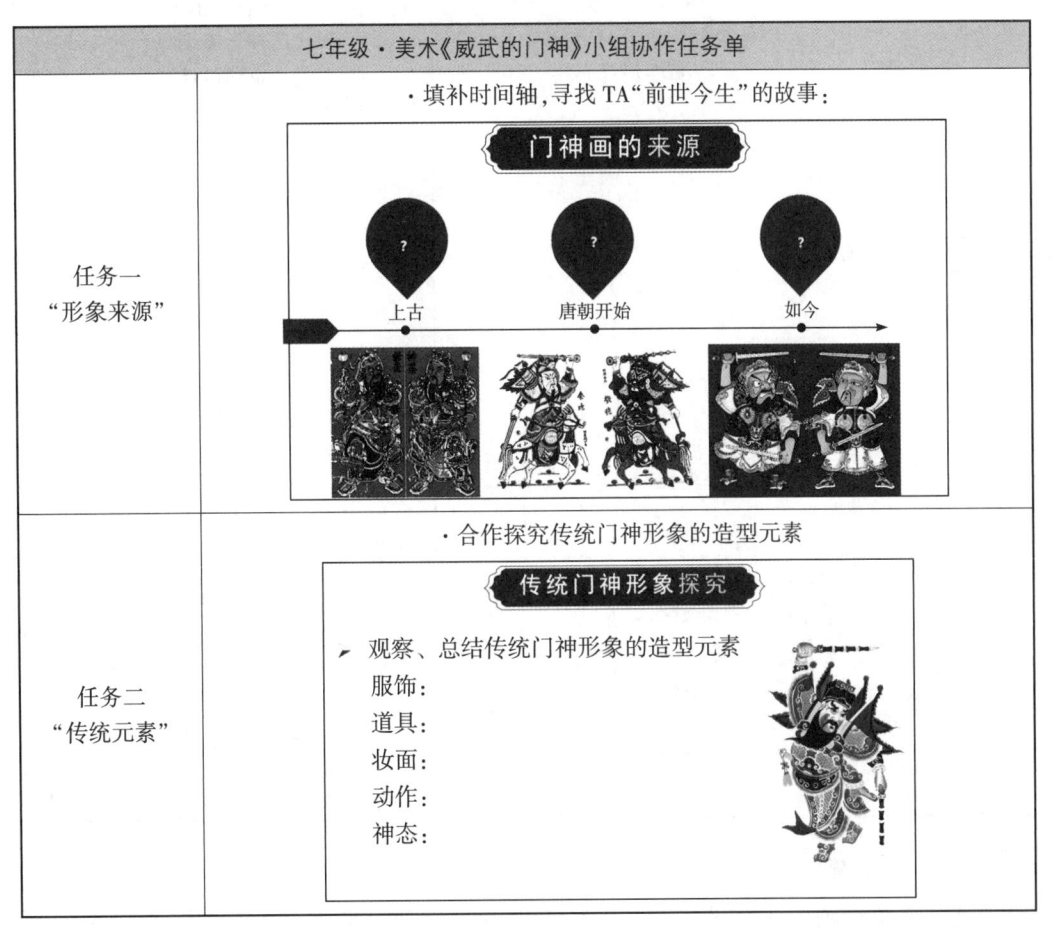

	七年级·美术《威武的门神》小组协作任务单
任务一 "形象来源"	·填补时间轴，寻找 TA "前世今生"的故事： 门神画的来源 上古　唐朝开始　如今
任务二 "传统元素"	·合作探究传统门神形象的造型元素 传统门神形象探究 ➤ 观察、总结传统门神形象的造型元素 服饰： 道具： 妆面： 动作： 神态：

续 表

七年级·美术《威武的门神》小组协作任务单	
任务三 "时代新貌"	·头脑风暴现代门神形象的创新空间 现代门神形象再创造 ➤ 卡通人物、Q版表情、生肖动物元素的加入
任务四 "创作实践"	·任务卡 A 传统门神形象经典再现 （草图设计） ·任务卡 B 现代门神形象创意设计 （草图设计）
小组成员 协作明细	学号：＿＿＿ 姓名：＿＿＿＿ 分工：＿＿＿＿＿＿＿＿＿＿＿ 学号：＿＿＿ 姓名：＿＿＿＿ 分工：＿＿＿＿＿＿＿＿＿＿＿ 学号：＿＿＿ 姓名：＿＿＿＿ 分工：＿＿＿＿＿＿＿＿＿＿＿ 学号：＿＿＿ 姓名：＿＿＿＿ 分工：＿＿＿＿＿＿＿＿＿＿＿ 学号：＿＿＿ 姓名：＿＿＿＿ 分工：＿＿＿＿＿＿＿＿＿＿＿ 学号：＿＿＿ 姓名：＿＿＿＿ 分工：＿＿＿＿＿＿＿＿＿＿＿ 初一 ＿＿＿ 班

1. 建境：明确"身份牌"

观看视频动画中的情节故事，直观感知，捕捉线索，明确身份，在关于门神的文化情境中直观感知陌生的视觉形象，激发学生对传统门神形象和历史传说的兴趣，引导学生迅速进入课题情境。

图 3　《威武的门神》课堂导入

2. 入境：填补"时间轴"

触发"时间轴填补"的支线任务，各组学生根据时间轴上已有的线索碎片，尝试填充门神在几个时期的角色演变，梳理出门神"前世今生"的传奇故事。在对形象的揭示和时间线的探索中，门神形象更加深入人心。

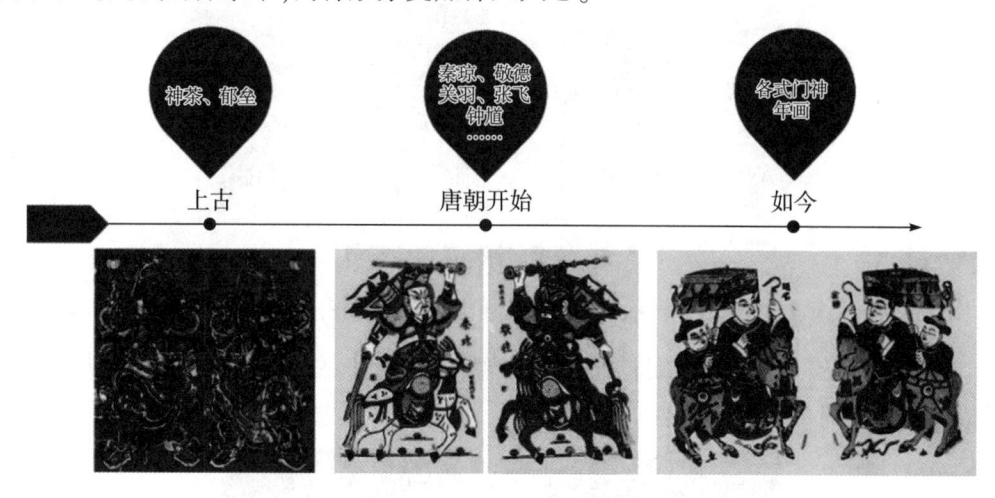

图 4　门神画的角色演变

3. 探境：搭建"脚手架"

在历史长河中，随着朝代的更迭，门神形象屡经演变，承载了不同时期人们的精神信仰。学生以小组为单位，自由朗读关于"门神文化"的民间谚语吉词，欣赏比较各式门神画作品，分析总结传统门神画的功能性特点和艺术性特点；从传统门神形象探究和现代门神形象创造两方面，拓宽学生对多元化形象的体认空间，挖掘表现传统题材与时俱进的可能性。

（1）合作探究传统门神形象的造型元素

传统元素解析：观察图示的传统门神，结合课本第14、15页的门神作品，尝试从服饰、道具、妆面、动作、神态等方面捕捉传统门神的突出特征。

（2）头脑风暴现代门神形象的创新空间

如何传承创新:欣赏范画,思考如何在传统题材的创作中加入现代元素,呈现创意思维,如卡通人物、Q版表情、生肖动物元素的加入,创意表现门神形象。

4. 绘境:自选"任务卡"

传统门神形象在几千年的更迭中,有很多经典造型元素流传了下来,也在一代代画者的手中出现了新的创造和生机。本环节设置了个性化的分层任务和创作实例,指导学生在特定情境的不同纬度中寻找多元化的创作角度,既有标准度,又有开放度。

(1) 任务卡 A——传统门神形象经典再现

尝试从服饰、道具、妆面、动作、神态等方面生动再现传统门神威武庄严的形象风貌。

图 5-6　传统门神形象创作实例

(2) 任务卡 B——现代门神形象创意设计

探索在传统门神形象基础之上卡通人物、Q版表情、生肖动物等元素的加入,挖掘传统题材与时俱进的可能性。

图 7-8　现代门神形象创作实例

5. 复境:开放"展示台"

(1) 展示与评价

完成创作后,我们在班级里举办了"门神年画集市"。各组同学分别身兼两种角色——摊主和顾客,摊主负责向大家展示、介绍自己摊位上门神画的特色与创意,顾客可以在游览集市的过程中选出最喜欢的门神画作品,对其造型、形象、动作、神态等方面的呈现进行点评。这样的形式极大地激励了全体同学的参与热情,大家对彼此的作品也有了更加深入的理解和学习。

（2）回顾与思考

在今天，门神画可能离我们的都市生活越来越远了，但门神威严的形象、神勇的故事、传奇的历史一直流传下来，寄托着人们对美好生活的向往、对吉祥幸福的期盼，中国民间艺术更是犹如一株常春藤，古老而长青。课上，我们深入文化情境，了解了门神画的来源、特点、传统表现与时代传承，感受了这一艺术形象和风俗仪式的悠长历史与丰富内涵，激发了学生对民俗文化的自豪感和认同感。课后，请同学们进一步挖掘、思考门神画在"那些年"与"现当下"发生形象变化、数量减少的现象与成因，以自己的方式继承、弘扬中华民族传统文化艺术，让它们在新时代也能够重焕光彩。

四、成效思考

情境学习理论的发展推动了教育教学对于知识与环境、个体与群体、单一与综合的深入理解与丰富实践，而教育的有效性离不开教学活动在时间上的延绵和空间上的嵌套。面对新时代更加丰富多样、生动真实的学习资源，我们要鼓励学生带着所获取的知识走出课堂与课本，走向社会、历史与文化，不断延伸、拓展教育的边界，走向跨界发展与协同共生的新篇章。在此基础上，我们如何推动这样的构想转变为教师可教、学生可学的具体样态？

1. 转变教师角色观念

在情境化教学中，教师不再仅是知识的控制者和传输者，还是共同体中的一员，是学生的脚手架。多主体、多层次、多空间的交流与协作使师生、生生都从权威式的上下关系转向同伴式的平行关系。优秀的学习共同体是以合作、参与为基础的学习群体，学生在这样的学习情境中主动投入，分散参与到自己感兴趣的支线任务中，共研问题解决、共商合作路径、共享学习资源、共获学习成果，提升学习效率。

2. 重视学生情境参与

参与不仅仅是为了发展必要的认知和技能，更深的意义在于激发动机与建构身份。远离学生经验的参与对学生自身的发展无益，只有以学生的真实兴趣和内在需要为基础的参与才有意义。当学生认识到参与有意义的学习活动是学习的基本动机时，就获得了学习活动的内在价值，才可以更投入地参与活动、完成任务。而当我们把参与嵌入情境，在情境中运用所习得的知识的同时，也是在塑造着自身的身份。当学习者沉浸地参与课堂实践时，产生的身份认同和能力意识会转化为足够的情感激励和成功体验，促使其在学习过程中产生正向效益，有助于更多后续学习行为的发生与展开。

3. 组织多元互动评价

相比以往教师为主体、仅针对作品的评价，课例中开放的评价情境鼓励学习者们采用多种技能和行为方式展示学习成果。正如情境学习理论所倡导的全面、真实的多元评价，教师对学习者的观察、学习者的自我认同、参与者之间的相互评价都应纳入我们的课堂评价生态中。在本堂课的情境化学习中，开放的任务环境有了更多的资源和角度可供学习者选择，评价标准便不同于以往的标准化测试，呈现的方案、过程与成果也同样具有开放性、灵活性和多样性。

4. 体现德智融合价值

本研究通过一体化、协作式的教学活动情境设计，激发了初中生对艺术学习的内在热情，促使全体学生积极、主动地参与到各个环节的学习与探索中。这样的美育过程渗透了德育和智育的思想与内容，让学生在更为轻松愉悦、形象生动的探索中获得了多维能力与素养的提升，紧扣了新课标以核心素养为导向的上位要求，彰显了"德智融合"育人理念的实践价值。

参考文献：

[1] 中华人民共和国教育部.义务教育艺术课程标准(2022年版)[M].北京:北京师范大学出版社,2022.

[2] 高有华.国际课程专家的课程视野[M].安徽:安徽师范大学出版社,2012.

[3] [美]罗伯特·J.马扎诺,黛布拉·皮克林,塔米·赫夫尔鲍尔.高度参与的课堂:提高学生专注力的沉浸式教学[M].白洁,译.北京:中国青年出版社,2019.

[4] 杜宏斌.聚焦核心素养 凸显美育功能——义务教育艺术课程标准(2022年版)解读[J].基础教育课程,2022(09):57-64.

[5] 李吉林.为儿童学习构建情境课程[J].中国教育学刊,2016(10):4-7.

[6] 陈秋怡.情境学习理论文献综述[J].基础教育研究,2016(19):38-41,63.

[7] 崔允漷,王中男.学习如何发生:情境学习理论的诠释[J].教育科学研究,2012(07):28-32.

[8] 杨焓.情境学习理论及其对教学改革的启示[D].武汉:华中师范大学,2012.

[9] 余亮,黄荣怀.活动理论视角下协作学习活动的基本要素[J].远程教育杂志,2014,32(01):48-55.

写好文章　学做真人

——"德智融合"视域下的单元作文教学设计反思

何歆敏

【摘要】本文以统编版六年级上单元作文设计作为主内容,对教材中的德育要素、智育要点进行梳理后,结合审题立意、构思着笔、评价修改这三个可视环节,总结了情境法、空白法、思维导图法、以读促写法、对话法五个"德智融合"路径。

【关键词】作文教学;"德智融合";单元设计

《论语·宪问》中说"有德者必有言,有言者不必有德",德言或可二分,然有德者则德言一致。《尚书·尧典》称"诗言志",情志托诗文溢于纸端。故而扬雄有"心声心画"论,王充有"德弥盛者文弥缛"说。所谓"气盛言宜",文辞、文风、文品,归于人格、人品。文如其人,文中见人。

义务教育阶段语文课程的根本任务即"立德树人","坚持德育为先,提升智育水平"。以此为基础,于漪老师提出了"德智融合"这一要求,强调"'德智融合'不是两张皮,而是把学科中固有的育人资源和知识传授、能力培养融合起来,播撒到学生心中"。在语文教学中,写作自然成为德育和智育实现融合的前沿阵地。本文将借助对统编版语文六年级上的单元作文设计,试图挖掘德育智育要点,寻找"德智融合"要素,总结实践理论要求,探索培根铸魂、立德树人的教育实践载体。

一、梳理单元要求,明确融合目标

《义务教育语文课程标准》规定,第三学段(5—6年级)的学生在表达与交流部分需"能写简单的纪实作文和想象作文,内容具体,感情真实。能根据内容表达的需要,分段表述。学写读书笔记,学写常见应用文"。"观察周围事物""积累习作素材""修改自己的习作"既是在写作方面的要求,也可视为方法提示。为落实核心素养导向的教学目标,"中华优秀传统文化""革命文化""社会主义先进文化"均作为人格培养的基质,服务于教学,以达到培育民族归属感和自豪感、民族气节、爱国情怀这一德育目的。可见,在普世性原则之外,民族性亦是语文学科德育的突出特点。

立足语文学科本身所固有的育人资源,借助统编版语文教材的"语文素养"与"人文精神"双线组元结构要求,笔者对单元导语、语文园地、综合性学习等材料中的涉及人格培养及写作技巧的要点进行梳理整合,总结如下:

表1 单元写作要素与资源整合表

单元	人文主题	语文要素	单元导语	语文园地	综合性学习
第一单元	触摸自然	能根据所读的内容想开去;习作时发挥想象,把重点部分写得详细一些	感受自然魅力,关注景物描写,在获得审美体验同时,积累写景抒情片段	联系生活经验展开联想,写景时融入自己的感受,激发创造力;排比句、分号的用法;写景类诗句积累	交友之道,《管鲍之交》《割席断交》
第二单元	革命岁月	了解文章是怎样点面结合写场面的;学习场面描写的方法	了解先烈英雄事迹,感受革命者豪情,受到心灵洗礼,激发起为民族富强而奋斗的信念;学习场面描写的方法,勾画整体和刻画布局	"说"的不同表达;阅读《毛主席在山花》《狱中联欢》,学习场景和细节描写;爱国主义诗句积累	
第三单元	策略单元:如何有目的地阅读	根据不同的阅读目的,选择恰当的阅读方法	认识人类文明的创造,思考宇宙生命的奥秘	交流阅读方法;"入迷"场面的仿写;分点罗列,陈述观点	
第四单元	小说	读小说,关注情节、环境,感受人物形象	在生死抉择、美好心灵、深重苦难中,获得情感熏陶和心灵启迪;品味叙述和描写的语言,丰富语言积累	抓住语言、动作、心理,借助情节、环境感受老支书、桑娜、老班长的人物形象;感受《三国演义》中关羽、张飞英勇之气;体会桑娜、小战士忐忑不安和犹豫不决的心理	
第五单元	习作单元:围绕中心意思写	体会文章是怎样围绕中心意思来写的	用心感受生活,发现生活中的美,丰富精神世界;感受描写的巧妙	发现生活,发现美,还要有自己的独特感受;拟声词的表达效果	

续　表

单元	人文主题	语文要素	单元导语	语文园地	综合性学习
第六单元	艺术之美	借助语言文字展开想象，体会艺术之美	领悟艺术的奥妙，获得美的熏陶，提升审美品位	成语积累，如高山流水、余音绕梁等	了解汉字历史，传承汉字文化，鉴赏汉字之美

二、分析单元要点，紧扣主题设计

在"热爱生活，热爱写作"的主题下，第一单元作文的要求为打捞生活中的见闻、感受和想法，寻找有趣、有意义、感触深的素材，完成话题作文。四个参考话题(新的校园，新的环境；我是中学生了，感觉真棒；我的新同桌真幽默；校园里有这么一个有趣的地方)可分为两条写作路径。一为写人记事，捕捉"人物"写好精神，抓住"趣味"展示活动，写作技巧着重于对素材的选取。在德育主题的挖掘上，可从"热爱"入手，强化学生积极乐观的人生态度，锤炼品格提升意志；或借助综合性学习中《管鲍之交》《割席断交》这两则故事，挖掘古人风骨，引导学生书写生活中的"人物"，挖掘精神、学习品格。二为写景抒情，描摹万物，抒发情感，以观察能力为基础，借助写景技巧(如融情于景、动静结合、声色结合、想象、象征)，品悟自然景物、社会风光中凝结的精神力量和哲学启示，提示精神境界。在想象和联想的训练中，强化对个性体悟的引导，打开思维的路径，确定写作的重点，实现"德智融合"目标。

第二单元"多彩的活动"是在"如何记事"这一纬度进行的写作训练。在学生具备素材的择取基础上，本单元的写作训练要点为写清楚活动过程，印象深刻部分重点写，写活动场面时，既要关注整个场景，也要注意同学的表现，写神态、动作、语言；强调对活动体会的提炼和表达。遵从读写结合的思路，教师可牵引学生回忆本单元《狼牙山五壮士》《灯光》《我的战友邱少云》三篇革命战争文学，学习点面结合的写作技巧，挖掘场面的可写性、人物的闪光点，以实现精神学习、品格陶养的德育目标。在"时代人物"的追溯中，教师顺势引导学生寻找新时代的闪光人物，在"多彩的活动"中发掘时代风貌，在"闪光的人物"身上看到精神脊梁。

第三单元为半命题作文"_____让生活更美好"。超越主观的"有趣、有意义、感触深"，"生活"一词将本次训练的要点集中在"价值观"的判断。"美好"不仅是个人的生命体验，更是人类的理性探索。各式表达方式、各类语用风格服务于价值判断，教师的重点是为"价值"理清层次、明确意义，帮助学生感受其背后的"美好"，选取事件，挖掘"美好"的不同层次、多种维度，扩展文本深度、写出思维厚度，感受生命价值,领略文明意蕴。

第四单元为虚构性写作"笔尖流出的故事"。基本要求为情节曲折,人物鲜明,着重强化环境描写、心理描写。关羽、张飞、老班长、老支书、桑娜,古今中西各色人物以其崇高的精神速写进入德育的话语空间,教师可辅以情节、环境,带领学生感受人物的"内心",强化写作技巧的同时,忠义、牺牲、仁爱、善良均可浸润学生的灵魂。

第五单元为话题作文,写感受最深的人或事。教师需帮助学生做好选材,写出层次、写出广度、写出厚度,写出对生活的独特感受。在立意和选材的双重任务下,如何全面、客观、深刻地认识事物是本次德育的重点。链接课文,在夏日的生机、雨天的快乐、小站的温暖中,学习以小见大的写作技法,汲取日常生活中的生机力量。

第六单元为命题作文"我的拿手好戏"。在提纲的指导训练下,学生需进行写作顺序、详略安排的练习。以人文主题——"艺术之美"为切口,教师可借助综合性学习"汉字之美",引导学生感受文化的魅力,强化民族认同、文化自信,顺势遵从学生个体的艺术经验,链接《月光曲》《京剧趣谈》《伯牙鼓琴》《书戴嵩画牛》,挖掘艺术之美背后的德性之真。

六年级上册的单元作文,以"热爱"作为精神主线,囊括日常生活的所有向度。从单一的活动的"多彩",延展至多种事件的"美好",记事上既有场面描写的要求,更有价值指引的梯度。在虚构性文本创作中,人物脱离了其整体的场面,获得了环境、情节的辅助,成为写作训练的重点。从虚构过渡到非虚构,"感受最深"这个潜台词,始终离不开对经验的打捞,其目的亦承接了第一单元"热爱"这一关键词,企图在学生的思维空间建筑正向引领、生命经幡。"艺术之美"作为文化养料,试图为中华传统优秀文化、社会主义先进文化赋予骨血,起着丰盈生命空间、唤醒美学意识、厚植文化筋骨的作用。

三、巧借指导方法,驱动德智同行

遵从作文教学的一般逻辑,笔者试从审题立意、构思着笔、评价修改这三个可视环节,尝试对单元作文教学路径进行梳理,总结了情境法、空白法、思维导图法、读写结合法、对话法。

(一)审题立意

1. 情境法

情境教育理论学家认为情感驱动原理、暗示倾向原理、角色转换原理、心理场整合原理是儿童主动学习的四大基本原理——创立移情机制;以无意识、情感作为纽带牵引学生走向意识和理性;在贴近角色中,实现物我共通、情感共振;创建富有美感、智慧、情趣的学习场域,激活心理场、推动学生学。"真、美、情、思",即意境说的四大核心元素。

情动而辞发,境真而意切。在话题、半命题、命题的作文训练模式下,激活个体经验、培养发散思维,成为作文"言之有物"的必要前提。以美的样式还原真实情境,情生而思动,学生思维获得深度、厚度、广度的同时,审题立意这一写作技巧也得以训练。如在第二单元,"多彩的活动"话题作文的指导中,教师可以利用本单元的教材情境、国家的节日情境、学生的生活情境,以爱国主义作为德育目标,在校园活动中贯彻集体主义精神,挖掘素材、提升立意、训练技巧。课堂伊始,教师将学生的日常活动影像以视频方式呈现,全景式的场面、特写式人像相互交织,配以字幕帮助学生回顾"多彩"活动。学生在记忆的导引下开展小组讨论,挑选"最有意义"的活动进行阐述推介。教师顺势帮助学生梳理活动的写作要点如详略得当、点面结合、人物生动。在"最有意义"这一价值判断的甄别中,师生结合《七律·长征》《狼牙山五壮士》《开国大典》《灯光》《我的战友邱少云》这五篇文章,感受爱国主义精神的丰富层次——乐观主义、英雄主义、集体主义,反观"校园活动"寻找"闪光人物",将其人格精神作为写作的重点,实现立意升格。人物生动,恰是在真实的人物描写之上,经过品格的提炼,达到精神充沛、品格崇高这一德育要点,肖像、语言、动作、心理的择取,是细节的凝练更是精神的打捞。"多彩的活动"不仅引导学生热爱生活,也让他们在革命情境和现实语境的互动中获得了价值判断、人格陶养。

2. 空白法

接受美学家伊瑟尔提出了"召唤结构"的概念,认为文学作品的文本中应存在"未定点"(indeterminacy)、"空白"(grasp)等设计,目的是引发读者在阅读过程中进行自由想象以填补作者对文本的价值理解。

在"笔尖流出的故事"这一虚构性写作任务下,三组环境、人物组成了一个"召唤结构",教师需借助联想、想象等思维路径,带领学生找到故事的生长点,补充情节这一关键要素。本单元为"如何写好故事"做的储备有:《桥》中有转折(山洪咆哮)、冲突(排队问题)、悬念(父子关系),《穷人》中有抉择(收养小孩)、悬念(渔夫的态度),《金色的鱼钩》中有反常(老班长、金色的鱼钩)、困境(病和饥)。教师以表格形式梳理各个篇目的情节技法,顺势引导学生完成"主旨"一栏的填空,引导学生领悟故事背后的责任意识、善良人性、革命精神。学生任选一组素材,结合环境和人物提示选取恰当的情节技法,确定主旨。在技巧展示完成后,教师下发"讲好故事"写作活动任务表,请同学们为主人公设置"冲突""抉择"等情节,确定主旨。

例如：

表 2　"讲好故事"写作活动任务表

题目	环境	人物	冲突	抉择	主旨
"寒冰"中盛放的丁香花	开满丁香花的校园	淘气包张明 外号"小辣椒"的班长王寒冰 充满活力的年轻班主任李军	捣乱纪律	要不要告状	团结友爱 严明守纪 集体主义

老汉没有喊出的话、桑娜的沉默，作为一个"未定点"，同样为德育提供了契机。在学生进行情节设计时，要引导学生进行日常经验的联想，找到不解的细节、奇怪的经验，随机对情境中的人物进行内心活动的速写和揣摩，帮助学生走进人物深处。如王寒冰在"要不要告状"这一抉择中，矛盾点在于同学友谊、班级纪律的情理冲突。如何担起责任，是王寒冰的困惑，学习集体精神，是张明的成长。教师如果可以引导学生为二人设计"未定点"，即意味着在思维上摆脱了浅表和单一，拥有了深度和温度，主旨也就褪去假大空式的概念，实现了真实真挚、含蓄蕴藉。如张明的抉择，是在个人主义和集体主义间徘徊，眼神的变化、语言的迟疑间，含而不露，即可呈现人物的丰富内心。

（二）构思着笔

1. 思维导图法

"古人云：'形在江海之上，心存魏阙之下。'神思之谓也。"神与物游，思接千载，文章之神思视而无形、闻而无声。但文章之高下，归于神思，止于构形。思维导图的运用，恰好可实现思维的可视化，服务于作文教学。

"写感受最深的人或事"话题作文设计中，写人记事类的技法已在上阶段得到训练，本单元的难点在于择取有效材料完成对"感受"的深度表达。所谓深度，是由表及里、从外至内、由感性向理性的挖掘。圆圈图、气泡图、双气泡图、树形图、括号图、流程图、复流程图、桥形图这八个基本形式，分别为学习某一特征、全面认识事物、比较分析、分类归纳、区分整体局部、展示过程、厘清因果、学会类比服务。挖掘"感受"深度时，可借助圆圈图进行头脑风暴式自由讨论，扩展选材范围。联系第五单元个人经验、自然感知、社会感悟这三种维度的感受，教师借助树状图对"深度"的层次进行分类，得出个我获得感、集体成就感、社会价值感、哲学体悟感四维空间。人物和事件，在价值观的辅助下获得了深度挖掘，选材和构思的逻辑则由树状图、流程图组成复合结构，进行图示表达。所选事例一次排开，与人物之深度呼应，组成文章。

2. 以读促写法

在写作中,如何写的问题不仅是一种写作设想更是一种写作实践。在"我的拿手好戏"这一命题作文的指导中,写作要点为逻辑顺序、详略安排,对应提升思维的连续性及辩证性。行文顺序,《京剧趣谈》从实到虚、由动及静的说明逻辑,《故宫博物院》的空间顺序,《盼》得雨衣、盼下雨、穿雨衣的发展顺序,《夏天里的成长》生物、事物、人成长的递进逻辑,《宇宙生命之谜》的提出问题、解决问题的逻辑顺序,都给予了较好的启示。详略安排则可参照《书戴嵩画牛》,杜处士之动作、牧童之语言,皆作详写,各有深意,褒贬不一。"笑而然之"以简略笔墨,收束故事,余味悠长;艺术之"谬"背后,有苏轼的敦厚之古道、蕴藉之美学;"戏",恰恰需要浓重之墨烘托;"好"更应有恬淡蕴藉点染。《月光曲》从听者着笔盛赞乐曲,借想象建筑艺术之宫,月光下的钢琴曲是绝美的,为穷苦人民弹奏的贝多芬亦是高尚的。教师在设计教学环节时,可进行思路梳理,读写对照,以读促写。写是技巧,人是筋骨。传神写照,摹写的是方法,积淀的是精神。

(三) 评价修改

巴赫金指出:"单一的声音什么也结束不了,什么也解决不了,两个声音才是生命的最低条件,生存的最低条件。"佐藤学追溯对话教学传统,认为学习的快乐就是走向对话中的教学。对话自然成为作文教学的有效路径,服务于德智融合。

作文教学中,对话法的运用从客体看有与教材对话、与自我对话、与同伴对话,从对话阶段看有写作前对话、写作中对话、写作后对话,从对话场域看有课堂中对话、实践中对话。鉴于对话形式、方法之多样性,对话可在情境法、空白法、思维导图法、以读促写法中贯穿,遵从民主化原则,建筑学习共同体。此次,笔者重点从写作后的评价修改这一环节,企图以对话法实现作文升格。

1. 自我对话。作文评价需从单一走向多主体,教师批改作文到学生自主批改作文,即借助角色转换原理,推动学生展开自我心灵对话。人格修养、价值态度、审美情趣,皆可在关照中得到净化、提升。

2. 同伴对话。教师可组织学生以小组形式进行作文互评,借助批注和量表组织作文表彰会,完成对文章立意、选材、结构、语言、书写五个维度的评价。评价中,除却基本的五个评价维度,教师需提取单元训练重点,建构对应的评价量表,继续指导学生完成自我修改、集体修改。作文升格的突破口,即德育智育融合的切口,它集中在人物描写、故事叙述、抒情议论之中,目的是挖掘人物真精神、写出人物真风采、讲述成长新故事、提炼成长正能量。

作文教学要实现"德智融合",必须扎根于情境,调动"召唤结构",在思维导图的辅助下，读写并进，建立完整的讲、写、评、改一体化机制。但作文的训练，不局限于课堂，不受制于教学；人格的培养，不固守于教材，不止步于现状。在任务群、项目化等概念的指引下，作文教学也会具备群组化、项目性，和其他素养结合，与其他学科并进。思维之路径和技巧之罗盘两相结合，写好文章和学做真人，自是水到渠成。

参考文献：
[1]李吉林.中国式儿童情境学习范式的建构[J].教育研究,2017,38(03):91-102.
[2]黄音.沿波讨源"德智融合,学科育人"教育思想　专访"人民教育家"于漪[J].上海教育,2023(13):6-9.
[3]巴赫金.诗学与访谈——陀思妥耶夫斯基诗学问题[M].白春仁,顾亚玲,译.河北:河北教育出版社.1998.
[4]佐藤学.学习的快乐　走向对话[M]钟启泉,译.教育科学出版社.2004.
[5]中华人民共和国教育部.义务教育语文课程标准(2022年版)[M].北京:北京师范大学出版社.2022.

生生高效互动　堂堂素养生成

李宴雨

【摘要】 随着《义务教育体育与健康课程标准(2022年版)》(以下简称《新课标》)的颁布与实施,教师构建高质量课堂,令学生的学习真实有效发生,促进落实核心素养,是当下教育的发展趋势与要求。生生之间如何进行有效互动,使得课堂教学互动更加高效,课堂教学更具有质量?本文试图从设置合理情境,搭建温馨交流平台,研磨互动语言,尊重学生差异,多样评价学习效果,关注课堂"边缘者"等角度进行探索,让生生互动真实发生,落实核心素养的养成,促进"德智融合"目标的达成。

【关键词】 课堂质量;有效互动;自由探究

《新课标》下的体育学科教学不再以传授知识为中心,而是转变为帮助学生通过参与教学实践活动逐步养成涵盖运动能力、健康行为与体育品德三方面内容的综合能力。互动体育课堂不单纯地指课堂上师生之间、与教学内容文本间的对话,其外延还包括自由探究时间、课余时间生生之间的对话互动交流。(生生对话不是毫无目的地进行,而是在教师的正确引导下进行的一种学习方式。)让学生在自由探究时间互动积极、交流有效,是促进高效课堂发生、落实合作探究学习方式的重要策略之一。

一、创设多种情境,搭建展示互动平台

《新课标》指出,教师应利用多模态教学方法与手段,激发学生的自觉学练积极性,让学生在主动参与的过程中获得更多运动体验感,促进良好的运动习惯形成。教师根据教学内容设置合理的多种情境,减少课堂"边缘者",让更多的学生参与展示,融入互动。

(一)利用项目特点,促进互动发生

造成课堂"边缘者"现象的原因大致有:① 课堂"边缘者"自身的原因;② 已进行互动团体的原因;③ 场地等其他原因。如何减少课堂"边缘者"?笔者认为最有效的解决方法是利用运动项目特点,创设合理情境,让学生自主分析,从主观意愿上去真正发生更多的互动交流。

以篮球运动项目为例,笔者在课中常见到的分组形式是以朋友分组居多的单人对抗、多人对抗。此时易出现课堂"边缘者",以注视的第三视角身份去"参与"篮球运动。对此,在课堂开始前,笔者利用学生的认知,以不同观点去引导学生,如:竞技比赛以取得优胜为目的,那么我们篮球运动想要取胜,应该怎么对本方队员进行布阵呢?站在竞技篮球立场去考虑,为了增加本方获胜的概率,有学生会认为需要一个抢篮板很厉害的大前锋,一个得分后卫等,视线也会逐渐分布到课堂"边缘者"身上,由此缩小了与课堂"边缘者"的距离,激发学生互动欲望。

（二）丰富教学内容,提高互动实效

利用多模态教学方法与手段促进学生的学习发生,是教师应具有的教学能力之一。不只以技术教学为中心,更要丰富教学内容,介绍运动项目特点与发展历史、预防与处理运动损伤、竞赛规则等,使得学生建立完整的运动项目概念,充分利用项目元素,增加与同伴间的互动频次。

在田径赛类项目教学中,以单个技术动作教学为主,个人形式参与练习较为枯燥,且练习的延续性不强;相反,团队合作,队伍中有参赛的、有发令的、有计时的,分工明确不仅给学生的练习带来了乐趣,拉长了练习的延续性,也增进了学生对田径项目的理解。运动项目的多元素融合,丰富了教学内容,提高了学生的人际交往能力,帮助他们形成正确的竞争意识。

二、精心研磨方案,营造温暖互动平台

了解关心学生,精心研磨生生互动过程,营造一个友爱暖心的交流氛围,促进高效互动的发生。

（一）关注情感培养,营造互动氛围

《新课标》指出,体育与健康课程要培养具有良好情绪与健康行为的人。教师关注学生的认知感受、情感体验,师生在教学与学习过程中要达到一致的知识与技能认同感,从而在有情感共鸣、价值观认同的基础上发生更多的互动环节。

在七年级《体育锻炼与环境适应》、九年级《体育锻炼与心理健康》课时讲解时,让学生结合喜欢的运动项目阐述自己的疑惑,不具体指明某个人,只描述事件中存在的相关情绪体验,如比分落后队伍中队员的情绪行为表现。分析相同事件下不同队员不同情绪体验的原因,引导学生换位思考,关注学生情感变化,以情绪感染的方式促使学生达成情感认同,全面分析问题原因,消除负面情绪,以正确的方式表达,学会安慰同伴,建立正确的竞争观。

（二）重视教师指引,提升互动有效

互动就是思维想法的交流与碰撞过程,生生在此过程中避免不了产生主观偏执

想法,这就需要教师发挥指引作用,合理提升有效互动。

在体育比赛中,教师发现学生们经常出现集体利益与个人利益冲突现象,部分学生在团队中会选择以个人利益为主,再考虑平衡集体利益。对此,教师如何进行正确引导呢？笔者认为可以用真实发生的案例指引教学。讲述中国女排的奋斗史,带学生观看女排从20世纪的"五连冠"到21世纪的重大赛事一路夺冠的视频,向学生们展示由每一个女排姑娘的故事组成的中国女排精神,队员们与伤病的每次斗争都是集体利益与个人利益的博弈,最终她们为了国家利益、集体利益,舍弃个人利益,艰苦奋斗、顽强拼搏,见证了升国旗、奏国歌的伟大瞬间。学生们在讨论过程中,逐渐认同集体利益与个人利益的关系,胸存大志,在体育比赛中实现"德智融合"过程。

三、尊重学生差异,用好高效的互动平台

学生作为独立的个体,教师在尊重他们个性差异的同时,也要尊重他们因能力差异而提出不同方面的观点。为学生提供同等条件的体育资源,鼓励学生在参与教学过程中畅所欲言,充分激发学生参与研讨的积极性,引导学生充分表达自我。

(一) 灵活运用,构建框架

在完整的教学实施过程中,教师要善于利用学生已有的认知去构建知识框架,调动学生各方面的感受去主动参与探究学习,这样的知识建构是完整且深刻的,具有长期影响力。

在《体育运动项目鉴赏》一课中,从课堂表现与反馈来看,大多数学生更多关注运动员的名牌穿着,互相攀比。出现这种情况时,教师要充分尊重学生的个性差异,更要引导他们建立正确的价值观与体育观。教师可以让学生观看《夺冠》电影,从中国女排备战三场重要比赛历程,了解"女排精神"的内涵,懂得"艰苦奋斗、顽强拼搏"的含义,实现"德智融合"的教学目标。利用竞技赛场的酣畅淋漓,引发学生情感共鸣,培养学生的家国情怀。学生喜欢体育明星,追求名牌是正常的青春期表现,教师要引导学生通过榜样力量完善知识储备,建立正确的世界观,提升社会责任感,实现属于自己的人生价值,落实核心素养的养成,完成"德智融合"目标。

(二) 多元评价,助力学习

在教学中,教师在充分尊重学生个性差异的同时,也要鼓励学生大胆提出观点,敢于质疑。教师为学生提供同等条件的教学资源,设置多元化评价方式,让每个学生都有平等机会展示自己的体育能力。

在《预防与处理运动损伤》一课中,学生对参与体育锻炼存有疑问,即主动参与

体育锻炼会增强综合运动能力，但会有运动损伤的风险。学生由于认知不同，对主动参与体育锻炼持有不同的意见，一部分学生觉得出现运动损伤是常见的，但有部分学生觉得不应该参加体育锻炼，从而规避运动损伤。对此，教师可以设置合理情境，增加互动探究环节，明确参与体育锻炼的科学性与长期性的重要理念，帮助学生树立正确的体育运动观，增强安全意识，正确处理由于运动方法不当而出现的运动损伤。

生生互动是落实学生主动探究能力的重要途径之一。高效的生生互动激发学生调动多种感受主动参与体育运动项目的学练之中，使学生获得该运动项目的乐趣体验，建立完整的运动项目概念，提高综合运动能力，加强终身体育意识，落实核心素养的养成。

四、反思实践成果

（一）增强运动体验

关注不同体能状况、兴趣以及爱好的学生，制定合理的教学目标，选择合适的内容与方法手段，激发学生参与体育运动的热情。减少课堂"边缘者"，引导学生通过不同角色扮演完成学练活动，逐步适应体育活动中的运动强度与运动负荷，增强对各运动项目学练的乐趣体验，培养体育锻炼的意识与行为。

（二）关注思维生成

体育教师要明确教育植根于爱，爱是教育的源泉。给学生营造有爱的学习氛围，学生可以与同伴、教师进行有效交流互动，自由发挥想象力，在互动中勇于展示思维、质疑思维。教师有了爱，会用伯乐的眼光去发现学生的闪光点，利用在学生互动中捕捉到的思维表达与行为展现，高效组织教学，促进有效学习的发生。

（三）促进"德智融合"

学生通过参与多样化的体育活动，逐步提升综合体能。在参与体育活动的过程中，遇到苦难及时应对、积极克服，培养不畏困难、顽强拼搏的意志品质；面对失败与成功，发挥教育机智，提高问题分析与问题解决能力，高效促进"德智融合"的发生。

参考文献：

[1]于可霞.核心素养视域下开展小学数学互动教学的策略[J].天天爱科学（教学研究），2023(07):58-60.

[2]朱丽娜.借助多维互动对话，助推小学语文教学[J].天天爱科学（教学研究），2023(07):7-9.

[3]宗怡帆.互动教学在初中英语教学实践中的应用[J].中学课程辅导,2023(19):51-53.

[4]蔡雨耘,王柏林,张瀛心.快乐的"小扣子"怎样扣"扣子"?——重庆中小学思政课堂创新观察[J].当代党员,2023(13):62-63.

[5]李维.基于思维导图的初中数学解题教学研究——以函数为例[D].太原:太原师范学院,2023.

[6]陈清贤.把好互动三个"点" 高效课堂放光彩[J].名师在线,2023(18):45-47.

[7]季浏.《义务教育体育与健康课程标准(2022年版)》突出的重点与主要变化[J].课程·教材·教法,2022,42(10):54-59.

[8]蔡瑞金,鲍红艳,季浏.结构化技能教学与儿童青少年运动自我概念、体育学习兴趣的关系研究[J].成都体育学院学报,2022,48(05):104-110.

[9]季浏.基于核心素养的体育实践课课时教学设计与实施——《义务教育体育与健康课程标准(2022年版)》专家解读[J].体育教学,2022,42(08):4-7.

构建初中生命科学课堂学习共同体的教学策略研究

——以《人体的性状和遗传现象》一课为例

李玉娟

【摘要】 新课程标准改革下的学校教学越来越强调学生学习的主体地位。本文以初中生命科学《人体的性状和遗传现象》一课的教学设计为例，阐明将学习共同体理论应用于初中生命科学教学过程中的策略与成效，表明学习共同体理论对于提升初中生命科学课堂教学质量、体现"德智融合"教育目标的指导作用。

【关键词】 学习共同体；初中生命科学；教学策略；"德智融合"

一、研究背景

当下，新课程标准改革正如火如荼地进行，社会各界对学校教育提出了更高的要求与期待，学校教学也正经历着由传统"三中心"（教师中心、教材中心、课堂中心）向杜威提出的"新三中心"，即学生中心、活动中心和经验中心的转变。学校教育越来越主张将学习的主动权交还于学生，核心素养培育亦强调学生在学习过程中的主体性地位。从社会建构主义视角来看，教育作为一种培养人的活动，其本质是人与人之间相互影响的活动，学习者通过进入不同的共同体，不断地进行与他人的交互活动来构建自己的知识。因此，若能在课堂教学中构建恰切的学习共同体，将有助于课堂教学质量的提升和教学活动中学生主体性的实现。在此背景下，借助学习共同体理论优化初中生命科学课堂教学、实现"德智融合"的教育目标，进而落实立德树人的根本任务具有高度的可行性和必要性。

二、学习共同体的概念及意义

学习共同体（learning community）是指由学习者和助学者（通常是教师，也包括专家和家长）共同构成的关系网络和学习型团体，以完成共同的学习任务为载体，团体成员在平等、民主、共享的氛围中，彼此对话、交流、协商、互助、合作，在完成共同愿景和获得个体与团体共同发展的过程中形成强烈的归属感。[1]学习共同体的概念最早可以追溯到美国教育家杜威,杜威强调教育即生活,而生活中少不了人与人之间的交往和互动,因此学校不应该成为专门学习知识和技能的场所,也应该注重学生之间以及师生之间共同体的交往和互动。日本学者佐藤学继承了杜威的"共同体"理念,以内尔·诺丁斯的"关心理论"为基础,提出学习共同体的核心愿景是保障每一位学生的学习权,教师通过指导学生完成高挑战、高质量的学习任务,引导学生成为自主学习者、深度学习者乃至创造者,"学习共同体"追求的并不是"同",而是在"差异"之中个体重新建构知识的意义与关系。[2]"学习共同体"关注学生的心理状态,强调在安全、润泽的环境中进行教与学,建立师生之间的深度联结;关注学习任务的设计,强调学习任务要具有挑战性,引导学习的真实发生;关注课堂学习方法,强调学生自主学习、彼此倾听、互相学习;关注师生在课堂中的角色定位,教师不再是课堂教学的中心,而是发挥着助学者的作用,帮助学生更好地学习知识;关注课堂生态,强调保障每一个共同体成员的学习权与学习机会。[3]

三、构建初中生命科学课堂学习共同体的教学实践与策略

本文以《人体的性状和遗传现象》一课的教学为例,探究构建初中生命科学课堂学习共同体的教学策略与实施效果。《人体的性状和遗传现象》是上教版初中《生命科学》第一册第2章第3节"基因与人体性状"第一课时的内容,是初中遗传学部分的第一课,也是学生第一次在课堂上接触关于生物遗传方面的内容。基因控制生物性状是本节内容的难点。先引导学生接触经典遗传的几个关键名词——性状、相对性状、遗传,再逐步深入到后面的染色体、基因、变异、性别决定等内容,这样的内容组织符合学生的认知规律,体现了学科内在的逻辑与学生认识规律的统一。学生对本节课的新概念均是初次接触,这些概念虽不难,但如何让学生正确地认知对于整个遗传学内容的学习而言是非常重要的,所以本节课的重点是引导学生深入理解性状、相对性状、遗传的概念,并能够正确区分生物的相对性状。本节课主要从以下几方面做出努力以促进课堂学习共同体的建构。

(一)广泛挖掘素材,营造轻松、安全的学习氛围

研究表明,师生共同体的质量是影响教育质量的重要因素,在和谐、平等的师生关系中,学生乐学、好学,容易表现出较高的学习主动性和自觉性。[4]学习共同体理论认为教师在课堂上必须营造安全、润泽的环境,让学生能够在学习过程中安心地表达自己的困惑。

为了营造润泽的学习氛围,本节课在备课过程中广泛挖掘各类图文素材。引入环节设计了"人物画像"活动,教师给学生提供两条线索,学生根据线索粗描出人物形象。线索一选择了一段流行音乐《龙的传人》,学生在熟悉的音乐中获取歌词里的关键信息。线索二为一段小学生作文《我的爸爸》节选,学生继续提取作文中的外貌信息,绘出"人物画像",引导学生初步感知"性状"的概念包含了人体的形态特征和生理特性两个方面。导入环节后,选择了能调动学生兴趣的明星亲子照片,进行"火眼金睛"游戏,也即"亲子配对",在配对活动中学生能初步感知到性状在亲子之间具有较大的相似性,为后续探究性状遗传做铺垫。这两个环节任务均较为简单且能迅速吸引学生的注意力和兴趣,使学生能在轻松、愉悦、安全的氛围中进入本节课的学习。在后续的教学环节中继续使用了丰富的图片、视频资料,并给每一位学生分发了银杏叶进行实物观察。这节课作为学生接触遗传学知识的第一节,设计相对简单、轻松的学习任务和导入情境,更有利于学生之间形成彼此尊重、分享的学习共同体氛围,同时也能够帮助学生建立学习信心和学习生命科学的兴趣。

(二)转变角色定位,教师发挥助学者作用

在学习共同体理论中,教师与学生都是这一共同体的成员,但学生是学习活动的中心,教师起到帮助学生学习的作用,师生应是彼此倾听,而非教师讲、学生听。教师需要尽量精简教学设计,使学生自主思考,相互探讨,教师则更多的是倾听、记录与串联。在本节课的教学设计过程中,考虑到这是学生第一次接触遗传学内容,需要教师加以讲解的新概念较多,因此最初的教学设计中教师讲解比重较大。虽然在讲解过程中举了很多例子,但试讲下来效果并不理想,对多个新概念的讲解使大部分学生失去了耐心,课堂上能够观察到一部分学生的注意力开始分散。课后借由学习共同体理论修改教学设计后,加入了更多的学生小组活动,教师仅仅引入教学情境、提出核心问题,而问题的答案和概念的内涵均由学生在活动和思考中自主得出。实施下来可以看到当教师将主动权还给学生以后,课堂的生成性大大增加,学生的参与度和思维活跃度也大幅提升,由学生自己总结概念的内涵更能实现本节课的教学目标。

(三)关注小组合作学习过程,保障学习共同体有效组织

学校是通过教师的帮助和学生的合作来实现学生独自一人无法进行的学习的场域,课堂中学生的学习不是孤立存在的,而是依存于环境、他者和自我认知之中的。[5]新课标强调学生在学习活动中的主体性,因此,现在的学校教学均提倡组织学生进行小组合作学习。然而小组合作学习并非一切教学问题的答案,有学者总结,在小组合作学习中,经常会出现四类参与度很低的学生,分别是无法参与到小组学习的"学困者"、无法融入小组的"受斥者"、试图"搭便车"逃避学习任务的"偷懒者"

和小组合作中的"独行者",这些类型的学生被统称为合作学习中的"边缘人"。[6]这些"边缘人"的存在使得小组合作学习难以保障每一位学生的学习权,长此以往反而有失教育公平。在学习共同体理论中,学生在小组讨论中的思考不是为了能够达到共识,小组间也不再以竞争作为第一要务,而是着眼于在探究问题的过程中使学生群体中的差异化个体都能够自由表达各自的不同想法,进而实现学生之间互相借鉴、互相倾听,并探讨出更多理解知识的可能性。这一理论强调在教师的引导下,学生通过建立积极表达、相互倾听的协同关系,实现自主管理、解决问题的目标。在这一理论的指导下,本节课设置了多个小组讨论活动,在小组讨论过程中教师不以得出正确答案为目的,而是始终关注讨论过程中小组内学生的表达,并通过巡视关注学生小组合作学习状态,鼓励每位学生积极表达自己的想法,而其他组员需要认真倾听并做出回应。值得一提的是,初中生命科学课程主要涉及各种与学生自身或与实际生活密切相关的知识内容,与生活联系紧密的特性能够使每位学生通过发挥生活常识及个体经验知识产生想法与不同视角下的观点,学困生与学优生之间的知识差距往往并不明显,因此在小组讨论中容易形成较好的以分享、表达、倾听、协商为主的学习共同体氛围。

(四)增加问题的难度与开放度,留出学生思维发展空间

学习共同体理论的提出是想要引领学生从浅层次的学习走向深度学习,而简单的、结构良好的问题往往具有固定的答案,问题的开放度很低,难以促进学生的思维发展,深度学习也就难以发生。在教学设计过程中,结合本节课的教学重点,教师提出了两个能够拓展学生思维的结构不良的问题:"遗传现象有哪些实际应用?请举例说明""调查常见性状在你家族中的分布情况,并与本节课上的班级统计结果作对比,初步做出你的分析"。这两个问题对于初中生,尤其是第一次接触遗传学的学生而言具有一定的难度,但生命科学与实际生活联系密切,学生可以结合个人兴趣及生活体验从不同角度分析问题并得出各自不同的答案。遗传现象的实际应用这一问题放在课堂上经由学生小组之间头脑风暴以后在班级中进行交流,不同学生的观点分享进一步丰富学生的认知。性状调查和分析作为留给学生的实践作业,既能够巩固本节课所学内容,又给足学生时间展开调查以及通过查阅资料做出各个维度的分析。在教学中设计这种有一定难度的、开放性较强的问题,能够很好地引导学生的思维发展,提升学生面对并解决真实世界中的复杂问题的能力,有利于学生的深度学习,同时也落实了本门学科的核心素养。

四、构建初中生命科学课堂学习共同体的成效与反思

相比于传统授受式的课堂,这种以活动和师生、生生互动为主的学习共同体的

课堂组织形式明显提高了学生的课堂参与度,对于教学目标的落实和教学任务的完成也有明显的提升作用,这说明将学习共同体理论应用到初中生命科学课堂教学中具有提升课堂教学效果的作用。具体而言,从以下四个方面表明构建课堂学习共同体对初中生命科学教学质量提升的适切性:

(一) 创设生活情境,营造学习共同体氛围

初中生命科学学习的知识内容与实际生活联系十分密切,以上教版教材为例,上册围绕人体与健康展开,所探讨的生命现象和生命活动规律学生均能在自己身上或亲身经历中体验到;下册围绕植物、动物、微生物等不同生物类群展开,这部分内容相对第一册更加直观,也更容易调动学生已有的丰富生活经验辅助学习。因此,初中生命科学在利用学生已有的经验知识构建学习共同体的实施中具有天然的学科优势。在教学设计中,教师可以尽量挖掘课堂教学内容与生活实际间的关联,创设恰切的生活情境,为学生搭建新知与已有经验之间的桥梁,同时营造出让学生感到愉悦、安全的润泽的学习环境,使学生都可以积极参与到学习共同体中,在课堂中营造良好的学习共同体氛围。

(二) 优化学习任务,发挥学习共同体魅力

初中生命科学作为一门"小学科",课时数远不及主科,因此对本学科教师来说,很现实的一个问题便是如何平衡有限的课时数与规定的教学任务之间的张力。为了提高效率、完成课程要求的教学任务,生命科学课堂往往容易出现教师唱独角戏的情景。然而,课堂教学既包含了教师的教也包含了学生的学,二者相辅相成才能达到良好的教学效果。为此,生命科学教师需要在传统授受式教学的基础上进一步优化学习任务。学习共同体理论强调学生是学习的主体,教师的身份是助学者,每个共同体成员都应对整个学习共同体承担责任。[7] 以此为导向,课堂教学任务的完成也不是教师一个人的责任,教师的职责不再是教材知识的传递者,而应进一步优化学习任务,积极赋权学生个体,引导每一位学生在课堂学习共同体中充分表达、交流、共享、协商,不断构建集体知识与个体知识,让课堂真正成为能够倾听学生声音、鼓励学生自主生成的场域,发挥学习共同体的魅力,提高课堂教与学的效率。

(三) 深化小组合作,增强学习共同体机能

小组合作学习是提高学生课堂学习主体性的重要途径,但若缺少教师的正确引导,小组合作学习中容易出现前述的几种"边缘人",反而使一部分学生主动或被动地失去学习与表达的机会。学习共同体理论同样重视小组合作学习,承认生生共同体之间的互动交流对整个学习共同体的重要影响。从情感层面来看,学生之间的交流、协商、合作能够激发学生的好奇心和求知欲,进而增强其学习的兴趣和主动性。

从知识建构层面来看,不同学生带进课堂的原有知识经验是各不相同的,生命科学课程知识与生活实际的密切联系使得每一位学生都能联系自身生活关注到问题的不同角度。在学习共同体中,不同学生之间的观点相互碰撞、相互补充、相互激发,能够促进学生对知识更全面、更深入的理解,进而形成对学科知识的意义建构。从组织运行层面而言,学习共同体是一种更新的师生、生生之间的组织关系,它强调每个人都应对整个共同体承担责任,并承认共同体中的每个人都是拥有自己专长并能够为他人提供适当帮助的"专家",教师不再是知识的权威,共同体成员之间应该营造出一种相互尊重、人人参与、彼此倾听、共享知识的氛围,鼓励成员之间对话协商、共同建构集体知识。为了增强学习共同体的机能,教师需在小组合作过程中观察每个成员的参与状态和参与模式,通过倾听、提问、质疑等方式引导并督促每一位成员承担起责任,深化小组合作学习的效能,维护学习共同体的有效运作。

(四)设计问题驱动,扩大学习共同体效应

实践表明,设计具有开放性、探索性、挑战性的结构不良的问题是扩大学习共同体效应的有效途径。学习共同体理论的提出是教育研究者们试图促进学生的深度学习,要实现这种效果,需要生命科学教师深入研读教材内容和课程标准,结合学科核心素养要求,找到问题的切入点,根据学生已有的认知经验设计具有挑战性的、开放性强的学习主题。利用恰当的问题设计驱动学生自主探究,促进学生的高阶思维发展,并引导学生从知识的获取走向知识的转化与应用,真正建立起课堂知识与实际生活问题的关联。通过课堂知识的迁移与应用,创造性地解决实际问题,扩大学习共同体效应,进而实现生命科学学科育人的目标。

课堂作为学校教育教学活动的基本单位,承担着特殊的社会功能和文化使命。不论是学习共同体理论的提出,还是培育学生核心素养的要求,最终目的都是指向每一位学生的社会化和全人发展,也可说是"德智融合"的发展。研究表明,学生学习的关键事件和发生机制有五种情况,分别是学习心理状态变化之时、独特认知风格显现之时、出现学习困顿之时、学生间社会关系呈现之时以及学习成果特征显露之时。[8]学习共同体理论特别关注到了学生的心理状态和师生之间、生生之间的社会关系,将课堂视为一个学习活动与情感交织的场域,一个在发展学生智慧与能力的同时又丰富、完善学生情感世界的重要场所,让学生在安全、润泽的环境中得到潜力的发展,进而促进深度学习的发生。在学习共同体理论的指导下,要通过教师积极地向学生赋权,构建课堂学习共同体,营造学生自主、互动、交流、协商的共同体关系,培育安全、尊重、共享的课堂文化等途径逐步让课堂成为学生生成智慧、学会交往、生命养成的场域,进而实现"德智融合"的教育目标。

参考文献:

[1]张晓娟,吕立杰.指向深度学习的课堂学习共同体建构[J].基础教育,2018,15(03):35-41.

[2][3][8]陈静静.学习共同体:走向深度学习[M].上海:华东师范大学出版社,2020:19-30,38-41,84-87.

[4]伏荣超.学习共同体理论及其对教育的启示[J].教育探索,2010(07):6-8.

[5]佐藤学.课程与教师[M].钟启泉,译.北京:教育科学出版社,2003:376.

[6]刘屹桥,黄伟.小组合作学习中的"边缘人"现象探析[J].基础教育课程,2021(07):37-43.

[7]时长江,刘彦朝.课堂学习共同体的意蕴及其建构[J].教育发展研究,2008(24):26-30.

小组合作对初中数学学习动力的影响

——以一次函数的教学设计为例

乐　凯

【摘要】 小组合作作为一种常用的教学方法,在数学课堂中为学生提供了合作与交流的环境,不只是教会学生运用数学知识解决实际问题,还在解决问题的过程中培养学生的道德观、价值观和人生观,在感性的德育与理性的数理计算相融合中,渗透德育思想。数学学习对于学生的学业发展至关重要,而学生的学习动力和兴趣往往会影响他们的学习成绩和学习效果。[1]本研究以自我决定理论为框架,探讨小组合作如何满足学生的自主性、能动性和归属感需求,从而促进学生的学习动机。同时,深入分析小组合作在解决"一次函数"相关问题中的应用,通过实证研究和学生反馈,验证小组合作可以提高学生的学习参与度和学习兴趣,且从多个维度可以进行德育渗透,强化学科核心素养与德育的契合。

【关键词】 小组合作;"德智融合";初中数学教育;自我决定理论;一次函数

一、引言

　　数学学习对于学生的学业发展至关重要,随着教育改革的不断发展,教育者不仅要关注知识的实在性,也要注意将德育元素融入教学过程,拓展育德方式与途径,提高育德效能。学生在数学学习中的动力和兴趣往往会影响他们的学习成绩和学习效果,在教学实践中,教育者一直在探索有效的教学方法来激发学生的学习动力,其中,小组合作作为一种常用的教学方法,被广泛运用在数学课堂中。[2]小组合作为学生提供了一个合作与交流的环境,但它不只是让学生一起合作,还可以对学生的学习动力产生积极的影响。[3]在初中数学教学中,可充分发挥小组合作模式的优势,将德育与核心素养相融合,提升德育效果。

　　然而,目前关于小组合作如何激发数学学习动力的研究还相对有限,特别是在初中数学教育方面。因此,本研究旨在深入探讨小组合作在初中数学课堂中的应用,探究小组合作如何能够有效激发数学学习动力。我们将通过观察小组合作活动并收集学生的反馈,找出小组合作在数学学习动力方面的优势和潜在挑战,为教育实践提供一定的启示,为教师提供更实用和有效的教学策略,帮助更多的学生在数学学习中保持积极的学习动力,提高学习的质量和效果,落实数学学科育人目标,体现数学学科育人价值。

二、理论框架:自我决定理论

自我决定理论用于解释个体在学习和行为中的动机和表现。该理论认为,人类天生具有对自我行为和决定的内在驱动力,当个体的基本心理需求得到满足时,他们会表现出更加积极主动的学习态度和行为。[4]

自我决定理论将个体的动机分为三种基本类型:内在动机、外在动机和自我调节动机。其中,内在动机是指个体出于兴趣、好奇心和满足感等内在因素而进行学习和行为。外在动机是指受到外部奖励、惩罚或压力等外在因素的影响而进行学习和行为。而自我调节动机则是介于内在动机和外在动机之间,个体在进行学习和行为时考虑到自己的价值观和目标。

在小组合作中,学生通过与同伴互动和参与集体活动,更有可能感受到自主性、能动性和归属感的满足,这是自我决定理论中心理需求的体现。小组合作提供了一个自由表达意见、共同决策和解决问题的平台,这种自主性激发了学生的内在动机,使他们更加主动、乐于探索和参与学习。

此外,小组合作也培养了学生的团队合作意识和社交技能,这有助于满足他们的归属感需求。学生在小组中获得同伴的认可和支持,形成良好的学习氛围,这对于提升学习动力和兴趣起到了积极的作用。[5]

基于自我决定理论的观点,我们预期在小组合作的学习环境中,学生将更加愿意主动参与数学学习活动,学习动力会更高,因为他们感受到了自主性、能动性和归属感的满足。这种积极的学习动力将有助于提高学生对数学学科的兴趣和投入,促进学习效果的提升。

值得注意的是,虽然自我决定理论为解释小组合作与学生数学学习动力之间的关系提供了有力的理论基础,我们仍然需要进一步实地观察和研究,以支持我们的研究结果。我们可以结合"一次函数"的相关数学知识来深入探讨。

三、小组合作与数学学习动力

(一)小组合作对学生学习动力的潜在影响

在学习"一次函数"这一数学主题时,小组合作潜在地满足学生的参与性、能动性和归属感需求。一次函数是一类线性函数,表达式为 $y=ax+b(a\neq 0)$,其中 a 和 b 是常数,x 和 y 分别代表自变量和因变量。小组合作可以通过以下方式潜在地影响学生的学习动力:

自主性和探索性学习:小组合作鼓励学生在小组内探索不同一次函数的特点和图像。学生可以自主选择不同的 a 和 b 值,观察对应的图像变化,从而激发出对一次函数的兴趣和好奇心。

能动性和成功体验:在小组合作中,学生可以相互交流和讨论解题思路,结合生活实际,自主提出数学问题,与教师讨论数学策略从而解决问题。整个经历是共同解决一次函数相关问题。这种合作可以帮助学生培养用数学的眼光观察世界的思维,培养学生社会责任感,形成良好的品格。

归属感和合作意识:学生在小组中共同学习,相互帮助,形成了一种团队合作的氛围。这种归属感和合作意识促进学生更积极地参与学习活动,因为他们感到自己是小组的一员,对小组的学习成果负有责任。

(二) 小组合作中学生的参与度

在学习一次函数的过程中,小组合作可以激发学生更积极地参与课堂活动。小组合作可以包括以下活动:

小组讨论:学生可以在小组内共同讨论一次函数的基本概念、性质和应用。他们可以交流各自的理解和解题思路,从而更好地理解和掌握一次函数的内容。

小组探究:学生可以以小组为单位,探究一次函数的图像特点、斜率和截距等重要概念。通过实际探索发现,学生更容易理解这些数学概念的意义和应用。

小组展示:每个小组可以设计并展示自己对一次函数的理解和学习成果。这种展示活动可以增加学生对学习的投入和积极性。

(三) 小组合作与学习氛围的营造

在小组合作的学习环境中,学生之间可以相互帮助和支持,共同解决一次函数的问题。这种支持性学习氛围可以降低学生的紧张和焦虑感,从而有助于提升学习动力。

鼓励交流:小组合作鼓励学生之间的交流和讨论,学生可以在小组内表达自己的疑惑和困难,得到同伴的帮助和解答。

促进合作:学生在小组合作中需要共同合作解决问题,形成一种团队意识。合作活动可以增加学生对学习的兴趣和参与度。

(四) 小组合作与学习兴趣的激发

通过小组合作,学生可以发现一次函数的实际应用和趣味之处。

实际问题探究:小组合作可以引导学生探究一次函数在实际问题中的应用,如直线运动和成本函数等。学生可以应用一次函数来解决与速度、距离和时间相关的问题,这些实际应用可以帮助学生更好地理解数学的意义和实用性,从而增加对数学学习的兴趣。

(五)小组合作与自主学习的关联

小组合作鼓励学生在学习过程中更加自主和主动。[6]

学习方式选择:学生可以根据自己的学习喜好和学习风格,选择适合自己的学习方式。有些学生可能更喜欢通过图像和实例来理解一次函数,而有些学生可能更喜欢通过公式和推导来学习。

问题解决策略:在小组合作中,学生可以相互交流解题思路和方法。这种交流可以帮助学生学习和掌握不同的解题策略,从而增强他们的自主学习能力。

(六)小组合作与学习动力的实证研究

(1)比较正比例函数和一次函数图像,讨论:

正比例函数图像特点,利用几个点做出了图像,函数图像与 x 轴所成角度有何规律。

(2)不同函数之间图像比较:

小组内先比较一组图像的位置关系,并提炼总结当一次项系数相同时,常数项的不同会带来什么影响。

实证研究结果:研究发现,小组合作在数学学习中有助于提高学生的学习动力。学生在学习"一次函数"等数学主题时表现出更高的学习积极性和参与度,更愿意提出问题和分享自己的观点,小组合作可以增加学生对数学学科的喜爱和投入,有助于提升学生的学习成绩,学生在小组合作中也更乐于帮助同伴解决困难。采用小组合作的教学方法可以显著提高学生在学习一次函数方面的学习动力和学习成绩。

学生反馈:学生普遍对小组合作表示喜欢,他们认为小组合作可以让学习变得更有趣和有意义。学生在小组合作中感受到了学习的乐趣,从而增强了学习的积极性。

四、小组合作在解决一次函数相关问题中的效果

问题1:某城市地铁系统的票价规定如下:前三站固定收费为12元,之后每增加一站,票价增加3元。现在请你们小组合作,通过一次函数来描述该城市地铁票价和乘坐站数之间的关系,并回答以下问题:

(1)请列出该一次函数的函数表达式;

（2）如果乘坐的站数为6，你们预测票价将是多少？

（3）如果有一位乘客支付了18元的票价，你们预测他乘坐了多少站？

问题2：继续使用前面的一次函数描述该城市地铁票价和乘坐站数之间的关系。现在请你们小组合作，通过一次函数来回答以下问题：

如果一位乘客支付了30元的票价，你们预测他乘坐了多少站？

在这两个问题中，学生们需要运用一次函数的函数表达式来解决不同的问题。在第一个问题中，他们需要通过已知的站数来计算票价；而在第二个问题中，他们需要通过已知的票价来计算乘坐的站数。

学生学习体验和动力激发：

通过解决这两个不同方向的问题，学生们需要更多地运用数学知识和解决问题的能力。在小组合作中，学生可以共同探讨不同的解题方法，相互交流思路，并共同找到解决方案。这样的合作讨论可以增强学生学习的深度和广度，提高解决问题的能力。

同时，解决两个方向的问题也可以帮助学生更深入地理解一次函数的特点和应用。通过不同的计算方向，学生可以更全面地认识一次函数的线性增长规律，加深对数学概念的理解和应用能力。

当深入研究小组合作在解决一次函数相关问题中的应用后，我们可以更详细地探讨小组合作在数学学习中的意义和对学生学习动力的影响。

五、反思成效

小组合作在解决一次函数相关问题中的应用对学生学习动力产生了积极的影响。在这个过程中，学生通过小组合作的方式，参与到实际问题的探索与解决中，从而增强了他们的学习动力和学习兴趣。本文通过探讨小组合作的优势，并结合实例分析，总结小组合作在数学学习中体现"德智融合"的价值如下：

（一）强化学习动机与参与度

波利亚认为："学东西最好的途径是亲自去发现它。"小组合作是一种积极主动的学习方式，能够增强学生学习的动机和兴趣。在小组内，学生可以相互交流、讨论、分享自己的观点和想法。他们的学习动机受到激发，因为他们知道自己的学习成果不仅仅影响个人，还会影响整个小组的成绩。这种合作性的学习环境使学生更愿意积极参与学习，并主动寻求解决问题的方法。通过小组合作，学生不仅学到数学知识和解决问题的方法，还可以培养数学建模、动手能力、数据分析能力和创新精神，实现"德智融合"。因此，小组合作为一种实际应用的学习方式，让学习变得更加有趣和有意义。

（二）培养合作与交流能力

在小组合作中，学生需要与小组成员合作，共同解决问题。这样的合作环境培养了学生的合作能力和团队精神。学生需要倾听他人的意见，表达自己的观点，共同制定解决方案。通过合作与交流，学生不仅学会了团队合作，还培养了良好的沟通技巧，这对于他们未来的社会交往和职业发展都具有重要意义。

（三）提高问题解决与创新能力

在教学实践中，发展学生的数学核心素养，让学生逐步学会用数学的眼光观察现实世界、用数学的思维思考现实世界、用数学的语言表达现实世界是非常重要的。在小组合作中，学生面对复杂多样的问题，需要从不同角度进行思考和解决。通过集思广益，学生能够学会分析问题，提出创新性的解决方案，并有效地解决问题。这种问题解决和创新能力的培养对于学生未来的学习和工作都具有重要意义。

（四）增强自主学习意识

小组合作启迪学生的辩证思维，使学生逐步形成严谨的科学态度和理性精神；鼓励学生主动参与学习过程，让学生成为学习的主导者。学生不再只是被动接受教师传授的知识，而是能够根据自己的学习风格和兴趣选择学习的内容和方式。这种自主学习的过程，让学生更加投入和享受，从而提高了学习动力和学习效果。

（五）促进终身学习的发展

小组合作在培养了学生的学习能力和学习兴趣，使他们对学习有了更积极的态度。这种积极的学习态度不仅仅在数学学科中有所体现，还会对学生的终身学习产生积极的影响。学生将更加乐于学习新知识，持续提高自己的学习能力，实现自我发展和成长。

结语

综上所述，小组合作在解决一次函数相关问题中的应用对学生学习动力产生了显著影响。它有利于增强学生的学习动机和兴趣，培养合作与交流能力，提高问题解决和创新能力，增强自主学习意识，促进终身学习的发展。教师在数学教学中应当充分认识到小组合作的重要性，并积极探索更好的教学方法，为学生提供更优质的数学学习体验，促进他们提高学习动力和全面发展。

数学价值融入育德过程不是一蹴而就的，需要潜移默化的熏陶，经历由量变到质变的过程，因此需要教育者在课程建设与教学过程中坚持数学的科学价值和人文价值的一致性原则，润物细无声。结合对小组合作在数学学习中的意义和重要性的全面探讨,我们可以更深刻地认识"德智融合"的价值和意义,在未来的数学教育中不断探索创新,充分挖掘教材中蕴含的德育元素。[8]从多个维度进行德育渗透,将小组合作应用于更多的数学主题;强化学科核心素养与德育的契合,突出数学学科独有的育人功能,为学生提供更优质的数学学习体验,激发他们对数学的兴趣和热爱,培养他们自主学习的能力,从而更好地实现全面发展。

参考文献:

[1] 徐利强.初中数学合作学习模式的实施方法[J].新课程,2021(06):147.

[2] 傅嘉斌.更新观念 激发意识——谈初中数学"自主学习"课堂模式[J].新课程导学,2015(02):80.

[3] 王红红,柳霈.导学互动模式在初中数学教学中的应用研究[J].中学课程辅导,2022(33):114-116.

[4] 周桂桃.浅议探究性学习在初中数学教学中的应用[J].数理天地(初中版),2023(09)68-70.

[5] 黎文辉.问题导学法在初中数学教学中的应用[J].科学咨询(科技·管理),2020(11):236.

[6] 冯亚.小组合作学习在数学课堂中的践行研究[J].成才之路,2016(09):62.

[7] 钟启全,崔允漷.核心素养与教学改革[M].上海:华东师范大学出版社,2019:9-10.

[8] 王坚.立德树人质效优化视域下德育圈构建的价值与路径[J].辽宁教育,2022(24):28-32.

第五章 望闻问切:量表式科学诊断

　　通过对学习实践中记录下来的相关行为数据的分析,挖掘出隐藏于背后的行为偏好、交互深度等有价值的信息,从而更好地为学生学习行为的干预、教师教学行为的改进以及家庭教育和社群教育的协同提供科学的依据。其优势在于可从数据、图式中精准把握并深入解读学生的学习行为和教师的教学习惯,理清"德智融合"教学的内在肌理,以期迭代课堂设计、优化教学策略、改进教学实施,构建指向"德智融合"的学习行为的支持体系。科学的研究工具让一线教师步入课堂深处,还原真实样貌,洞悉复杂情境,揭示内在机理,直击本质问题。

"德智融合"视角下提升初中生的化学定量思维能力

—— 以《饱和溶液与不饱和溶液》的教学实践为例

施嘉蕾

【摘要】 "德智融合"是指智力训练和德性引领两者应相辅相成,共同育人。对于初中化学学生而言,应在学习化学知识的同时,培养化学能力与科学态度价值观。定量思维是指从量的角度判断事物的变化规律,通过计算、比较、控制变量等科学方法实现对事物本质的理性思维过程。初中生应学会利用质量及比例关系定量认识反应,并体会到定量研究对化学发展的重大作用。

【关键词】 德智融合 定量思维 溶液 跨学科

一、问题的提出

(一) "德智融合"在初中化学中的体现

赫尔巴特在"教育性的教学"与"教学的教育性"的论述中提出:"教学如果没有德育,就是一种无目的的教育。德育如果没有教学,就是失去手段的教育。"智力训练和德性引领两者应相辅相成,共同育人。而在当下"基于智育"的学科教学中,存有"教学阻隔",缺少"教育关心",缺少"德性引领",不仅使学科教学越来越流于形式,学生也越来越走入功利化,这与教育培养人的宗旨是相背离的。所以在学科教学中,我们需要"德性引领"的回归。[1]因此于漪老师在21世纪正式提出"德智融合"思想,即以学科智育为核心,融合态度、情感、价值观的教育。

对于初中化学这门理科类学科,德育的价值并不在于传授道德价值,而是在于外践于行,培养学生正确的化学能力与科学态度价值观等。在化学教学的实践中,要把化学知识作为学生认识社会、解决问题的工具,通过教师富有教育性的教学方式使学生将课本知识应用于实际生活,掌握适应社会、改造社会的能力。[2]

(二) 化学定量思维能力

《普通高中化学课程标准(2017年版)》中提到了四大核心素养,其中一项为变化观念与平衡思想,其课程目标中提出"能从量变与质变等方面较全面地分析物质的化学变化"。为了方便进行评价,该素养分为由低到高四个水平,水平一为"能根据现象和数据概括化学变化发生的条件、特征与规律",水平二为"能运用化学计量单位定量分析化学变化",水平三为"初步学会使用控制变量法研究化学反应",水平四为"能利用定性定量结合方式揭示化学变化的本质"。[3]从基本水平的数据分析规律到高阶水平的定性定量相结合,都体现了定量思维的能力对于学生化学素养的重要性。

定量思维是指从数量的角度判断事物的变化规律,通过计算、比较、控制变量等科学方法实现对事物本质的理性思维过程。[4]在化学中是指用理论知识对具体的某个反应中各物质的量进行计算、推导等,以获得对该化学反应最本质的理解。[5]而在进行定量计算前需对物质先进行定性判断,因此在化学学科中往往会将定性思维和定量思维同时提及,两者的研究角度虽不同,但是却相辅相成、互为支撑。

所有事物都会体现出质和量,我们常提及"从定性到定量""量变引起质变"两种化学原理:即对于物质的认知往往从物质的性质入手,先初步了解物质基本的物理性质、化学性质,而后认知到性质背后所蕴含的物质的量的变化,从而更精确地认知性质;而对于部分反应,物质量的变化可能导致物质的性质发生根本改变。因此为了获得对事物的本质认知,我们在研究化学物质时也必须在定性认知的同时,对事物进行定量考察。

(三) 初中生的化学定量思维能力

《义务教育化学课程标准(2022年版)》中,提出了化学学科的核心素养为"化学观念、科学思维、科学探究与实践、科学态度与责任"。其中明确提出初中生应初步学会从定性和定量的视角研究物质的组成和变化。学生应掌握化学反应中各物质存在定量关系的化学观念,学会利用质量及比例关系定量认识反应,并体会到定量研究对化学学科发展的重大作用。[6]

学生对于化学的认知是一个从无到有的过程,先从定性角度认知物质,例如物质的结构、性质、用途,直至学习到物质的量和质量守恒定律后,学生才意识到化学反应中存在量的关系。而量的认知对学生的能力提出了较高的要求:相较于肉眼可见的定性研究,定量研究会涉及数学基本的计算能力与理性思维能力,学生往往在学习物质的量后已经出现了一定的障碍,再将量引入到新物质的学习会更困难。

国内学者提出了多种定量思维能力的培养方法。董海认为有三种方法培养初中生从定量角度解决问题——阅读化学史实、掌握定量实验方法、创设真实情境解决实际问题。[7]薛青峰认为在实验观察、证据推理、实验延展三个角度可以促进定量观念的生成。[8]程佳艺提出采用传感技术创新实验,使学生能从定量角度科学分析实验,并考察了学生将化学问题转为数学问题的科学思维:化学问题中经常会出现坐标图、分数、列方程等,因此学生要学会将化学问题进行数学处理,以数学工具为解决途径来促进定量思维的形成。[9]本研究将采用以下途径从"德智融合"的角度提升初中生化学的定量思维能力:以真实问题为切入口、以创新实验为实验基础、以数学工具证据推理为抓手、以定性定量思维结合的核心素养为根本。

二、研究意义

《溶液》处于沪教版九年级《化学》第三章节,分为《溶液》的组成《饱和溶液》《溶解度及溶解度曲线》《溶质质量分数》等课时。学生在认知溶液时先从定性角度入手,掌握分散系、溶液的组成、溶液的特征;在《饱和溶液》课时中再从定量角度认知,知道在一定温度下、一定量的溶剂里物质的溶解是有限度的,在溶解度课时中将限度概念具体化,并利用数学坐标轴工具绘制溶解度随温度变化的坐标图;最后是数学基本计算某饱和或不饱和溶液的溶质质量分数。

《饱和溶液与不饱和溶液》这一课时在《溶液》章节起到承上启下的关键作用。课堂实验以氯化钠、硝酸钾为例,两者溶解后饱和溶液与不饱和溶液均呈无色,且饱和溶液状态的判断受温度、一定体积水的影响,学生对于恰好饱和溶液观念的建立非常困难。一旦学生对于饱和溶液概念理解不清,在后续学习溶解度概念时就会出现更为明显的学习分化:溶解度在饱和溶液的基础上,提出了物质在各温度下 100 g 水中最多溶解的具体质量数值,且要结合坐标图绘制溶解度曲线,数形结合下定量认知的难度达到了高峰。

为了帮助学生掌握定量认知到溶质溶解的过程,在目前的教学研究中会采用电导率传感器或氯离子传感器作为工具。电导率传感器可较为直观地观察溶液中溶质的多少,但缺点为学生对于电导率概念较陌生,用一个陌生的概念辅助理解饱和溶液增大了认知难度。而氯离子传感器可以测量溶液中的氯离子浓度,在实际使用中氯离子传感器较为敏感、测量难度大,其量程有一定范围,常温下的饱和氯化钠溶液中的氯离子浓度会超过量程上限,导致传感器数据失效,所以使用不方便。

本研究采用的是初中物理中最为常见的电流表,配备齐全、使用方便。结合初中物理中的电流知识并铺垫一定的高中化学电解质概念,在一定体积的水中测量固定距离的两极间的电流值,电流值越大说明液体越导电,即所含溶质越多。此方法优点为跨学科使用电流作为测量溶质多少的指标,直观清晰、易于理解,其次引入电解质概念有利于学生深层次理解溶液、离子等概念,有助于初高中化学知识的衔接。

三、"德智融合"提升初中生化学的定量思维能力的教学实践

(一) 以真实问题为切入口

课堂中以电解质水为线索贯穿:引课时以电解质水作为研究主体,电解质水是近些年的"网红"产品,以补充电解质、恢复体力等作为卖点,不少学生会在体育课后饮用。电解质水贴近学生的生活,并且其"神奇"的功效也会激发学生学习兴趣,从而引导学生善于发现生活中的化学问题,并尝试以化学知识解释、解决问题。

图 1　引入真实生活中化学问题

学生体验"产品质检员"的身份,先从定性角度以前一课时《溶液》所学知识分析"电解质水"的成分表,分析溶液的成分,充分体现了化学在日常生活中的应用。同时引出电解质的概念,为后续建立电解质的多少与溶液导电能力强弱的关系打下基础。

图 2　定性角度认知"电解质水"

学生通过本节课的学习后能利用化学知识去对电解质水是否达到国家标准进行检验。在课堂的评价应用环节,考查学生解决实际问题的能力,从建立假设、设计实验、分析数据、得出结论等环节提升学生定量能力与科学探究能力。课堂还补充了过度摄入钠元素、氯元素可能导致的身体问题等知识,提倡学生科学饮用电解质水。这充分体现了"德智融合"中以化学视角解决生活问题、提升学生能力的要求。

情境应用　质检"电解质水"

国家对"运动饮料"的标准：NaCl>0.1g/L。

现有某品牌电解质水100mL，存放于细口瓶B中，其主要成分为NaCl。请你根据所学内容，设计实验对比判断该电解质水是否符合国标？如不符合，该如何改进？

提示：配置标准液？标准液的电流？待测液的电流？

信息分析　质检"电解质水"

温度	标准液的电流值	待测液的电流值
室温	电流表示数为3.0mA	电流表示数为2.7mA

实验结论：该电解质水不符合国家标准
改进措施：增加电解质、恒温蒸发

情境应用　质检"电解质水"

钠元素的摄入过高会引起高血压和脑血管病。
氯元素的摄入过高会导致代谢故障。
电解质水不是普通饮品，请同学们勿过多引用。

图3　"德智融合"视角下定量质检电解质水

（二）以创新实验为实验基础

为了让学生直观体验到溶液中溶质增多及饱和溶液，实验中跨学科使用电流表，搭建了测定溶液导电能力的装置：选择4节1.5 v的干电池作为电源，500 mL烧杯为反应容器，电流表选择万用电流表。为了避免不同导线带来可能的电阻变化，烧杯中的两根导线不变，且两根导线用透明胶固定在烧杯内壁，保证间距不变，尽可能减少电表及导线位置带来的电流不稳定。

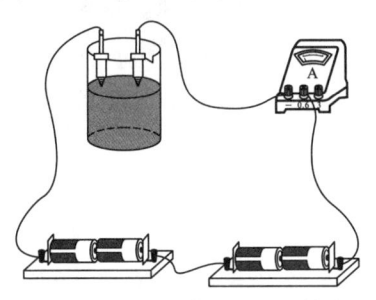

注：圆头电极直接插入液体中

图4　创新实验的模拟图及实物图

为了定量研究有固体未溶的饱和硝酸钾溶液向不饱和硝酸钾溶液的转化过程，在上述实验装置基础上加以更新。一种方法为加入溶剂，在玻璃棒搅拌的过程中观察到固体逐渐溶解，电流值先不变后变小。说明在室温加水稀释时溶液先从过饱和到恰好饱和时溶质质量分数保持不变，所以电流不变，再加水后溶液变稀，电流变小。另一种方法为升温，采用酒精灯间接加热并用玻璃棒搅拌的方法，观察到固体逐渐溶解，电流值先变大后不变。说明升温提高了硝酸钾的溶解性，在相同体积水中溶解的硝酸钾更多，使得溶液中溶质质量分数变大，电流变大，在固体全溶后电流值稳定不变。

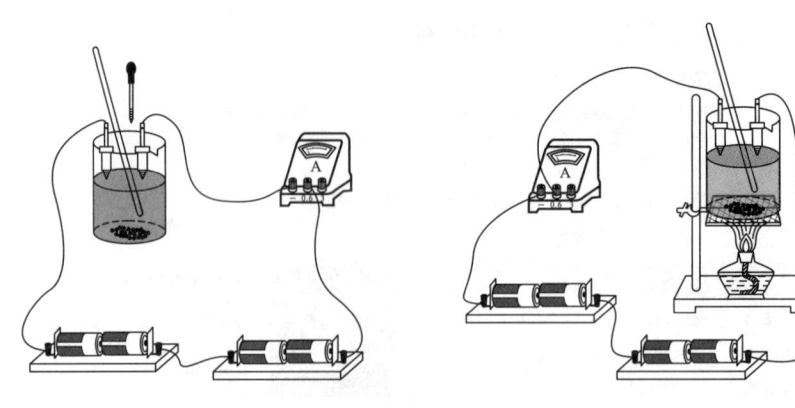

图 5　饱和溶液向不饱和溶液转化的创新实验模拟图

通过以上两组实验,学生能从电流值定量判断溶液的状态,并直观理解溶液状态变化过程中溶质和溶剂具体的变化情况,帮助学生极大提升了在溶液中的定量能力。

（三）以数学工具证据推理为抓手

为引出在一定温度下,一定量的溶剂中,固体物质不是无限溶解的饱和溶液概念,课堂就电解质设计了"同体积水中,电解质越多,液体的导电能力会无限制增强吗？"的探究环节。学生对该问题提出假设:可能不是无限增强。根据该猜想学生讨论并提出设计方案:"取 100 mL 水于烧杯,分别加入 10 g、20 g、30 g、40 g、50 g 的硝酸钾,用玻璃棒搅拌均匀,分别观察溶解情况及电流值。"学生分组实验后观察到的实验现象和电流如下所示:

表 1　实验现象及所得电流数据

学生分组实验:按实验方案完成实验,观察溶解时的现象

实验组	1	2	3	4	5
加入硝酸钾质量(g)	10	20	30	40	50
固体溶解情况	全部溶解	全部溶解	全部溶解	部分溶解	部分溶解

学生分组实验:测量电流值并绘制电流随加入硝酸钾质量的变化曲线

实验组	1	2	3	4	5
加入硝酸钾质量(g)	10	20	30	40	50
电流(mA)	180	290	420	440	440

观察到对应的溶解情况和电流值后,学生尝试绘制电流随加入硝酸钾质量的变化曲线。通过数学坐标轴数形结合观察发现,电流值随加入固体的变多不断增大,在加入 40 g 硝酸钾固体后部分未溶解且电流值保持不变。通过图像和资料库查询

发现,加入31.6 g硝酸钾时为电流曲线的转折点,于是学生在数学工具坐标轴的辅助下能顺利从定量角度理解和建立饱和溶液的现象和恰好饱和溶液的概念,并为后续课程中溶解度概念的建立打下坚实基础。

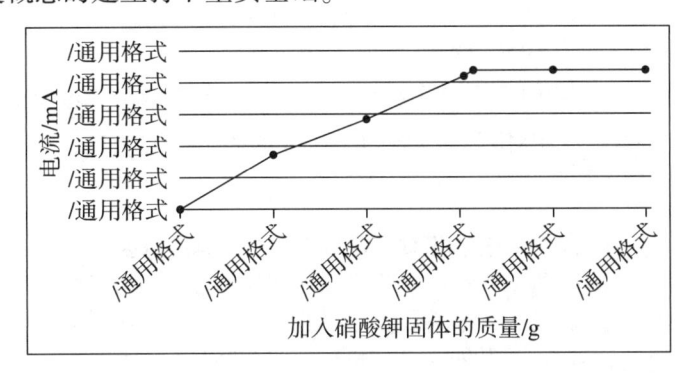

图7 室温下100 mL水中电流随加入硝酸钾固体质量的变化曲线

（四）以定性定量思维结合的核心素养为根本

对于事物的认知应从定性思维、定量思维两个方向结合入手,这既是学生需要通过化学学习达到的核心素养,也是"德智融合"角度下学生应通过该节课获得的智育。对于电解质水这种新接触的事物,学生先从其物理性质进行研究：

问题：电解质水是什么？

活动一 观察细口瓶A中的电解质水,描述其物理性质。

物理性质：无色无味的液体,澄清透明。

图8 定性研究电解质水

从物质的外观观察得出物理性质后,从定性研究衍生到定量研究：由于电解质水中有电解质,具有导电能力,引申到其他常见液体是否有导电能力。使用控制变量法探究不同液体导电能力的强弱,并通过成分表的数据分析,从物质的组成角度解释导电能力强弱的具体原因。由此学生从定性和定量两个角度充分认知了电解质水,为后续电解质的导电能力与饱和溶液的学习打下了基础。

学生实验 检测纯净水、矿泉水、电解质水的导电能力

控制变量

实验步骤	实验现象
取100mL纯净水于烧杯，测量电流	电流表示数为2.1mA
取100mL矿泉水于烧杯，测量电流	电流表示数为3.0mA
取100mL电解质水于烧杯，测量电流	电流表示数为4.8mA

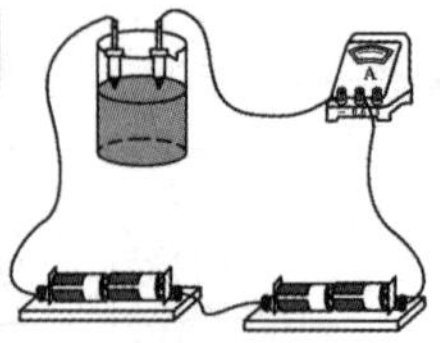

注：圆头电极直接插入液体中，两电极间距离保持不变

实验结论：相同体积的液体，电解质水的导电能力最强。

数据分析 揭秘三种液体导电能力产生差异的原因

纯净水
100mL H_2O

矿泉水的主要成分	
100mL	H_2O
4mg	NaCl
等	

电解质水的主要成分	
100mL	H_2O
39mg	NaCl
等	

实验结论：同体积的水中，电解质越多，导电能力越强。

图 9　定量对比研究电解质水

四、研究结论

近些年,化学教学强调以核心素养为教学目标,希望学生利用化学知识在真实情境中解决化学问题,提升化学上的科学能力,这正是与“德智融合”视角下的教学不谋而合的。学生在面对学习溶液中遇到的思维难题,通过以真实问题为切入口、以创新实验为实验基础、以数学工具证据推理为抓手、以定性定量思维结合的核心素养为根本得到解决,提升了在学习《溶液》时的化学定量思维能力。

参考文献:

[1]李莎.论“学科德育”[D].上海:华东师范大学,2010.

[2]谭轶斌,叶伟良,金京泽,邹一斌,於以传.“课程德育”系统回应如何育人的世纪之问[J].上海课程教学研究,2018(10):67-71.

[3]中华人民共和国教育部. 普通高中化学课程标准(2017 年版)[M]. 北京:人民教育出版社,2017.

[4]张明霞.化学实验教学中培养初中生定量思维能力的实践研究[D].天水:天水师范学院, 2018.

[5]张云飞.基于手持技术培养化学定量思维的教学研究[D].天津:天津师范大学,2014.

[6]中华人民共和国教育部. 义务教育化学课程标准(2022 年版)[M]. 北京:北京师范大学

出版社,2022.

[7] 董海.论化学教学中对学生定量思想的培养[J].化学教学,2009(03):28-30.

[8] 薛青峰.在实验教学中促进学生定量观建构的实践与思考[J].化学教学,2020(09):59-62.

[9] 程佳艺.基于化学思维培养的教学研究——以基本概念及理论为例[D].大连:辽宁师范大学,2021.

德智融合视域下集体探究学习策略研究

曹 晶

【摘要】 中国基础教育正在转向高质量发展,以学生为中心的集体探究教学模式逐渐受到关注和应用。本研究探索有效促进学习共同体在集体探究全面发展的学习策略。面对探究对象时,学习共同体应如何有效支持集体探究学习实践？本文构建学习共同体的探究学习策略框架,通过目标导向、学习交往、深度学习和知识共享等方式,在集体探究中促进成员合作,探索分享知识进而解决问题。研究以某初级中学七年级语文课堂为背景,围绕探究的目标、过程、共同体知识描述以及支持集体探究实践和对话的方法展开。研究表明,集体探究学习目标有效导向学生的共同成长,学习中的交流活动可靠提升共同体的核心素养,集体探究可促进深度学习,发展学生的多样性专长,集体探究中共享学习智慧催生了共同体学习成果。

【关键词】 学习共同体;学生素养;学习方式;集体探究

一、引言

以人工智能为代表的新兴技术正在重塑社会形态,社会知识爆炸性增长,个体难以单独掌握所有知识。[1]中国基础教育正在从有质量向高质量发展转型,教学实践必然从知识本位和学生被动接受转向素养本位和学生中心。[2]《义务教育课程方案和课程标准(2022年版)》的颁布标志着我国义务教育阶段的新课程进入了核心素养时代。新方案中"加强课程综合,注重关联""变革育人方式,突出实践"等基本原则强调了新课程改革的综合性和实践性,[3]学科实践成为最重要的学习方式。[4]

"德智融合"的教育理念将德与智融为一体,相互渗透、相辅相成。集体探究教学是教育领域反思传统集体教学方法,试图打破传统的教师中心模式,转变为以学生为中心的学习方式,促进学生在合作中学习、成长和发展的实践和探索。在一个良好的学习共同体中,个体可以通过与他人的互动培养品德,通过共同体的支持,学生更容易融入社会、形成健康的人际关系,在学习中更好地发展能力。[5]本研究探索有效促进学习共同体在集体探究全面发展的学习策略。面对探究对象时,学习共同体应如何有效支持集体探究学习实践？

二、理论基础

学习共同体中的成员因共同的使命和愿景一起学习,共享学习乐趣,共同探索知识,以理解世界运作的方式,朝着共同目标相互作用和共同参与。[6]课堂内的"学习共同体"是由学生和教师组成的学习社群,他们秉持共同的规范,对话、交流和协作,以共同追求知识和技能的成长。[7]学习共同体是一个开放系统,通过集体的智慧和协作来促进学习,每个成员都能从其他成员的知识和经验中受益。学习共同体强调合作、交流、共享和集体目标的构建。[8]

集体探究(collective inquiry)是学习共同体中的一种学习方式,作为连贯的课程计划中重要的探究教学形式[9],它由情境任务引发,注重学生在集体中共同参与问题的探究、解决和学习。学生们共同构建知识,共享观点,注重反思,彼此影响,有理据地共同解决挑战和问题。[10]这种学习方式鼓励学生主动参与,激发同伴合作,从集体智慧中获得新的见解和认识。[11]

学习共同体在知识探究和共建中要面对四个关键挑战:集体探究的共同目标导向,以学习交往为基础的资源共建,脚手架支持的个人和集体深度学习,有效对话建构的知识共享。[12]因此,本研究构建学习共同体的探究学习策略框架。在集体探究学习活动中,目标导向、学习交往、深度学习和知识共享密切关联,共同构建了一个富有活力和高效率的学习共同体。第一,目标导向关注动机、情感、习惯和预期情绪在决策和行为中的价值,明确设定特定目标并以此为导向进行行动。[13]第二,学习交往可以定义为通过使用可领会的句子,在交往过程中参与者相互交流并努力达成理解,以保证陈述内容的真实性、规范性或价值的正确性(或适宜性),以及表达意向的真诚性的活动。[14]第三,深度学习是个体学习与社会学习交互的过程,包括统一目标、共享知识、参与活动设计、互相评价和联合生成意义等要素,以实现更有意义和有效的学习经验,并促进学习成果的持久和深远影响。[15]第四,知识共享是指知识所有者与他人分享自己的知识,知识从个体拥有向群体拥有进行转变的过程中,经由使用和交流得到发展和价值实现。[16]

三、研究设计

本研究所涉及的教学场景为上海市某初级中学的七年级语文课堂。授课教师是一位女性高级语文教师,授课班级共有 45 名学生。本研究依据盖尔·杰斐逊(Gail Jefferson)开发的话语分析(Conversation analysis)转录系统进行转录,这一系统平衡了两个目标:保留对话的实际发生细节,同时做到简单易懂。[17]研究转录了该节课 40 分 20 秒的录像视频,共形成师生言语 615 条,以及 14 分 02 秒至 18 分 30 秒七个小组讨论的对话过程。

本节课的核心任务是制作南极科考纪念册,旨在通过学生之间的合作与讨论,深入探讨纪念册的内容,特别解读不同画面的含义。制作纪念册的活动围绕茨威格的传记长文《伟大的悲剧》展开。学生在集体探究中通过前言写作、镜头选择、镜头呈现和结语撰写等环节,深入了解南极科考历史和事件,体验茨威格的卓越笔法。活动的目标包括激发学生对文学作品的思考和感悟,提高批判性思维能力,鼓励在文本撰写中表达个人见解。通过合作探究,学生不仅加深了对《伟大的悲剧》的理解,还培养了信息筛选和组织能力,提高了学科实践和学习理解的能力。

四、数据分析与讨论

(一)目标导向

目标导向包括设定目标、明确目标、达成目标、评估激励等。在探究活动中,学习共同体明确任务目标并反复回顾目标,不断指导和调整学习的方向,才能有效促进学生的深度学习和学科实践能力的培养。目标导向也明确出现在学习活动的各个环节中。

首先,设定与明确探究学习目标。师生在课堂中的第一活动便是明确学生需要完成的核心任务。核心任务是学生在学习过程中要实现的基本要求和成果,通常由教师提前设定,与学生明确沟通和共享,并为学生提供指导。本次探究活动的目标设定清晰明确,学生开始就知道小组要编写一套纪念册。核心任务被分解为 4 个子任务(表 1)。目标设定根据学生的学习水平和需求进行了调整和个性化设计,切实提高了目标的可行性和适应性。这保证了目标的激励性,激发学生的学习动机和兴趣,让学生有积极的学习态度。

表 1 明确学习目标设定

9.	教师	我们这个任务是为了纪念斯科特团队登上南极点 111 周年,
10.		111 周年,是一个挺有意思的数字是吧?。
11.		那么英国将以"伟大的悲剧"为题(0.5)发行一套纪念册,(0.5)
12.		现在又要请我们初一 5 班的同学一起参加纪念册的(0.5)编写任务.
13.		好,这是我们的一个核心任务。
14.		那么这个任务又分为若干个子任务。

其次，不断评估目标，发挥导向和激励作用。在集体探究的系列任务中，学生探究目标的评估和达成是不断变化的过程，师生需要在交互过程中不断调整探究进程。任务的推进或延迟，需要教师不断地调整，如表2所示，学生的探究深度推动教师提前开启子任务三。目标达成不仅关注学生是否取得了某种具体的学习成果，更重要的是关注学生在学习过程中是否掌握了学习的方法和策略，是否具备了持续学习的动力和能力。教师在互动过程中回顾目标，确保选取的内容和结语都能够体现"伟大"和"悲剧"的辩证关系，把目标评估引向深度学习。目标达成也是最重要的反馈和激励机制，对学生的表现给予肯定，增强他们的自信和动力。

表2　教师根据探究结果调整学习目标

179.	教师	>我觉得<大家能够先把这个素材给我找出来就够了。
180.		但是我觉得刚才李泽昂他不仅找出了素材，
181.		他还(0.5)告诉了我们怎么去呈现这个镜头。
182.		因为不同的素材，不同的人(1)去表现>也不一样<，
183.		相同的素材不同的人表现也不一样，
184.		怎么才能反这个(0.5)素材，把这个镜头呈现的震撼人心，
185.		同时又吸引人眼球呢。那么我们看一看任务三。

（二）学习交往与知识共享

分析整节课的学习交往行为，研究者将其划分为五个阶段。第一阶段为开场和前言写作部分。第二阶段为镜头选择部分，学生表述镜头内容并进行解读，但在10分39秒开启对话的学生在探究过程中补充了镜头呈现的内容，促使班级集体探究过程进入第三阶段，即师生共同推动开启了小组合作探究（图1）。第四阶段是关于镜头呈现及其内涵解释部分（图2），教师组织全班同学对不同的镜头（文本情境）进行了深入解读。第五阶段是撰写结语部分（图3），学生朗读自己撰写的结语，并对结语的写作视角进行分析。

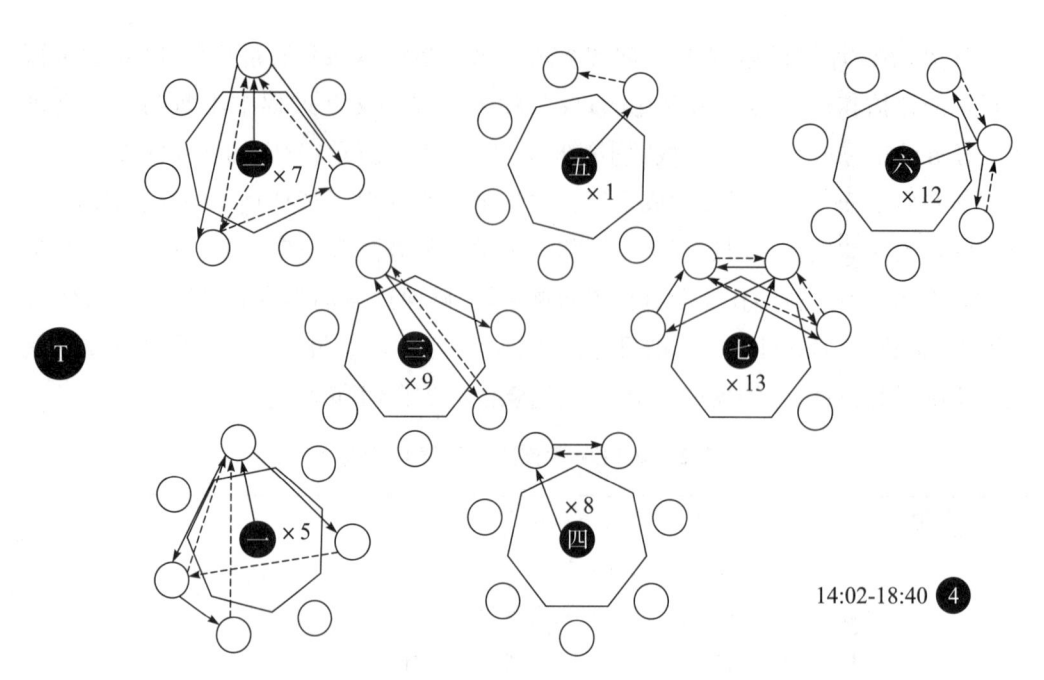

图1 第三阶段小组探究的互动话语关系图

为了清晰地表明探究活动中的学习交往情况,进而分析集体探究中知识的形成与共享过程。本研究尝试使用互动话语关系图表示师生、生生间的话语流转过程。图1中标有"T"字母的圆圈表示教师,其他圆圈表示学生及其教室内的位置,多边形是桌子,多边形中的汉字"一"到"七"是小组编号,从小组编号出发的箭头表示小组探究开启,实线箭头(—→)表示提问和指令,虚线箭头(--→)表示作答与回应。多边形中的×n表示小组的话轮个数,一个问题或指令对应一个话轮,追问算作新的话轮。小组探究时长如图1右下角数字所示。图2和图3中实线箭头(—→)表示集体探讨活动中的师生的提问或指令,箭头上的数字表示师生话语活动转换的起始时间,虚线箭头1(--→)表示教师使用言语回应,虚线箭头2(--→)表示教师使用行动和言语回应。

第五小组只有一次问答,没有深入的小组互动讨论,学生各自完成学习任务。其他6个小组的探究话语分析图(图1)说明小组内自发决定了探究"主持人",主持人承担了探究任务的组织与分配工作。"聚焦段落,谁来?""镜头描述,谁描述?"等话语表现了小组探究时自发的任务分配,学生之间根据各自的兴趣和能力,合理地分工合作。但小组研讨的"主持人"并不是小组权威,学生之间就学习内容展开讨论,交流各自的观点和想法。学生提出不同的思路,互相启发,是共同体集体知识建构的重要方式。后续的表现性任务决定了学生之间讨论学习内容的选择和展示方式,共同决定探究成果,共同探讨最佳的呈现方式。

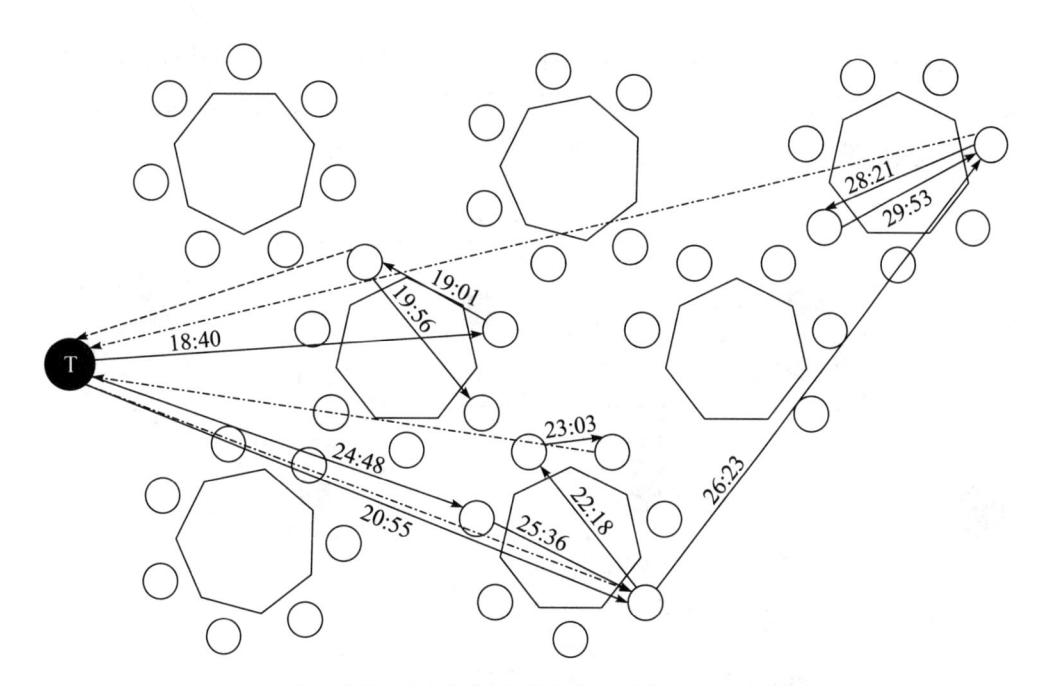

图 2　第四阶段"镜头脚本"课堂集体探讨的互动话语关系图

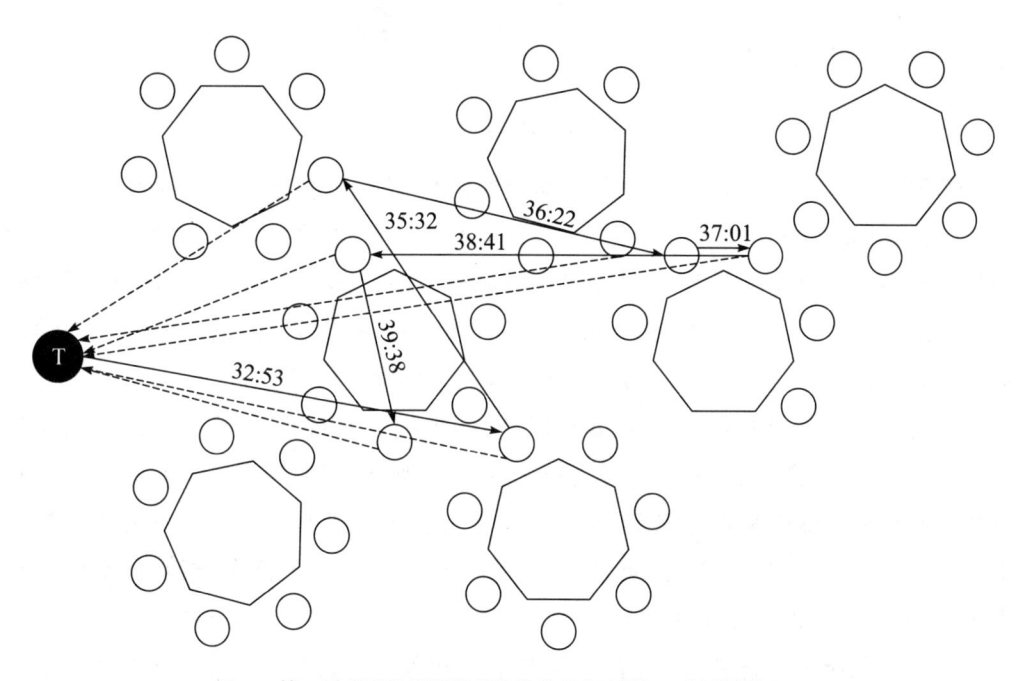

图 3　第五阶段"结语写作"课堂集体探讨的互动话语关系图

小组探究中,参与学习交往活动多的同学,也是后续全班集体探究时知识的主要贡献者。但小组探究中没有发言的学生并不是学习的"边缘人"。将小组探究和全班集体探究话语走向分析图重叠在一起(图 4),发现图中学生 A 在小组活动时没有发言,但其边听边写。全班集体探究时,学生 A 成为本组的主要知识贡献者之一,他不仅开启本组的汇报,也为其他小组成员做了重要补充,全班集体探究时还启发了其他小组的发言,是集体探究的主要贡献者。

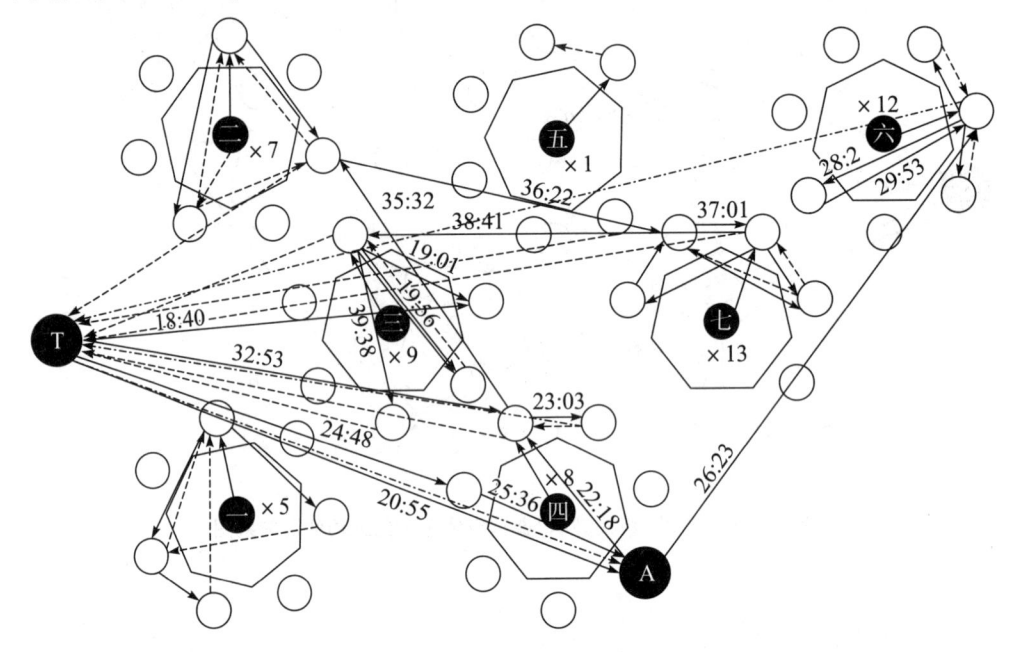

图 4 第三、四、五阶段叠加图

学习交往在集体探究学习中有极其重要的作用。学生在共同探究和合作中形成学习共同体,共同完成学习任务,通过交流和合作提高学习效果和深度。学习交往的过程促使学生相互启发、共同进步,形成积极向上的学习氛围。这种学习交往的过程促使学生超越个体能力,充分尊重他人的观点和贡献,创造一个安全的学习氛围,同时形成相互依赖的学习关系,使学习效果和深度得到提升。

学习交往是促成知识共享的重要保证,学生们鼓励彼此分享不同的观点和想法,促进知识的多样发展和交流,通过补充对方的观点,增加知识的丰富性。研究看出学生们在整堂课中采取了合作和交流的方式来共享知识。驱动任务是促成学习交往的核心。学生们对"产品"质量的关注,促成了小组分工合作,相互分享观点和想法,共同建构知识。在全班集体探究时,学生们能够在更大范围内从彼此的经验和知识中获取新的见解和观点,促进深度学习和理解。此外,知识共享还有助于加强学习共同体的凝聚力,来自教师和其他小组的"评价压力",触发了学生之间"互相补充回答"的协作责任感,培养了学生的团队合作意识和社交技能。在整个探究学习过程中,知识共享发挥着重要作用,促进了学生对于语文学科知识的深入理解和实践运用。

（三）深度学习

在结语写作中,学生 L 通过比较《伟大的悲剧》和影视作品《流浪地球2》(表3),将学过的知识与其他领域知识进行联系,从中提取共同点,将结语的立意定位于"勇气"。这展现了学生对不同领域知识的拓展和联系,形成了对人类勇气和坚持精神的深刻理解。学生 Y 在结语中将南极科考队与其他特殊职业(如缉毒警察)进行了类比,强调这些职业需要勇气和坚韧不拔的伟大毅力去面对风险和死亡。从多样职业的视角出发,对生活中不同领域的职业深入思考,展现了对多元角度的深度学习。学生 W 化用文中金句,灵活地运用语言传达了对英雄们的敬意,这展现了她在表达技巧和语言运用方面的深度学习。学生 G 引用了《老人与海》中的名句,表达了人类的不朽和不屈精神,通过引用经典文学作品,她展示了对经典文学的理解和运用,体现了对文学意境的深度体会。

表3 知识拓展与联系

497.	学生 L	在《流浪地球2》中,呃,《流浪地球2》中这人类,
498.		看过电影的都知道他这个(0.3)影片中很多城市都—都—都
499.		遭受了地震、海啸、物种灭绝等等这样的自然灾害。
500.		但是呃,就是说—我里面有影片中有一句话,
501.		就是说—我相信我们的人类(0.4),我们的人一定可以完成任务。
502.		就是—就是说他这个—这个里面角色说这句话(0.3)
503.		就是想告诉我们——人类的勇气。

学生通过拓展联系、多角度思考、修辞手法和引用经典文学等方式,展现了对学习内容的深刻理解和思考。深度学习使学生更好地掌握语文学科知识,尝试深入挖掘问题的本质和深层次含义。在对话中,学生展示了思辨能力,提出自己观点的同时也能听取他人观点并进行深入讨论。在不同写作任务中,学生呈现个性化思维和表达风格,通过引用文学作品和影视作品,整合应用不同领域的知识,丰富了问题解决思路,展现了跨学科能力。集体探究学习打破简单记忆和重复性知识困境,在理解、探索、运用和批判性思考等方面展现了学科学习的深度。

五、研究结论

（一）集体探究,目标导向共同成长

集体探究可以重构学科实践中的学习目标,继而重新定义师生、生生间的学习共同体,[18]将共同体成长目标从单一知识学习扩展成为集体知识做贡献。学习活动

以核心素养为目标,具体知识目标由学生在活动中协作建构,而非事先由教师设定。学生探究纪念册画面的意义和情感,通过小组汇报和讨论不断调整和完善自己的目标。这种自然涌现的目标激发了学生的主动参与和深入思考的积极性。

集体探究规则有助于达成学习目标。教师需要明确阐述学习任务和规则,共同体成长策略才能激发学生的学习兴趣和积极性。学生在完成课堂任务前明确自己的目标,并在小组合作中共同构建和生成具体目标,使学习过程更加明确和有效。在集体探究中,学生通过相互讨论和反思不断诘问共同体的目标。元认知过程使学生更深入地理解自己的学习目标和方法,不断提高学习效果。

（二）学会交流,提升共同体的核心素养

学习中的交流活动鼓励学生超越共同体内部知识,跨越个体和共同体学习的边界,拓展多领域认知,丰富学习内容。为了跨越有限的学习边界,需要创造尊重他人、无惧失败的学习氛围。构建心理安全防线,包容学习失败能显著提升共同体的情绪和创新能力。[19]在小组分享和讨论中,学生学会尊重其他学生的贡献和差异,教师通过点评鼓励学生表现,建立了尊重他人观点和意见的学习氛围。

共同体中形成相互依赖的学习结构,通过互相补充和分享,促使学生深入思考和探究问题。每个成员的贡献和想法都是共同体学习的一部分。学生在探究学习中互相补充和分享,形成有机的学习交往结构。依赖这个结构,采取相应的教学策略促使学生更深入地思考和探究问题。

（三）深度学习,发展多样性专长

集体探究中的深度学习倡导学习深度胜于广度。学生通过多元参与方式,专注于小范围主题的深入思考和研究,培养全面理解和核心素养。首先,学习实践和教学策略需注重为学生提供充足深度探究问题的时间。通过小组合作和个人学习,学生在较小主题范围内展开深入思考和研究。这种深度学习方式使学生更全面理解知识外的精神内涵和复杂联系,构建扎实学习素养基础。其次,学习方法和策略应鼓励学生发展自己感兴趣和擅长的领域,并与共同体分享专长。在集体探究中,学生可选择不同角色,如发言者、记录者、写作者,以专长训练发挥优势,增强情境适应性。共享与合作使学生从他人专长中获得启发和帮助,促进全面发展,形成更全面的学习体验。集体探究学习策略鼓励学生在不同角色下参与各种活动,而且提供交互学习方式、建构学习方式、主动学习方式等行之有效的深度学习方式,[20]一定程度上摒弃了被动学习方式。

（四）共享智慧,催生共同体学习成果

学习共同体的知识共享是学习交往和深度学习结合的必然结果。学习共同体通过小组合作和个人发表促进知识传递和建构,加深学科实践知识。这种分享机制促进了共同体知识的传递、交流和建构,丰富了学科实践知识的情境性。

共同体知识最终以个体知识产品和共同体知识成品呈现。学习产品不是简单的实体作品,它不仅是具体教学目标细化的行为或心理要求,还包括知识、技能和能力指标,更有学习延时性的"间接成果"。[21]关注知识产品质量是重要教学策略,涉及评价和反馈。个体评价激励学生,提供具体反馈和指导,而共同体评价促进学生合作,完善学习成果。外部评价帮助学生认识成果在更广泛社会环境中的价值。

六、研究反思

首先,本研究深入研究了集体探究学习方式,总结出学习共同体中的集体探究的目标导向策略。学习共同体鼓励学生与教师合作,共享知识和经验,制定共同学习目标,并在学习过程中相互促进。其次,学习共同体以学习交往为基础,支持资源共建,使学生能够共同创建学习材料和资源。这种环境能够激发学生的主动学习意愿,鼓励他们积极参与集体探究。再次,脚手架支持个人和集体的深度学习,帮助学生构建深刻理解,培养批判性思维和问题解决能力。集体探究鼓励学生互相讨论、辩论和分享观点,从而激发出更多创新思想和见解。最后,有效对话建构是知识共享的关键,学习共同体提供了这种对话的平台。学生能够通过对话共享知识,进一步促进集体探究。

本研究主要聚焦在小组和个体层面,未深入研究整个班级和学校层面的共同体学习效果。未来研究可以考虑探讨教师在集体探究中的作用以及整个班级学习氛围的塑造。评价对学习成果有重要作用,但如何在集体探究中进行有效评价和提供具体反馈需要更多研究。集体探究学习方式需要继续深入研究,以更好地促进学生的学习和成长。

参考文献:

[1]张海南.数字化转型赋能教育高质量发展的历史机遇与关键启示[J].电化教育研究,2023,44(06):60-65.

[2]柳海民,邹红军.高质量:中国基础教育发展路向的时代转换[J].教育研究,2021,42(04):11-24.

[3]中华人民共和国教育部.义务教育课程方案(2022年版)[M].北京:北京师范大学出版社,2022:5,14-16.

[4]崔允漷,张紫红,郭洪瑞.溯源与解读:学科实践即学习方式变革的新方向[J].教育研究,

2021,42(12):55-63.

[5][9][12]詹姆斯·斯洛塔,丽贝卡·昆塔纳,汤姆·莫赫.学习共同体的集体探究[M]//弗兰克·费舍尔,辛迪·赫梅洛·西尔弗,苏珊·戈德曼,彼得·赖曼.国际学习科学手册.赵建华,等译[M].上海:华东师范大学出版社,2022:10,342-351.

[6] RETALLICK JOHN, COCKLIN BARRY, COOMB KENNECE. Learning Communities in Education: issues, strategies, and contexts [M]. New York: Taylor & Francis Group, 1999:6.

[7]朱熠,霍涌泉.基于学习共同体的课堂文化重建[J].中国教育学刊,2011(05):46-49.

[8]时长江,刘彦朝.课堂学习共同体的意蕴及其建构[J].教育发展研究,2008(24):26-30.

[10]邹红军,柳海民.杜威的"探究认识论"与探究学习[J].全球教育展望,2018,47(05):56-70.

[11]张亚星.自主·合作·探究:学生学习方式的转变[J].华东师范大学学报(教育科学版),2018,36(01):22-28+160.

[13]于莎,刘奉越.成人参与在线学习共同体意愿的内在影响机制——基于目标导向行为理论和自我决定理论微视角[J].现代远程教育研究,2018(05):86-94.

[14]艾四林.哈贝马斯交往理论评析[J].清华大学学报(哲学社会科学版),1995(03):11-18.

[15]王明娣,魏阿娟.走向深度学习的课堂共同体:内涵、结构与运行机制[J].课程.教材.教法,2022,42(11):113-119.

[16]周洋,马秀峰.班级学习共同体内隐性知识的共享障碍与对策分析[J].现代教育技术,2007(03):19-21.

[17] CLAYMAN S E, GILL V T. Conversation analysis [M]. // GEE J P, HANDFORD M. The Routledge handbook of discourse analysis. New York: Routledge, 2012:120-134.

[18]孙静.基于班级学习共同体的语文课堂教学建设[J].教育理论与实践,2020,40(05):59-61.

[19]常洁,唐朝永,牛冲槐.组织情绪能力与组织创新关系:心理安全及失败学习的链式中介模型[J].科技进步与对策,2020,37(18):10-17.

[20]盛群力,丁旭,滕梅芳.参与就是能力——"ICAP学习方式分类学"研究述要与价值分析[J].开放教育研究,2017,23(02):46-54.

[21]应一也.学习成果的内涵:嬗变与启示[J].开放教育研究,2019,25(05):57-63.

基于"德智融合"视域下初中民族音乐的教学策略研究

——以《龙腾虎跃》一课为例

郎紫阳

【摘要】 民族音乐作为一种独特的文化遗产和艺术形式,在培养学生的文化认同感、审美情趣和社会责任感方面具有重要意义。"德智融合"教育理念将民族音乐与德育和智育结合起来,为学生的全面发展提供有效的教学框架。针对初中音乐课堂的教学实践,本文提出了一些具体的民族音乐教学策略和方法,包括开展多样化的教学活动、引导学生参与民族音乐创作等。通过这些实践,可以提高学生对民族音乐的理解和欣赏能力,培养他们的审美情趣、创造力和社会责任感,推动学生的全面发展和民族文化传承。

【关键词】 "德智融合";初中;民族音乐;教学策略

民族音乐是指特定民族或族群内部创作、传承和演奏的音乐形式。它以独特的音乐风格、曲调、乐器和表演方式等特点,展现了民族的情感认同和价值观。《中国大百科全书》将民族音乐分为以下五大类,分别为民歌、民间歌舞音乐、民族器乐、曲艺(说唱)音乐和戏曲音乐。[1]

1992年,国家教委颁布的《九年制义务教育全日制初级中学音乐教学大纲(试用)》明确指出:让学生了解我国各民族的优秀民间音乐,培养学生对祖国音乐艺术的热爱与自豪感。[2]《义务教育艺术课程标准(2022年版)》更首次明确了核心素养的理念,强调文化自信,重视民族音乐教育的重要意义。[3]可见,民族音乐的教育一直是国家教育的重要内容。

"德智融合"教育作为一种注重培养学生德育和智育的教育理念和实践,更进一步贯彻了以上总领纲要。初中民族音乐教育作为其具体领域之一,在德育方面,蕴含丰富的文化内涵和情感表达,要致力于培养学生良好的情感和审美品位,增强他们对不同民族文化的尊重和欣赏。同时,在智育方面,民族音乐教育不仅需要帮助学生掌握音乐知识和技能,更需要培养他们音乐欣赏能力和创造性思维,促进跨学科的学习和综合素养的发展。此外,通过演奏乐器、合唱等形式,初中民族音乐教育还能促进学生的身心发展,培养身体协调能力、团队合作精神和社交能力。因此,初中民族音乐教育在学生的全面发展中扮演了重要角色。

一、基于"德智融合"视域下初中民族音乐教学的困境调查与分析

(一) 调查对象

本文以上海市某重点中学的学生为调查对象,调查和分析初中民族音乐教学的现状。通过对该校六至八年级 940 名学生的问卷调查,并与 2 名音乐教师进行访谈,全面了解学校的办学理念、教学条件以及民族音乐教学的现状。

(二) 调查内容

本次调查旨在了解初中民族音乐教学的实践现状。通过问卷调查和面访,研究音乐教师和学生对民族音乐的认知情况,探究初中民族音乐教学的具体实施情况和教学反馈。问卷包括 10 个问题,涵盖学生基本情况、对民族音乐的掌握程度以及在音乐课堂中的学习与反馈等内容。共发放和回收了 940 份问卷,回收率为 100%。在问卷调查期间同步对本校的 2 名音乐教师进行访谈,并在下文对其访谈意见进行了归纳。

(三) 调查情况

1. 学生基本情况

调查发现(图1),学习民族音乐的学生占比 17%;而学习西洋音乐的学生人数远大于学习民族音乐的学生,占比为 36%;未学习音乐的学生占比 47%。调查结果显示大多数学生喜欢并热爱学习音乐,但仅有少部分学生在课外学习民族音乐相关内容。

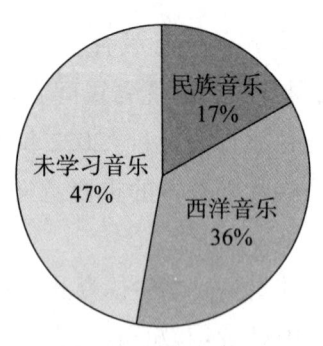

图1 学生课外学习基本情况

2. 学生对民族音乐的了解情况

根据 940 份问卷调查统计,仅有 82 名学生对民族音乐是非常了解的,占比 9%;

对民族音乐比较了解的学生有 291 人;较大多数学生对民族音乐仅一般了解,占近乎一半的比例,达到 45%;还有部分学生对民族音乐不了解。

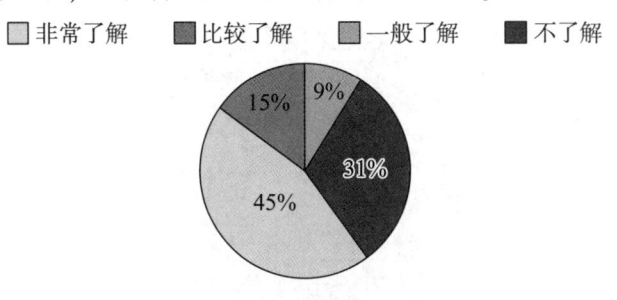

图 2 对民族音乐的了解情况

如图 3 学生"对不同音乐的喜爱情况"所示,初中生对流行音乐的喜爱偏好远大于古典音乐、民族音乐以及其他音乐。仅有 15.11% 的学生喜欢并热爱民族音乐。

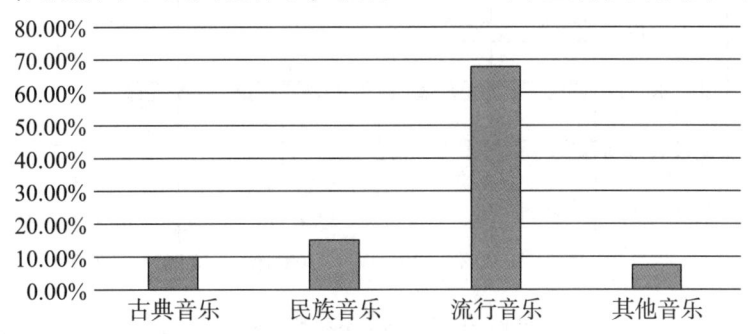

图 3 对不同音乐的喜爱情况

3. 民族音乐学习的途径

如图 4,初中生了解民族音乐的途径呈现多元化,其中音乐课堂教学占比 96.38%,网络多媒体占比 97.87%,少部分学生通过观看现场音乐会以及阅读书籍等其他方式了解民族音乐。

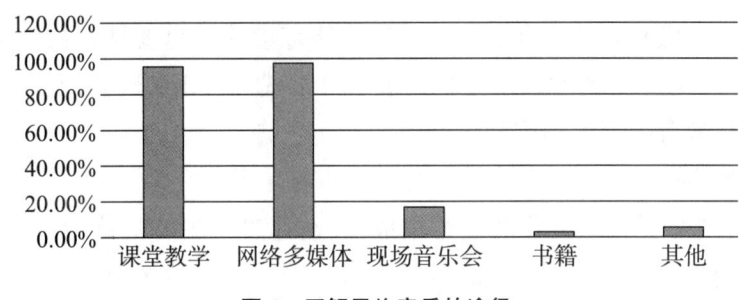

图 4 了解民族音乐的途径

4. 民族音乐教学效果反馈

据问卷调查结果统计,17% 的学生认为学习民族音乐非常难,民族音乐不易被理解与掌握;24%认为学习民族音乐比较难;而大多数学生认为学习民族音乐并没有非常困难,51%认为难度一般,8%认为没有难度。

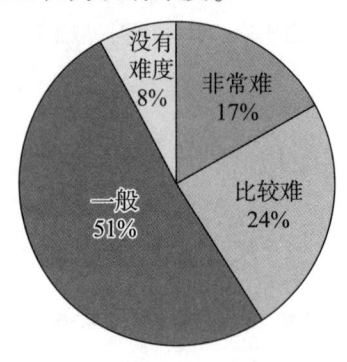

图 5　民族音乐学习难易程度

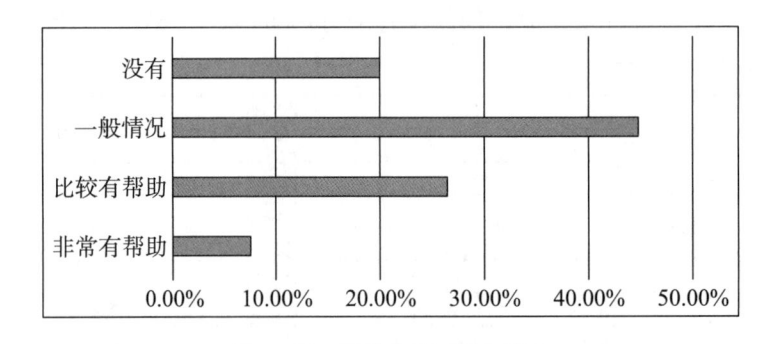

图 6　学习民族音乐是否有帮助

在涉及"学习民族音乐对你是否有帮助"的问题时,仅有 72 名学生表示学习民族音乐对其日常生活以及学习有非常大的帮助,如图 1-7 所示,占比 7.66%;而有 45.21% 的学生认为学习民族音乐对其帮助一般;有 20.43% 的学生认为一点帮助都没有。

（四）学生调查结果分析

1. 忽视"德智融合"教育理念与学习民族音乐之间的联系

初中学生忽视了学习民族音乐对于培养德育素养的重要性。初中学生由于学校课程设置和学业压力的原因往往更注重学习考试科目相关的知识,忽视了民族音乐对于"德智"教育的价值和重要性。

2. 忽略民族音乐在我国民族文化发展道路的重要作用及地位

民族音乐是中国传统文化的重要组成部分,通过其独特的旋律、节奏和演奏方式,传承了中华民族的价值观念、情感表达和审美观念。然而初中学生对民族音乐的历史、传统和内涵缺乏认识,更多关注商业化的流行音乐。同时,他们往往忽视民族音乐的多样性和创作技巧,容易陷入对流行音乐的模仿和同质化创作风格。忽视了民族音乐对个人修养和文化发展的重要意义,以及其在艺术创新中的作用。

3. 缺失对民族音乐的学习兴趣

初中学生受外部环境影响较大,现代社会流行音乐的普及和影响力相当巨大。学生们的审美偏好和个人喜好也是影响其对民族音乐学习兴趣的因素之一。有些学生认为民族音乐过于传统、陈旧,与他们的生活和审美趣味不符。他们倾向于追求新潮、时尚和个性化的音乐风格,对于传统的民族音乐抱有抵触或漠视的学习态度。

（五）教师访谈结果梳理

在调查期间,同步对所在学校的 2 名教师进行访谈,以了解各年级的民族音乐教学现状,并探讨出现的问题以及可能的改进措施。以下是基于访谈内容的反馈意见梳理。

1. 合适有趣的教材与资源缺失

由于民族音乐的多样性和独特性,寻找适合学生学习的教材比较困难。有时,教师需要依赖自己的专业知识和创造力来设计教学内容和活动。此外,民族音乐所需的乐器、设备和录音资料也可能不足,限制了教学的实施。

2. 时间限制与课程设置

在学校课程计划中,音乐课程的时间有限,教师难以在 40 分钟内对民族音乐进行全面的教学,无法满足学生所需的民族音乐实践和体验。在音乐教学中,更多沿用欧洲音乐体系,在课程内容上易出现"重西轻中"的现象,造成民族音乐教学文化的缺失。[4]

3. 学生认知和兴趣差异

学生对民族音乐的了解程度和兴趣水平各不相同。部分学生可能对民族音乐缺乏了解或抱有抵触的学习情绪。教师需要采取不同的教学策略和方法,以满足每个学生的学习需求,并激发学生对民族音乐的兴趣和热情。

4. 教师专业知识与技能

民族音乐具有一定的专业性和复杂性,教学中需要具备相应的专业知识和技能。然而,一些教师可能缺乏相关的培训和专业背景。需提供给教师足够的专业培训和支持,以帮助他们提升教学水平,并更好地传授给学生民族音乐的知识和技能。

二、基于"德智融合"视域下初中民族音乐有效教学的策略

（一）针对学生问题采取解决策略

1. 提高对"德智融合"教育理念与学习民族音乐关联的认识

（1）主动探索音乐背后的道德情感和价值观

"德智融合"强调道德培养和智慧教育的结合,音乐作为一种艺术形式,涵盖了情感体验、民族文化和社会价值观。音乐具有表达情感的特殊能力,可以引发共鸣,

激发情感并影响情绪和行为。通过学习音乐,学生可以培养情感意识和表达能力。音乐承载着丰富的文化和价值观,通过学习音乐,学生可以了解不同民族的音乐传统和价值观,促进文化尊重与交流。同时,比较不同类型的音乐可以培养审美意识和审美价值。

(2) 积极参与音乐创作和表演,建立良好的学习环境

① 培养学习民族音乐的兴趣

研究表明,培养兴趣是激发学生学习动力和积极参与的关键因素之一。根据自我决定理论(Self-Determination Theory),当学生内在地对某个活动感兴趣时,他们更有可能投入更多时间和精力来学习和参与。[5]通过多样化的音乐体验和鼓励学生表达自己的音乐喜好,可以培养学生对音乐的学习兴趣,并增强他们的参与意愿。培养兴趣有助于学生建立积极的情绪状态,为他们营造一个愉快的学习环境。学生可以通过尝试多听不同类型的音乐,发现自己喜欢的风格和乐器,由此提高对民族音乐的认识,进而提高对民族音乐的学习兴趣。

② 积极加入学校音乐团队或小组合作

参与音乐团队不仅可以培养学生的音乐素养,还能培养团队合作能力。根据社会发展理论,学生在集体活动中学会与他人合作、支持和尊重他人的贡献。例如,作为乐队成员,学生需要与其他成员协作,共同演奏音乐作品,从而培养沟通能力、倾听技巧和团队意识。研究发现,学生与同学合作学习民族音乐比单纯依靠网络视频、图片等内容学习效果更佳。此外,小组合作学习也非常重要。小组合作借助集体智慧解决问题,分享个人经验和观点,拓宽思路,提高学习效果。学生可以根据自己的兴趣和专长选择任务,并发挥个人优势,激发积极性和创造力。

2. 领会民族音乐在我国民族文化发展中的重要地位及作用

(1) 加强对民族音乐占据重要地位的认识

民族音乐在我国民族文化发展中占据着重要的地位。它是每个民族的独特表达方式,代表着民族的历史、传统、信仰和生活方式。[6]初中生可以通过学习和欣赏民族音乐作品,了解不同民族背后的文化内涵,并通过参与学校的音乐活动或演出,展现自己对民族音乐的热爱,增强对民族文化的认同和自豪感。此外,初中生还可以通过社交媒体和视频平台分享对民族音乐的理解与喜爱,传播和推广这一文化宝藏。通过这些努力,我们可以保护和传承民族音乐,保持文化多样性和传统的延续,让民族音乐在民族文化发展中绽放出更加辉煌的光芒。

(2) 深刻感悟民族音乐发挥的重要作用

民族音乐在个人、社会和文化层面发挥着多重重要作用。在个人层面,学习和

继承民族音乐可以培养自信心和自我认同感,通过艺术表达情感和创造力,实现情绪宣泄和情感抒发,同时提高艺术修养和审美能力。在社会层面,民族音乐作为桥梁促进了不同民族之间的交流和理解,拓宽视野,促进文化的多元融合和社会的和谐发展。在文化方面,学习和发展民族音乐加深个人的文化认同和自觉,深入了解和体验民族音乐有助于探寻文化身份,同时推动传统与创新的结合,促进文化的创新和发展。

(3) 提高学习民族音乐的兴趣

学生可以通过主动参与各种音乐活动来亲身体验民族音乐的魅力。参加学校音乐会或文化展示活动时,学生可以选择关注民族音乐作品,并尝试理解其中的乐器演奏、舞蹈表演和歌唱等内容。例如,可以观看民族乐团演奏的传统乐器,如中国的古筝、二胡等,进一步感受民族音乐的独特之处。

学生可以积极探索自己的创作能力,并将民族音乐的元素融入其中。他们可以尝试创作自己喜欢的音乐作品,或者通过学习演奏一种民族乐器来发掘自己的才华。例如,在暑假音乐作业中,学生通过尝试使用民族器乐的音效进行创作。有些学生完全使用民族乐器进行创作,有些学生将民族音乐元素与西洋乐器结合创造出独特的音乐火花。他们在课上分享创作心得,相互启发和激励。此外,与音乐老师或专业音乐家互动,向他们请教并分享对民族音乐的兴趣和疑问,促进对民族音乐的深入理解,增加学习的动力和兴趣。

(二) 教师针对学生问题改变教学策略

1. 增强教授民族音乐方面的专业能力和知识

通过深入学习民族音乐的相关理论,教师能够更好地理解和解释民族音乐的内涵,为学生提供系统、全面的知识。此外,拓宽自己的民族音乐知识可以使教师熟悉不同民族音乐的风格和形式,为教学提供更多样化的案例和素材,丰富学生的学习体验。与专业人士合作可以为教师提供实践经验和专业指导,帮助教师提升教学水平和艺术修养。这些措施的目的在于提供高质量的教学,丰富学生的音乐体验,培养学生的创造力和表现力,同时增强教师的教学能力和自信心。

2. 提升切实可行的民族音乐教学方法

(1) 多元化的教学内容和方法

根据学习者多样性理论,每个学生都拥有独特的学习风格、能力和兴趣,因此提供多样性的教学内容和方法可以满足不同学生的需求,激发他们的学习兴趣和潜能。同时,教育学习理论指出多元化的教学内容和方法能够提供丰富的学习刺激和情境,增强学生的参与度和注意力。通过不同的活动,学生可以积极构建知识和技能,更好地理解和运用所学知识。通过引入不同类型的民族音乐、使用多媒体资源和组织各种音乐表演活动,激发学生的感知、情感系统,促进综合性的学习和体验。此外,多元化的教学内容和方法也有助于促进学生对不同文化的理解和尊重。

(2) 跨学科教学

跨学科教学具有重要的理论依据和意义。在初中民族音乐教学中,引入跨学科教学可以进一步拓展学生对民族音乐的理解和认知,使其将音乐与其他学科联系起来。例如:通过将历史和民族音乐相结合,学生可以了解音乐的发展背景、历史演变和文化内涵;又或地理与民族音乐的结合可以帮助学生了解音乐与地域之间的关系;再者将文学与民族音乐相结合可以加深学生对音乐的情感理解和艺术表达;教师可以引导学生在学习音乐的同时,创造或选择相应的文学作品,通过朗诵、解读或编写歌词的方式,将文学情感与音乐相结合,通过文学作品进一步感受和理解民族音乐的情感内涵。

(3) 鼓励合作学习和自主学习

合作学习和自主学习注重培养学生的情感与体验,促进积极体验和情感认同。教师可以引导学生参加合唱团或合奏团,共同演绎一首民族音乐作品。这样的合作学习不仅培养学生的团队合作精神和协作能力,还能增强他们对民族音乐的感受和理解。另外,教师还可以鼓励学生自主选择自己感兴趣的民族音乐进行深入学习和表演。例如,学生可以自主选择学习和演奏中国古筝、手鼓、巴乌等民族乐器。

3. 健全科学完备的教学评价体系

科学完备的教学评价体系应符合有效性、准确性、客观性和公正性的原则。综合运用多种评价方法,如考试、观察、作品展示等,可以更全面地了解学生的学习情况和发展水平。同时,引入学生的自我评价和同伴评价,培养学生的自我认知和学习反思能力,激发其主动参与和自主学习能力。

表1 七年级初中民族音乐学习评价表

评价维度	评价方法	评价指标	数据收集方式
音乐技能	演奏评估、演唱评价	技巧掌握、音准、节奏稳定、演奏动作流畅度	观察评估、评级考试、演奏录音、录像
音乐知识与理解	知识测试、作品解析	音乐术语掌握、作曲家了解、音乐历史知识、民族音乐文化了解	知识测试、作品分析报告、学习笔记
音乐表现力	观察、评价表演录像	情感表达、节奏感、音色运用、舞台表现力	观察记录、评价表演录像、演出反馈

续 表

评价维度	评价方法	评价指标	数据收集方式
音乐欣赏与评价	听力测试、分析作品	作品理解、表达能力、评价能力、跨文化理解	听力测试、作品分析报告、评价表
音乐创造与合作	创作作品评价、合作表现评估	创作独立性、合作能力、创意运用、音乐思维的发展	作品评价、合作表现观察记录、创作练习记录
音乐价值观与文化素养	讨论、问卷调查	文化理解、音乐价值观、音乐对个体与社会的意义	讨论记录、问卷调查、图文作品展示

通过评价体系全面评估学生在民族音乐学习中的技能、知识、表现力、欣赏能力以及创造和合作能力的发展。教师根据评价结果提供个性化指导和反馈,促进学生德智双重发展。评价数据收集方式包括观察评估、评级考试、演奏录音、知识测试等。应注重教师专业判断,结合音乐教育特点,关注学生个体发展,提升整体教学质量。

(三) 学校为学生提供丰富的学习资源与全面支持

1. 专业课程与学习资源

学校可以设立专门的民族音乐课程,以系统地传授学生民族音乐的历史、文化背景、演奏技巧等知识。提供多样化的学习资源,如音乐录音、视频资料、乐器演示等。建立音乐资源库并与社区、艺术团体合作,组织音乐会、讲座和工作坊等活动。这样的措施为学生创造了多元、丰富的学习机会,引导他们深入了解和感受民族音乐的魅力。

图7 上海市建平实验中学戏剧(越剧)文化进校园之"越在金杨"

2. 实践与演出机会

学校可以组织音乐团队,如合唱团或民乐团,鼓励学生积极参与演奏和表演活动。提供创作与演出的平台，组织音乐比赛、学校音乐会，或支持学生参加地区、全国性的比赛和演出。通过实践与演出，学生能够提升音乐技能、团队合作能力，并增强对民族音乐的理解和热爱。

图8　2023年浦东新区第十九届学生艺术节艺术展演活动民乐小合奏（一等奖）

3. 交流与跨学科教学

学校可以邀请专业音乐家、音乐教育工作者或民族音乐专家来校进行演讲、讲座或师资培训，分享经验和知识。可以开展学校交流与比赛，促使学生与其他学校的同学共同学习、切磋演出。结合跨学科教学，将民族音乐与其他学科有机结合，帮助学生更深入地了解民族音乐的历史、文化和社会背景。

三、基于"德智融合"视域下初中民族音乐有效教学的实践探索

本文以"德智融合"视域为理论基础，旨在探究初中音乐课堂中民族音乐的有效教学方式。前两部分深入分析了"德智融合"视域下初中民族音乐有效教学的挑战和教学对策。下面将以七年级《龙腾虎跃》一课为例，详细阐述在实际教学中如何将相应的理论和对策融入民族音乐，并评估其对学生的教育效果。同时，对学生在审美感知、艺术表现、创意实践、文化理解等方面的表现进行分析和总结。通过具体的案例支撑和实证分析，进一步验证前述理论和对策的可行性和有效性。

（一）教学设计说明

1. 教材分析

《龙腾虎跃》是七年级第二学期第四单元的内容。《龙腾虎跃》一课旨在通过传统民族音乐的学习和体验，培养学生对我国民族音乐文化的认知和理解，以及对音乐的欣赏能力和参与能力。通过丰富的教学内容和活动激发学生对民族音乐的兴趣和热爱，并促进他们在音乐领域的全面发展。

2. 学情分析

七年级学生在音乐素养、音乐鉴赏能力方面有一定基础,掌握了一定的节奏和基础乐理知识,对乐器也有一定的了解。然而,他们对中国民族器乐的聆听经验较少,对该领域的感受和文化理解还不够深入。因此,在《龙腾虎跃》的学习中,更加注重让学生亲身参与表演和欣赏,通过体验中国器乐的魅力和作品的情感表达来增加对乐器的理解,并通过节奏创作的方式深化对中国鼓乐文化的认识。

2. 教学设计

【教学目标】

1. 通过赏析《龙腾虎跃》,感受中国民族乐器的丰富表现力,感受独特的节奏、速度、力度、音色等音乐要素,培养对民族音乐的审美情趣和敏感性,探究音乐表现内涵,感知音乐的民族风格,产生民族自豪感。(审美感知)

2. 了解中国民族吹打乐文化,认识作曲家李民雄,理解作品的创作背景,感悟《龙腾虎跃》的艺术价值,增强文化认同感。(文化理解)

3. 通过欣赏、演唱及表演《龙腾虎跃》,感受和理解中国吹打乐的独特韵味和情感表达;通过识别和运用速度、力度、节奏等音乐要素,准确表达乐曲中丰富多样的情感变化。(艺术表现)

4. 通过小组合作,即兴创编节奏,加强对音乐结构和节奏的理解,发挥创造力,并与他人合作演奏,展现团队合作精神和艺术协作能力。(创意实践)

【教学重点】

通过欣赏、学唱、即兴创编活动,体验中国民族吹打乐的魅力,加深对中国民族音乐的认识,并培养创造力和表达能力。

【教学难点】

分辨作品不同乐段的不同特征;认识并感受音乐要素——速度、力度、节奏的变化;能够准确演奏基本节奏,并进行节奏创编。

(一)导入

1. 作业反馈

分享上节课的练习作业(非洲鼓演奏《小宝贝》)。

【教学过程】

【设计意图】对课后作业进行反馈,了解学生的学习情况,以便查漏补缺。通过复习演奏非洲鼓(非洲打击乐),进而引入本节课的教学主题——以打击乐演奏为主要乐器的中国吹打乐作品《龙腾虎跃》。

2. 出示课题

(二)《龙腾虎跃》

1. 介绍作曲家李民雄

【设计意图】认识作曲家李民雄,进而了解《龙腾虎跃》的创作背景,初步认识作品。

2. 赏析引子片段,思考并回答以下问题:
(1) 音乐中出现了哪些乐器的音色?
(2) 主奏乐器是什么?
(3) 听出多少种类的鼓在演奏?

【设计意图】深入分析乐曲曲式结构特点,以共同探究、实践演练为主要手段,实现有效双基教学,引导学生在学习过程中由浅入深地体验作品风格、旋律特点以及情感表达。

3. 介绍吹打乐

【设计意图】介绍吹打乐,使学生了解《龙腾虎跃》这首作品的音乐演奏形式,以便更好地认识并理解作品内容。

4. 赏析第一乐段
(1) 欣赏主题 a,思考并回答以下问题:
① 速度和情绪怎样?
② 乐曲的演奏形式是什么?
③ 使用中国大鼓击打节奏,并视唱旋律。
④ 合作演奏第一部分主题 a 旋律。
(2) 欣赏主题 b,对比思考:
① 情绪发生了怎样的变化?
② 主奏乐器是什么?

【设计意图】提高音乐审美及鉴赏能力,通过与民乐团同学合作演奏加强学生的协作能力和对旋律的理解,提升学习兴趣,同时通过视唱旋律来培养学生的音乐听觉能力,提高对作品的认识。

5. 赏析第二乐段,小组合作探究

(1) 乐队演奏形式发生了什么变化?(连线)

(2) 速度和力度都有何特点?

(3) 结合音乐内容创编合适的节奏。

(4) 四种演奏形式以哪种节奏作为结束点?

【设计意图】音乐欣赏具有很强的实践性,此环节通过学生的自主欣赏与学习,小组之间合作探究,创意实践,提高学生对音乐认识理解的同时,增强创新表现力。

6. 欣赏第三部分,思考:这段旋律描绘了怎样的场景?旋律是否熟悉?

【设计意图】培养对音乐旋律的感知和理解能力,激发学生的创造力和音乐想象力,加深对这段旋律的熟悉度和记忆。

(三) 课堂小结:总结《龙腾虎跃》三段体曲式结构。

(四) 拓展知识:欣赏民族管弦乐版本《龙腾虎跃》片段。

(五) 作业:课后欣赏《龙腾虎跃》的不同演奏版本,并结合所学内容完整欣赏,感受乐曲每一部分的细节处理,体验乐曲不同风格的演绎。

4.《龙腾虎跃》学习评价表

评价指标	评分内容	评分指标(1-5,5分为最高分)
1. 审美感知	掌握作品中不同节奏、速度、音色等变化产生的不同作用	
	能够根据音乐特点,自主创作并表达个人的情感	
2. 文化理解	掌握中国民族吹打乐文化	
	能够理解并解释《龙腾虎跃》音乐中的文化元素和情感表达	
3. 艺术表现	姿势正确并能够准确地演奏中国鼓。	
	掌握速度、力度、节奏等音乐要素,以准确地表达乐曲中丰富多样的情感变化	
4. 创意实践	能够与他人合作演奏,协调配合	
	能够运用不同的节奏进行组合创作	
	能够在合作与创造的过程中提出自己的想法和发挥独特的才能	

四、反思研究效果

民族音乐在培养学生德智双重发展方面具有独特的潜力和意义。通过融入民族音乐元素和文化背景,学生能够培养对多元文化的理解和尊重,同时发展自身的音乐技能、音乐表现力以及音乐欣赏能力。这对于学生的德育智育和文化素养的提升起到了积极的促进作用。

"德智融合"的教育理念在民族音乐教学中起着重要的指导作用。这一视域下的教学关注学生的全面发展,既注重音乐技能和知识的培养,同时关注音乐表现力、良好的音乐价值观和文化素养的培养。通过将"德智融合"的理念融入民族音乐教学中,可以建立学生的全面能力,培养学生的创造力、合作能力和情感表达能力。

本文提出了一系列的教学方法和策略,包括多样化的音乐活动设计、跨学科整合、合作学习和情感导向等。这些方法和策略有助于激发学生对民族音乐的兴趣和参与度,培养学生的创造力、合作能力和自我表达能力。同时,教师在教学过程中扮演着引导者、启发者和评估者的角色,为学生提供具有针对性的指导和反馈,促进其全面发展。

综上所述,以"德智融合"为指导,将民族音乐融入初中音乐课堂可以有效促进学生的德智双重发展。通过合理地引入民族音乐元素和文化背景,结合多样化的教学方法和策略,能够提升学生的音乐技能、表现力和文化素养。

参考文献:

[1] 王晓燕.基于文化理解素养提升的初中民族音乐教学实践研究——以大连市5中学为例[D].沈阳:沈阳师范大学,2023.

[2] 中华人民共和国教育部.九年制义务教育全日制初级中学音乐教学大纲(试用)[M].北京:人民教育出版社,1992.

[3] 中华人民共和国教育部.义务教育艺术课程标准(2022年版)[M].北京:北京师范大学出版社,2022.

[4] 冯文绮.民族音乐进入初中课堂的探索与实践[D].重庆:西南大学,2022.

[5] Deci, E. L., & Ryan, R. Intrinsic Motivation and Self-determination in Human Behavior[M]. New York: Plenum,1985.

[6] 冯季清.高中音乐新课程理念与实施[M].海口:海南出版社,2004.

跨学科概念的教学策略研究

——以《电力》单元中"系统与模型"的教学实践为例

沙红春

【摘要】 跨学科概念是学生形成跨学科能力最重要的抓手,但实施跨学科概念教学困难多。本研究选择"系统与模型"这一跨学科概念,依托《电力》单元教学内容,设计渗透跨学科概念的单元学习活动。在此基础上提出实验操作和实验设计、案例分析、数字化模拟三个教学策略,以培养学生的系统思维和模型建构能力。实验操作和实验设计以问题导向为基础,通过引入实际问题激发学生兴趣,培养问题解决能力。案例分析引入家庭用电中的实际问题,通过分析电流的热效应和磁效应,加深学生对理论概念的理解。数字化模拟提供实践性强、直观性强的学习环境,强化学生系统思维和模型建构能力。

【关键词】 跨学科概念;系统与模型;教学策略;电力单元

一、背景

随着社会的发展和科技的进步,许多问题变得愈发复杂,需要跨足多个学科领域才能全面理解和解决。因此,跨学科教学应运而生,旨在培养学生综合思维、跨领域合作的能力,以帮助学生更好地迎接现代社会的复杂挑战。《义务教育科学课程标准(2022年版)》(以下简称《科学课程标准》)提出了四个跨学科概念,它们涵盖了多个学科领域,强调整合不同学科的知识和方法,理解和处理复杂现象和问题,全面促进创新。然而,跨学科概念教学面临重重困难。首先,明确划分学科有其自身优势,学科间的壁垒较高。跨学科概念的引入受到传统学科框架的限制,导致教学设计和实施面临挑战。其次,教师通常在特定学科领域接受专业培训,跨学科概念的教学需要教师具备多学科知识和跨学科教学方法的能力。再次,传统评价方法无法全面衡量学生对跨学科概念的理解和运用。最后,以跨学科概念学习为主要任务的课程需要整合来自不同学科的知识和资源,课程设计的复杂度高。本研究选择"系统与模型"这一跨学科概念,依托《电力》单元教学内容,尝试设计渗透跨学科概念的单元学习活动,以期为融合跨学科概念的单元教学设计提供参考。

二、跨学科概念"系统与模型"介绍

(一)系统与模型的概念分析

"系统与模型"是《科学课程标准》提出的跨学科概念之一,它涵盖了多个学科领域,强调对复杂现象和问题的理解和处理方式,通过构建模型来模拟和分析系统的运作。系统(System)是由一组相互关联的部件或要素组成的整体,它们协同工作,执行特定的功能或任务。系统可以是物理的,如机械系统或电路;可以是生物的,如消化系统、呼吸系统;也可以是抽象的,如社交网络或生态系统。[1]模型(Model)是对系统的简化和抽象,方便人们理解和研究。模型可以是数学方程、图表、计算机程序或物理模拟。通过构建模型,人们可以在不涉及实际系统复杂性的情况下进行实验和分析。[2]

学习系统与模型这一对跨学科概念对学生形成科学本体论和认识论有着重要意义。首先,系统和模型在理论构建和科学解释方面发挥着关键作用,如在物理学中学生用物理模型描述各种现象,在生物学中学生通过生态系统模型和遗传模型解释生命体系的结构和功能。其次,系统与模型在实验设计和科学探究中起到至关重要的作用,如化学中的分子模型可以帮助学生理解分子结构和反应机制,地球科学中的气象模型和地质模型可以辅助学生模拟地球系统的相互作用。此外,系统与模型提供了强大的数据分析和预测能力,如学生使用科学统计中的模型建立数据分析能力,计算机科学中的算法模型可辅助学生解决问题。同时,系统与模型有益于发展跨学科合作和综合素养,如环境科学中建立系统模型来理解环境系统,工程学中使用系统工程的理念设计和优化工程系统。最后,系统与模型的应用推动了创新和问题解决,社会科学中通过理解社会系统甚至可以推动社会变革,医学研究中通过建立生物模型促进疾病机制的理解和新药物的研发。系统与模型不仅是科学教育的重要组成部分,也是推动科学前沿研究不可或缺的工具。

在跨学科教学的背景下,系统与模型的关键作用愈发显著。系统思维强调对整体系统的理解,而模型构建则是将这种整体性转化为可操作的形式。引入系统与模型的概念,学生不仅能够更好地理解科学现象,还能培养系统性思维、解决实际问题的能力。因此,系统与模型在跨学科概念教学中的应用成为提高学生核心素养的重要手段。

(二)系统与思维的教学理论基础

系统思维和模型构建在科学教学中的理论基础源于系统论和建模理论。系论强调整体性思维,系统由相互关联的部件组成,部件通过复杂的相互作用嵌套形成有组织的单元或整体。模型构建理论则强调通过简化和抽象的方式,描绘、表示或模拟真实系统,进而更好地理解、解释或预测系统行为。

系统思维能力和模型构建能力是学生科学核心素养的重要组成部分。首先,系统思维和模型构建能够帮助学生跨足多个学科领域,将不同学科的知识有机地整合在一个框架下,进而实现学科整合。在科学的学习中引入模型概念可以涉及物理、数学、工程学等多个学科的知识,促进学科之间的交叉学习。第二,通过系统思维,学生能够更全面地审视问题,考虑各个因素之间的相互作用。模型构建则提供了一种简化和抽象的方式,使复杂问题更易于分析。这对于科学问题的解决具有重要意义,特别是那些涉及多因素、多变量的复杂问题。第三,系统思维和模型构建的培养过程涉及对不同层次和尺度的系统的理解,培养了学生综合思考问题的能力。通过建立和使用模型,学生能够发展对问题综合分析的技能,从而提升核心素养水平。

三、教学策略研究

(一) 教材分析

本文以牛津上海版《科学》七年级第一学期第九章《电力与电信》中的《电力》单元为例,以"系统与模型"等跨学科概念为引领,进行科学学科的跨学科教学设计。该单元包括电路和家庭用电两部分,学生将学习电路基础和电流的磁效应应用。引入"系统与模型"概念有助于学生更深入理解电力系统,培养跨学科思维和问题解决能力,为学生未来职业提供更好的适应性。

《电力与电信》中的内容主要涉及"物质的运动与相互作用"的科学核心概念,其中蕴含了"系统与模型"的跨学科概念。物质是运动的,物质的运动包括电磁运动,物体之间存在相互作用力,包括电磁力。学习电磁运动,通过探究电磁运动与相互作用之间的关系,有助于学生形成系统与模型的跨学科概念。[3]

在电力系统中,系统和模型的概念至关重要。电力系统包括发电机、输电线路、变压器、电力配电等组件,它们协同工作以传输和分配电能。工程师使用模型来分析电力系统的稳定性、效率和可靠性,如使用数学模型来预测电网的运行情况,优化电能分配,满足不同地区的需求。

(二) 教学目标

本单元的学习目标旨在使学生深刻理解电力的核心概念。通过学习电路部分,学生将能够理解导体与绝缘体的特性,掌握电流和电压的基本概念,识别并绘制电路图符号,运用电流表和电压表进行测量,以及深入研究电流随电压变化的规律。

在家庭用电部分,学生将理解电流的热效应,探究磁现象及电流的磁效应,将相关知识应用于实际生活中。通过实验、问题解决、案例分析等活动,学生将培养系统思维和模型构建的能力,促进跨学科思维和问题解决能力的发展,为未来在相关领域的职业发展提供更全面的素养。

(三) 教学策略

本单元采用多元化的教学策略。实验操作和实验设计的教学策略就是要通过一系列实验,让学生深入理解电路中的基本概念和原理。通过引导学生设计电路,独立思考并解决电路设计中的挑战,培养学生的问题解决能力。案例分析的教学策略是将家庭用电中的实际问题引入教学,通过引导学生分析电流的热效应和磁效应的实际案例,帮助他们在实际应用中深化对理论概念的理解。而数字化模拟的教学策略就是利用多媒体技术解决一些在教学中不能实际操作的实验,同时通过现有的软件或者虚拟平台帮助学生在电路学习中,整合出电路图与电路实物图这两种电路模型之间的相互联系,培养学生"电力系统与电路模型"的跨学科思维。在整个学习过程中,我们鼓励学生进行讨论和互动,特别是在实验和活动中,促使学生间进行思想碰撞,培养合作和交流的能力。这些教学方法的综合运用将确保学生全面理解电力概念,并在实际问题中灵活应用所学知识。

策略一:实验操作和实验设计。通过实验操作和实验设计建构模型的教学策略以问题导向为基础,设计课程时引入真实而有趣的实际问题,逐步引导学生从简单到复杂地掌握关键建模步骤。强调实践经验,让学生亲身体验建模过程,同时鼓励合作学习,通过小组合作共同建构模型,促进思想交流。科学实验可以将学习科学概念与体验科学方法融为一体,并基于科学思想与方法整合科学概念与规律,这样的教学策略有助于学生在系统思维的指引下进行模型建构,培养科学思维和解决问题的能力。

策略二:案例分析。在科学教学中,案例分析是一种有效的教学策略。首先,选择恰当的案例是关键,要确保案例与学科相关,学生能够理解且引发兴趣。在引入案例时,要明确学习目标,启发学生思考。其次,教师要提供合适的脚手架引导学生分析案例,如问题提出、信息收集和制定解决方案等。第三,及时的反馈和讨论能帮助学生理解正确解决方案和错误原因。此外,跨学科元素的引入有助于拓展学生对科学知识的理解,有助于帮助学生关注社会问题,使学生思考科学实践的影响,培养社会责任感。

策略三:数字化模拟。数字化模拟在教学中具有综合意义,提供实践性强、直观性强的学习环境,能够强化学生系统思维和模型建构能力,促进综合知识运用。首先,数字化模拟的教学策略要设计有针对性的模拟场景。保证数字化模拟场景紧密贴合学科知识和实际问题,使学生在模拟中能够深入理解和应用所学概念。第二,在数字化模拟的过程中,教师要引导学生关注整个系统的运行,促使学生形成系统思维的观念,从全局考虑问题。第三,数字化模拟有丰富的试验机会,试错"零"成本,教师可以鼓励学生在其中进行探索和实验,激发学生的创造性思维,培养解决问题的能力。第四,数字化模拟可以提供实时的反馈,教师应鼓励学生根据反馈进行调整和改进,促进他们的自主学习和思考。最后,要将数字化模拟与实际案例相结合,使学生能够将虚拟学习与真实场景相联系,更好地理解知识的实际应用。

(四)教学思路

通过微观到宏观统一的角度,引导学生从微观粒子层面理解电路中的电流和电压,通过实验和活动将抽象的概念转化为具体的图形和数值,从而深刻理解电力概念。通过引入系统与模型的概念,帮助学生更全面地理解电力系统,培养跨学科思维和问题解决能力。

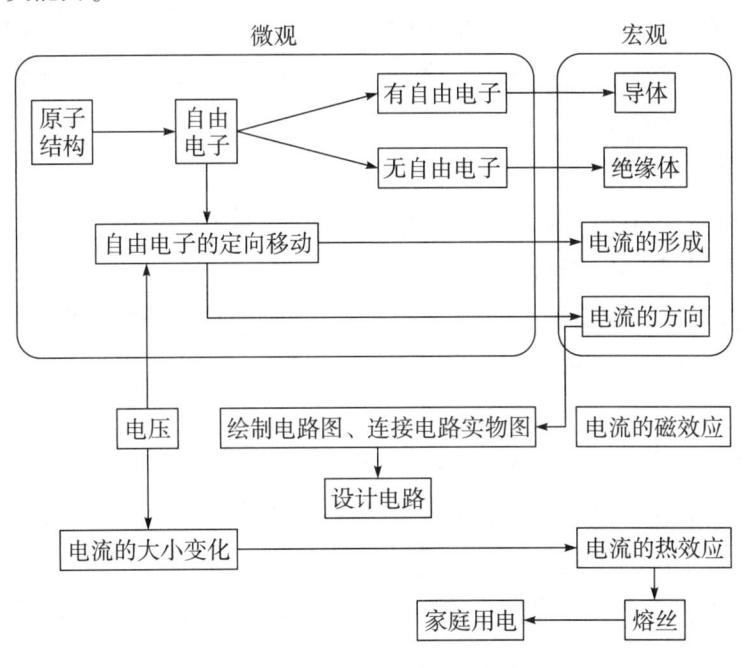

图1 微观到宏观统一的角度

四、教学策略实践

(一)实践操作和实验设计:鼓励学生进行实践操作,例如制作实际模型进行实验。通过亲身经历,学生能更深刻地理解系统的构成和模型的建立过程。

【教师】当家中突然停电,你最需要的工具就是手电筒。你见过手电筒吗?你知道手电筒的工作原理吗?

1. 探究问题:简单电路

【学生活动】制作手电筒。

【学生疑惑】在制作过程中,有的手电筒不能发光。

【教师过渡】在制作过程中,手电筒能发光,就说明手电筒中电路形成闭合电路;如果手电筒不能发光,就说明手电筒中电路是个断路。

【图片展示】手电筒的内部构造图。

【学生活动】对比能发光和不能发光的手电筒,结合手电筒的内部构造图,找出断路的原因,分析出电路的必需元件。

【教师讲课】一个简单电路需要有电源、导线、用电器和开关这四种元件。

【学生活动】连接一个简单电路。

【图片展示】电路实物图和电路图。

【教师过渡】我们在处理各种电路的时候,需要了解电路连接的相关情况,画实物图很麻烦,而且画得不一定清楚。为了避免这种情况的出现,我们用统一规定的符号来代表电路中的各元件。

2. 探究问题:绘制电路图

【学生活动】绘制电路元件:导线、电池、小灯和开关。

【学生活动】绘制电路图。

【教师过渡】我们连接了一个简单电路后,一个小灯的亮度好像不够,我们要不要在电路中再增加一个小灯,让电路周围更亮点呢?

3. 探究问题:串联电路和并联电路

【学生活动】连接一个有两个小灯的电路。

【学生疑惑】在一个电路中连接两个小灯,并没有让电路周围显得更亮,还有的连接电路后,两个灯都不亮了。

【教师讲课】两个小灯依次连接的电路是串联电路;两个小灯并列连接的电路是并联电路。

【学生活动】连接串联电路和并联电路。

【学生活动】绘制串联电路和并联电路。

【学生疑惑】那我们教室的电路是哪种电路?

【教师过渡】我们可以试着研究一下串并联电路的特点。

【学生活动】完成实验报告。

【学生汇报】我们教室里的电路应该是并联电路。

【教师讲课】我们家里的电路也是并联电路。

4. 探究问题:设计电路

【学生活动】设计电路:并联电路,两个开关各自控制一个小灯。

……

在学习电路的整个过程中,根据相关实践操作过程编写实验报告。根据完成情况,学生对于相关知识的掌握情况就有了一个很清晰的呈现。同时要求学生合作完成安全电路的实验设计。为了使学生能够按时完成,将作业按照教学进程分成三个阶段,并在每个阶段根据学生的完成情况进行作业评价。对学生作业分阶段的评价,不仅能清楚地了解学生对建立电路模型过程的掌握程度,也能知道学生在这个过程中遇到的问题,并帮助他们进行解决。

实验操作与实验设计教学策略在学生模型建构能力方面发挥着关键作用。通过制作手电筒、连接电路等实际操作,学生不仅培养了实践操作技能,更加深刻地理解了理论知识。设计电路的过程激发了学生的创造性思维,使他们能够运用所学知识解决实际问题。在观察和解决问题的过程中,学生逐步培养了观察问题、分析问题和解决问题的能力。通过连接串并联电路,学生深入理解了这些电路的特点,为今后的学习提供了坚实基础。分阶段的评价有助于学生检验和完善自己的模型,逐步深化对电路模型的建构,提高对电路原理的理解水平。因此,实验操作与实验设计教学策略不仅促使学生理论知识与实际应用有机结合,更重要的是培养了学生的创造性思维和在科学学科中实践动手、问题解决的能力。

(二) 案例分析:使用真实案例进行分析,让学生理解系统与模型在实际问题中的应用。通过案例学习,学生可以更好地理解抽象概念。

【视频展示】电线老化引起火灾。

【学生疑惑】为什么电线老化会引起火灾?

1. 探究问题:电流的热效应

【教师演示实验】镍铬线通电后发热。

【学生汇报】当镍铬线中电流通过时,镍铬线发热,这就是电流的热效应。

【总结】导体中的电流越大,热效应越明显。

【教师提问】大家还记得并联电路的电流特点吗?

【学生汇报】在并联电路中,干路电流等于各支路电流之和。

【学生疑惑】我们家里的电路基本上都是并联连接的,如果同时使用的电器多了会怎么样呢?

【学生实验】并联电路中的负载越多,总电流越大。

【学生疑惑】当我们家中不可避免地同时使用多种电器时,家庭电路中的电流就会增大,这样电线就会发热,有可能会引发火灾,那我们应该怎么办呢?

【学生汇报】控制家庭电路中的电流,使其不能超过一定范围。

2. 探究问题:熔丝

【图片展示】熔丝。

【教师演示实验】模拟熔丝熔断。

【学生汇报】当电路中的电流超过熔丝的额定值,熔丝就会熔断,从而保护电路。

【图片展示】断路器、空气开关。

【教师过渡】我们可以通过熔丝等手段保护我们的电路,那么我们在用电时要学会保护自己。

【学生活动】找出图片中家庭用电过程中不正确的用电现象。

【视频展示】各种用电事故。

【教师过渡】我们在家庭用电过程中,需要注意用电安全。在工业生产中更需要注意用电安全。工人可以通过低电压、弱电流控制高电压、强电流,实现远程遥控和自动化控制等操作。

3. 探究问题:电流的磁效应

【视频展示】电磁继电器。

【教师提问】电磁铁的原理是什么?

【教师演示实验】导线通电后,边上小磁针的变化。

【教师提问】磁铁能使小磁针发生偏转,那如果在通电导线旁边放上小磁针,小磁针会怎么样?

【结论】比较直导线通电与磁铁对小磁针的影响:磁铁的磁性能使小磁针发生偏转,而通电导线也能使小磁针发生偏转,于是,我们推测通电导线也有磁性,这就是电流的磁效应。电流的方向决定了小磁针的方向。

【视频展示】电流磁效应的应用。

【学生活动】制作电磁铁。

在这个学习过程中,我们利用情境习题的形式,选择一些与生活息息相关的习题。布置后,学生对这类习题表现出不同以往的兴趣,大多数学生都能积极地去完成这些习题,甚至有的学生对习题的完成情况超出我的期望。学生在完成习题的过程中,不仅学会观察生活,也感受了生活中科学现象的不一样。让学生将学到的知识运用到实际生活中,体会知识的魅力,从而能让学生端正科学态度,培养理论联系实际的科学精神。

案例分析和系统思维之间存在密切关系。本单元案例分析通过深入剖析电力系统中的具体案例,可以有效帮助学生理解真实的电力系统问题、背景、发展和关键因素,为解决具体问题提供实际经验。系统思维关注问题的整体性,充分考虑各个组成部分之间的相互作用,以制定更为综合、可持续的解决方案。案例分析强调问题的深度分析,系统思维指导下的案例分析注重问题的全局性,这样促进对问题的全面理解,帮助学生更有效地制定解决方案。

(三) 数字化模拟:利用现代技术,如模拟软件、虚拟实验平台等,帮助学生更直观地构建和测试模型,增强他们的系统思维。

【学生活动】测试导体与绝缘体。

【模拟软件】导体与绝缘体中自由电子的移动情况。

【教师过渡】当导体通电后,其中的自由电子发生了移动,这是为什么?

1. 探究问题:电流

【模拟软件】自由电子的定向移动。

【教师讲课】当自由电子被推动而发生定向移动,便形成了电流。

【模拟软件】电路中的电流方向。

【教师讲课】科学上规定:电流从电源正极出发,经过导线、开关和用电器回到负极。

……

2. 探究问题:电压

【模拟软件】没有电源的电路。

【教师讲课】当电路中有了电源,才会有自由电子的定向移动,才形成了电流,电源两极之间有"电压"。

……

3. 探究问题:熔丝

【虚拟实验平台】并联电路中的负载。

【学生汇报】并联电路中的负载越多,总电流越大,电路就会损毁。

【虚拟实验平台】模拟熔丝熔断。

【学生汇报】当电路中的电流超过熔丝的额定值,熔丝就会熔断,形成断路。

在使用这个数字化模拟技术的教学过程中,我们发现学生在没有特别强调的情况下,只注意这个软件或平台带给他们的感官上的刺激,而很容易忽视学习知识本身。在使用之前我们制定一些相关的小问题，让学生在使用过程更有目的性。在学习完成后，利用一些小练习让学生巩固相关知识，同时也根据学生的小练习完成情况做分析，及时了解到学生对这方面知识的掌握程度。

我们在教学中根据课程内容制定了不同的教学策略，并设计了相应的评价形式，这样可以从中了解学生对"系统和模型"的理解和应用。然后根据学生的完成情况得到及时的反馈，这样对后面的教学很有帮助，我们可以有针对性地抓住学生在学习过程中的薄弱环节，及时发现问题并解决问题。持续的反馈能让学生更深入理解核心概念，更加有利于学生形成"系统和模型"的跨学科概念。

五、研究反思与展望

（一）总结

教学活动旨在培养学生的科学素养，使其不仅能够理解科学概念，还能够运用这些概念解决实际问题，具备跨学科思维和综合应用知识的能力。首先，通过引入引人入胜的情境和实际操作，成功激发学生对科学的浓厚兴趣，使其更积极主动地参与学习。其次，通过实践操作，如制作手电筒、实验操作等，学生不仅培养了实际动手的能力，还使抽象的科学概念更加具体和实际。再次，教学活动渗透了跨学科概念，使学生在学习电力的同时涉及物理、化学、数学等多个学科领域，形成更为全面的综合思维。同时，引入系统与模型的跨学科概念，培养了学生系统性思维，使他们能够更全面地看待问题，理解事物之间的相互关系。此外，学生通过设计实验和解决问题的过程，培养了问题解决的能力，增强了科学素养。教学活动还强调学生的主动参与和探究，培养自主学习意识和学科思维方式。整个过程注重团队协作，培养了学生的团队协作精神和集体智慧。最重要的是，教学活动关注实际应用，使学生不仅理解抽象的理论知识，还能够将这些知识与实际生活联系起来，体会电力在日常生活中的应用和重要性。

（二）展望

对于跨学科概念的教学方式，我们可以在进行科学核心概念的教学和进行科学探究活动中去融合学习并理解；我们可以在教学中直接就以跨学科概念为根本让学生去理解；我们可以结合生活中的问题去让学生体验并理解。[4]但是对于现在的教师去把握跨学科概念的具体教学仍是有很大的难度，在教学中可能存在许多问题，这需要我们深刻认识到跨学科概念对于学生核心素养发展的重要性，勇于尝试，寻找到一种适合自己和学生的好方法，让学生在科学学习过程中得到不断体验、感悟、积累、提炼和升华，并且能为以后学习物理、化学、生命科学等课程打下良好的基础。[5]

参考文献：

[1] 陈元晖."一般系统论"与教育学[J].教育研究,1990(3):33-41.

[2] 周奇峰.自然科学教学中科学模型的构建[J].宁波教育学院学报,2002(3):74-76,82.

[3][5] 胡卫平,刘守印等 义务教育科学课程标准(2022年版)解读[M].北京:高等教育出版社,2022:254,66-67.

[4] 吕立杰.大概念课程设计的内涵与实施[J].教育研究,2020,41(10):53-61.

[5] 胡卫平,刘守印等。义务教育科学课程标准(2022年版)解读[M].北京:高等教育出版社,2022:66-67.

第六章 有的放矢：靶向式聚焦素养

　　"课例研究工作坊"引导教师对标能力，聚焦素养，让学科核心素养、育人方式转变、综合素质评价等教育教学改革理念，在微观实践层面进行创造性教学设计并付诸具体情境中应用和迁移。教师的教，转向学生的学；打造精品课，转向研究并改进教学设计与实施；基于经验的教学教研，转向遵循证据的行动研究；从关注课堂，转向研究教育全领域；从关注知识传承为主的学科教学，转向研究全面育人机制。让研究成为工作常态，让学习成为人生样态，让协作成为学校生态。

浅谈初中数学教学中的分层教学理念

未莹莹

【摘要】 根据学生的数学基础和思维能力,把学生分成不同层次进行教学,更能体现"因材施教"的教学原则,这有利于对学生进行个性化教育,有利于培养学生的思维能力,因此能较好地提高数学教学效果。本文从课堂教学实际情况出发,针对班级学习情况两极分化的问题,思考最适合学生思维发展的实施路径,以期实现"因材施教"的最佳效果。

【关键词】 分层教学;教学策略;因材施教

一、研究背景和核心概念界定

随着改革的不断深入,教育要实现从基本均衡到优质均衡。未来教育多样化、特色化、个性化是必然趋势,教师应该积极探索分层教学,不断改进,以满足进入优质均衡发展阶段后学生多样化的教育需求。

我国的分层教学思想最早来源于孔子的"因材施教"。分层教学充分承认和注意了个体的差异性,让学生各方面素质获得均衡发展。因材施教是对不同类别学生实施有针对性的学习指导,使每个学生都能在原有的基础上得到发展,从而达到总体教学目标。主张在教学中对学生分层,对使用的教材进行教学目标分层,对课堂传授方法分层。若教师只顾自己满堂灌,不讲究教学效果,其后果就是在同一个班级中学生的个体差异会增加,导致两极分化。而分层教学是以承认学生的个体差异为前提,从学生实际情况出发,通过班级组织与教学方式的变化,创建因材施教的环境,设定不同的学习目标、不同的教学要求和不同的评价标准来实施学科教学,以最大限度调动学生学习的积极性。这种教学形式一方面正视了学生之间的个性差异,进而从一定程度上解决了教学要求的整齐划一性与学生实际学习可能的差异性之间的矛盾。另一方面,在教学过程中尽量使教学活动贴近学生的最近发展区,使不同层次的学生都达到相应的目标,使全体学生得到最大发展和提高,其宗旨在于突出学生个性发展,全面提升学生的数学核心素养。

二、研究现状

就目前国内外的探索和研究来看,分层教学要适应新中考背景下的教学改革,尚有一些地方需要改进。首先是实施分层的模式和方法,大部分研究者均采用了分班式分层和走班式分层,其弊端就是会导致部分优等生的学习负担和部分后进生的自卑心理。其次是在分层的依据上,缺少一定的科学性,大部分研究者以学习成绩为依据,缺少对学生的学习兴趣、学习潜能、数学素养的分析。再次是对学生的评价局限性,大多研究者都不太重视在分层教学后,如何科学地对学生进行学习评价,只是通过期中、期末考试成绩对学生进行评价,这与初中数学课程标准指出的教学理念是相悖的。鉴于以上问题,本文通过数学素养分层依据、显性隐性结合分层、学生评价分层等创新教学理念,对新课标背景下初中数学分层教学的分层依据、分层策略、分层评价等进行分析,以进一步完善初中数学分层教学的理论。

科学的分层教学不是分班而是在教学中灵活分层,包括分层设疑,分层练习,分层作业,分层检查,分层辅导,根据学生的不同情况因材施教。下面主要从三个方面来探讨分层教学的实践路径。

三、分层教学实践路径

(一)学生分层

在充分了解学生的数学知识水平和数学思维能力的基础上,将学生分成几个层次。并根据不同层次的学生制定不同层次的教学目标和教学策略。分层就是把班内学生按好、中、差分成三个群体,一般好、中、差的比例要根据班级的具体情况具体分析,并且这个分层不是一成不变的。要做到因材施教,关键要建构起以学生为主体的"学—习—发展"为中心的"三位一体"的课堂教学,才能摆脱教师"满堂灌",学生配合应答,少数学生积极参与,大多数学生默默无声的低效课堂。

(二)教学目标分层次

教学目标引领着学生学习的方向。分层的教学目标包括基础性目标、拓展性目标、探究性目标以及创新性目标。教学目标的设计要依据学生的"最近发展区",让学生跳一跳,享受到成功的喜悦。教师应在吃透教材、大纲的情况下,按照不同层次学生的实际情况,因材施教,设计好分层次教学的全过程。确定具体可行的教学目标,分清哪些属于共同目标,哪些属于层次目标。对不同层次的学生还应有具体的要求,如对较好的学生要设计些灵活性和难度较大的问题,要求学生能深刻理解基础知识,灵活运用知识,培养学生的创造力和创新精神,发展学生的个性特长;对中等学生设计的问题应有点难度,要求学生能熟练掌握基本知识,灵活运用基本方法,发展理解能力和思维能力;对后进生应多给予指导,设计的问题可简单些,梯度缓一点,掌握主要的知识,学习基本的方法,培养基本的能力。为了学生更好地掌握数学知识和培养数学思维能力,每节课都要进行精心的教学设计:各层次的学生的教学目标和教学策略如何;为了实现教学目标,如何创设问题情景,如何设计层层深入的问题让不同层次的学生去探索、讨论;如何把例题分解和组合;哪个地方该精讲,哪个地方该让学生去探求;如何设计各层次学生的作业等等。例如在进行《直线与圆的位置关系》一课时,可将"使学生掌握直线与圆的位置关系,求圆上一点的圆的切线方程,判断直线与圆的位置相交、相切、相离的代数方法与几何方法"作为 ABC 层次学生共同学习目标;将能力训练点作为 B、C 层次的共同目标;将此课的学科渗透点作为 C 层次学生的提高目标。

(三) 课堂分层教学设计

1. 分层设计导学方法

教学活动是达成学习目标的载体,教师在设计学习活动时,既要考虑学习能力较弱的学困生,又要照顾学习能力较强的优等生,让所有学生参与课堂。因此,在设计分层教学活动时,对待学困生要"低起步,搭支架,领着走",调动他们的积极性;对待中等生要"小步走,勤反馈",鼓励他们积极向上。课堂上多让优等生探求问题(例题、习题或教师和同学提出的数学问题),讨论问题,最后独立地或在教师的引导下找出答案,并多鼓励他们质疑已有答案(或解法、证法)和对数学题进行一题多解,以培养他们的创新意识和创造性思维能力。而对中等生和学困生,则在讲解教学内容之后还要利用学习小组等形式来加强个别辅导。

2. 课堂分层设疑

数学问题包括简单型、较难型、少许难度型。课堂设疑不搞齐答,而是分类对应抽答,给中等、后进生更多回答问题的机会,回答错误不批评,以鼓励为主,回答正确给予更多的表扬和赞许,以提高他们学习的兴趣。其次,采取多半学生感兴趣的实例或采用多媒体教学的方法,提高学生(尤其是中等生和学困生)对数学概念、定理、性质的感性认识,提高他们学习数学的兴趣。

3. 课堂练习分层设计题目

分层练习是分层教学的核心环节,其意义在于强化各层学生的学习成果,及时反馈、矫正,检测学习目标的达成情况,把所理解的知识通过分层练习转化成技能,反馈教学信息,对各层学生进行补偿评价和发展训练,达到逐层落实目标的作用。因此教师要在备课时,针对学生实际和教材内容精心设计编排课堂练习,或重组教科书中的练习，或重新选编不同层次的练习。在选编三个不同层次的练习时，必须遵守"基本要求一致、鼓励个体发展"的原则，通俗点就是"下要保底，上不封顶"。

4. 课后分层作业

作业能及时反馈不同层次学生掌握知识的情况，能反映一堂课的教学效果，又能达到初步巩固知识的目的。因此，作业应该多层次设计，针对不同层次的学生，设计不同题量、不同难度的作业，题型应由易到难成阶梯形。所谓分层作业设计，就是教师充分考虑到学生中存在的差异，有针对性地加强对不同层次学生的作业指导设计，使每个学生都能得到最大限度的发展，在教学效果上则谋求各个层次的学生都能获得成功的体验。实行分层作业设计体现了教育要面向全体、分层优化、因材施教、主体参与的教学特点，对于激发学生兴趣，促使学生主动获取知识，减少学生流失学习兴趣起着重要作用。学困生做基础性作业；中等生以基础性为主，同时配有少量略有提高的题目；优等生做基础作业和有一定灵活性、综合性的题目，作业的量和难度使每个学生都能"跳一跳，摘到苹果"，从而调动各层次的学生的学习积极性。

在作业批改上，对学困生尽可能面改，发现问题及时订正，集中的问题可利用放学后组织讲评，反复训练，直至学生真正掌握；成绩较好的学生的作业可以采取抽查、互改等方式。作业题目不在多而在精，不能让学生疲于应付教师布置的作业，从而对数学学科产生反感情绪。

5. 课后分层辅导

对中等生和后进生以基础知识和基本技能训练为主；对优良生要给予有一定难度和研讨类问题，给学生发表自己见解的机会，注重一题多解，使学生掌握数学问题的一些共性和个性，从而探索出解决数学问题的一些规律，以拓展这部分学生的视野，加强数学能力的深度和广度。

6. 分层测试

测试是检验一个学生对知识的理解和掌握程度，我们不可能用同一把尺去量尽世界上的万物，同样我们也不能用同样的要求、标准去衡量每一个学生。在试题编制中，我们依据教学目标，可以把测试题分基础题和分层题。

7. 分层评价

分层评价是实施分层教学的保证。对不同层次的学生采取不同的评价标准，充分发挥评价的导向功能和激励功能。如对学困生采用表扬评价，寻找其闪光点，及时肯定他们的每一点进步，唤起他们对数学的兴趣和对学习数学的自信心；对中等生采取激励性评价，既揭示不足又指明努力方向，促使他们积极向上；对优等生采用竞争性评价，坚持高标准，严要求，促使他们更加严谨、谦虚，不断超越自己。总之通过对作业评价、课堂学习评价、测试后评价等充分调动各层次学生学习数学的情感、意志、兴趣、爱好等多方面积极因素,促进智商和情商的协调发展,以提高数学的教学质量。

四、分层教学设计的特点及效果反思

这样的分层教学结构有以下三个特点:

1. 程序性。学生的学习过程,总是由复习旧知到引入新知,再到学习新知、应用新知和调控新知,逐步向前推进。

2. 针对性。从纵向活动过程看,A、B、C三组都是有序的,从总体上看,都是针对A、B、C三组学生的学习实际而进行的。

3. 灵活性。即分合式结构的具体内容,应视教材内容与学生实际而灵活运用,绝不是一成不变的模式。

同时对整个年级的学生进行大调整的分层的弊端也是显而易见的:分层教学中学生的思想负担。由于初中学生年龄的特点,学生的自尊心和自信心会因为分层受到一定的伤害,因而想调动其学习热情,使学习成绩在原有基础上都有不同程度的提高,比较难实现。

实施分层教学虽然有一些困难和不足,但不能否认分层教学充分利用学生的智力因素和非智力因素,激发了学生的学习兴趣,引起学生内在的需求,调动了学习的积极性,为学生创造了一个轻松愉快的学习氛围,同时也减轻了学生的课业负担,提高了学习的效率。而如何使这种教学方法更好地发挥作用,需要我们在今后的教学实践中不断地学习和探索。

参考文献:

[1] 王卓.因材施教视域下分层教学法在小学数学教学中的应用[J].神州(上旬刊),2020(15):182.

[2] 顾芳芳.逆向思维在初中数学教学中有效运用与思考[C].面向可持续发展的教育研究专题研讨会(2020)论文集,2020.

[3] 李敏.班内分层教学模式在高中《经济生活》教学中的有效运用[D].济南:山东师范大学,2017.

[4] 李斌.分层突破,全面提升——浅谈新课程标准下初中数学分层教学[J].文学少年,2019,第024期.

[5] 姚兰花.新课程标准下初中数学分层教学[J].教育艺术,2020(8):78.

[6] 刘晗.浅谈新课程标准下初中数学分层教学[J].成功:教育,2018,第009期.

[7] 于真良.新课程标准下初中数学分层教学分析[J].数学学习与研究:教研版,2017(15):95.

[8] 石吉军.初中数学分层教学模式下的分层备课研究[C].2020年中小学教育减负增效专题研讨会论文集,2020.

[9] 黄观龙.新课程标准下"分层教学"实践中的问题研究[D].武汉:华中师范大学,2019.

HPM视角下的初中数学德智融合路径研究

——以《字母表示数》的教学为例

王温馨

【摘要】 近年来,数学史与数学教育(HPM)受到越来越多教师的关注,但初中数学教学中"重智轻德""重知轻情"的现象仍十分普遍,本文希望通过在数学课堂中融入数学史与数学文化,加大德育渗透的力度,以确保数学德育教学的效果,让学生身心各方面得到健康发展。本文基于HPM相关理论,具体选取《字母表示数》这一章节,进行HPM视角下的德智融合路径研究。将数学史融入《字母表示数》的教学实践,在具体情境中渗透符号意识、推理意识、模型思想、转化及整体思想,激发学生学习数学的兴趣,使数学德育得到有效实施,并扩大数学学科德育对学生价值观形成的影响力。

【关键词】 HPM;初中数学;学科德育

早在1972年,数学史与数学教育(History and Pedagogy of Mathematics,简称HPM)就作为一个新的学术研究领域,在第二届国际数学教育大会(ICME-2)上出现。虽然全球范围内的研究起步早,但在1998年洪万生创刊《HPM通讯》前,HPM这一数学学术领域在国内的发展还是一片空白。此后国内HPM研究不断深入,其研究体系也逐步完善,包括HPM案例教学、课例应用、课例分析等具有中国特色的研究,其中部分理论研究成果如表1所示。[1]

表1 国内HPM理论研究成果

HPM应用层次	大致分为三个方面: (1) 数学史故事 (2) 从历史发展中,对数学家们所发现的数学知识进行比较,拓宽学生的眼界,提高他们的思维水平 (3) 将历史与数学的文化价值相结合,注重多元文化在数学教学中的应用	洪万生 (1998)

续 表

HPM 应用原则	遵循科学性、实用性、趣味性、广泛性	张楠,罗增儒 (2006)
	满足科学性、趣味性、有效性、可学性、人文性	陈晏蓉,汪晓勤 (2017)
HPM 应用方式	有以下四种方式: (1) 附加式:文字阅读材料,包括数学家生平、数学概念、符号、思想的源泉、历史上的数学问题、思想方法等 (2) 复制式:正文各栏中直接采用历史上的数学问题、问题解法、定理证法等 (3) 顺应式:正文各栏中对历史上数学问题进行改编,使之具有适合于今日课堂教学的情境或属性 (4) 重构式:正文各栏中借鉴或重构知识的发生、发展历史,以发生法来呈现知识	汪晓勤 (2014)

数学史是人们学习数学、认识数学的工具,要对数学有整体性的把握,就必须用数学史作为补充和指导。从 HPM 的角度入手,学习数学史有助于激发学生数学学习的兴趣,加深他们对数学内容、思想、方法等的理解,进而培养他们的数学思维能力、情感态度价值观等,对学生充分进行数学学科德育的渗透。本文中,笔者结合数学教学实践,从 HPM 视角对"字母表示数"的德育渗透进行探索,并以"字母表示数"的教学为课例,展示学生学习、理解的过程。

一、问题的提出

《字母表示数》是沪教版《数学》七年级第一学期第九章《整式》的第一课。为何选用《字母表示数》作为本次研究的课例,有以下几方面原因:

(一) 基于教学内容

从教学内容看,"字母表示数"可以看作是过渡,具体内容如图 1 所示。学生之前学习的"四则运算""常见的数量关系"都是数字和数字之间的算术,学习本单元后,学生就开始接触含有字母的式子的内容。通过本课学习,为以后的方程、函数等学习打下基础。因此,本课既可以看作对前面知识的升华,也可以作为后面知识的基础,起到了过渡和中间桥梁的作用。

```
                      ┌─────────────┐
                      │ 用字母表示数 │
                      └──┬───────┬──┘
                         │  过渡 │
                         ▼       ▼
```

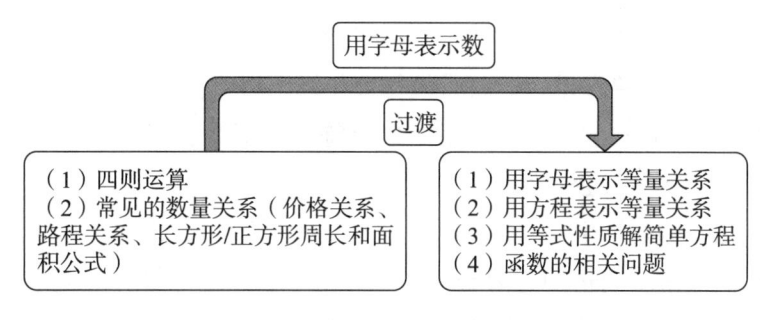

┌──────────────────────────┐   ┌──────────────────────────┐
│（1）四则运算   │   │（1）用字母表示等量关系   │
│（2）常见的数量关系（价格 │   │（2）用方程表示等量关系   │
│ 关系、路程关系、长方形/ │   │（3）用等式性质解简单方程 │
│ 正方形周长和面积公式）   │   │（4）函数的相关问题   │
└──────────────────────────┘   └──────────────────────────┘

图1 "字母表示数"的相邻教学内容

（二）基于课程标准

不同版本的课程标准从不同方面对《字母表示数》的内容做了说明。相较于实验稿，2011年版课标更注重对学生符号意识的培养。而在2011年课标的基础上，2022年版课标的内容更加具体，从内容、学业、教学三方面都提出了要求。[2]但总的来说，历版课标中都阐述了数学史对教学学习的重要性。历年课程标准中有关数学史的具体内容如表2所示。

表2 历年课程标准中"字母表示数"数学史相关内容

《全日制义务教育课程标准(实验稿)》	实施建议	① 穿插及介绍代数语言的历史,并将促成代数兴起与发展的重要人物和有关史迹的图片呈现在学生面前
		② 可以介绍一些重要符号的起源与演变
《义务教育数学课程标准(2011年版)》	实施建议	① 体现重要的数学知识和方法的产生、发展的应用过程
		② 激发学生学习数学的兴趣和自信心
		③ 展现"知识背景—知识形成揭示联系"的过程
《义务教育数学课程标准(2022年版)》	教学建议	注重情景教材的育人功能,如体现中国数学家贡献的素材,帮助学生了解和领悟中华民族独特的数学智慧,增强文化自信和民族自豪感
	教材编写建议	展现数学发展史中伟大数学家,特别是中国古代与近现代著名数学家,以及他们的数学成果在人类文明发展中的作用增强学生的爱国情怀和民族自豪感。如介绍《九章算术》、《几何原本》、珠算、机器证明、黄金分割、计算机层析成像(CT)技术、大数据等内容,以及祖冲之、华罗庚、陈景润等数学家的事迹

与实验稿相比,2011年版课标中的数学史相关内容注重知识的产生和发展,而不是单一地、孤立地给予一些史实资料;2022年版课标更加与时俱进,增添了计算机、大数据等内容,并且着重强调了数学学科教学时要培养学生的爱国情怀和民族自豪感。

(三) 基于学生学情

《字母表示数》一课安排在沪教版教材七年级上册,但学生在六年级乃至小学就开始用符号表示数了。小学低年级用图形等符号代替数,引导学生探索规律;小学高年级以及初中六年级,会用字母表示运算律。

通过之前的学习,学生已经知道符号和数是有区别的;能够利用字母表示已经发现的规律,但很难主动运用符号概括一般规律;能够在具体的情境中解释字母的含义,但较难理解符号也能参与运算。因此,学生需要通过本节课感悟字母的一般性,理解符号表达的现实意义。

不论是教学内容、课程标准,还是学生学情,都能体现《字母表示数》这一节的重要性。它是使学生的认知实现从算术领域到代数领域的质的飞跃,其发展历程经过了上千年的时间。很明显,要让学生通过几节课的学习来掌握这段历史中的内容就显得尤为困难。

因此,要把数学史融入本课教学,使学生不仅体会代数发展的历史功绩,还能深层次领悟《字母表示数》的本质。

二、"字母表示数"的相关史料

通过查阅文献、书籍等资料,获得关于字母表示数的史料,从中筛选有代表性的内容融入教学,获得的史料内容如表3所示:[3]

表3 字母表示数相关史料

公元前3000年左右~前3世纪修辞代数阶段	苏美尔人	代数的有关内容最早可见于苏美尔人(公元前3000年)的记录,他们将其记录在黏土片上。
	古巴比伦人	古巴比伦人(公元前1900年)是最早记载代数语言的一批人。他们用us(长)、sag(宽)、asa(面积)表示未知量,用hau(堆)表示未知数
	毕达哥拉斯学派	古希腊毕达哥拉斯学派(公元前6世纪)对三角形、正方形、五边形等多边形数进行研究,但他们无法给出一般证明
	欧几里得	《几何原本》(公元前3世纪)第Ⅱ、Ⅳ卷中提到了"几何代数",也就是含有代数问题的几何学。例如以直线段表示数,"设AB为偶数"

续　表

公元前250年~16世纪缩略代数阶段	丢番图	希腊数学家丢番图(公元前250年)在《算术》中首创了一系列缩略符号,并以特殊符号"ξ"表示未知数,也就出现了"丢番图方程"(不定方程)
	李冶、朱世杰	宋元时期出现了"天元术"和"四元数",都是用专门的符号来表示未知数,建立方程组并求解。李冶(1192—1279)的《测圆海镜》和《益古演段》中用"天元"表示一次项;朱世杰(1249—1314)在《四元玉鉴》中详细记载了列多元高次方程组的方法
16世纪~17世纪符号代数阶段	韦达	1591年,法国数学家韦达在《分析引论》中有意识地使用系统的代数字母与符号:"用A或其他元音字母等来表示所求量"
	费马	法国数学家费马(1601—1665)用字母表示曲线方程,大写元音字母表示变量,大写辅音字母表示常量
	笛卡尔	法国数学家笛卡尔(1596—1650)对韦达所使用的符号进行了改造,用前几个拉丁字母(a、b、c……) 表示已知数或常量,靠后的字母(……x、y、z)表示未知数或变量,这种代数表达方式沿用至今

从表3中可以看出,字母表示数并不是单纯地字母表示数量的过程,而是把数量和数量关系符号化。字母表示数的发展历程就反映了符号代数的发展历程,并且整个过程和学生的认知逻辑也是一致的。

在HPM视角下,了解代数史上的标志性人物和代表性事件,学生能意识到字母表示数的意义并非简单的从定量到不定量,而是从任意已知数量到任意未知数量的过程。

三、HPM视角下的教学设计

HPM视角下《字母表示数》的教学设计主要从教学目标、教学重难点、数学史料选用、教学过程四个方面进行,教学设计的具体内容如下:

（一）教学目标

在对课程标准、教材内容以及学情进行分析的基础上,确定了本课的教学目标:

1. 通过创设毕达哥拉斯学派形数研究的情境,掌握字母表示数并简写含有字母的式子。当字母表示具体的数时,能够准确地计算含有字母的算式。

2. 通过自主探究、小组交流,经历字母表示数的历史过程,提升符号意识及抽象概括能力。

3. 能将计算公式中的数量关系准确地用字母表示,并且可以运用所学解决简单的情境性问题,养成符号意识、推理意识和初步的应用意识。

4. 通过学习用字母表示计算公式,初步构建代数思想观念,充分认识到数学语言的简洁之美。

5. 创设各种情境并呈现字母表示数相关的数学史，提高学生的学习兴趣，体会数学语言的简洁与优美，加强学生自主思维及探究能力，以史料为载体，提高学生的道德品质。

（二）教学重难点

1. 教学重点：理解字母表示数的意义，用代数式正确表示文字语言表述的数量。

2. 教学难点：正确分析简单的数量关系，能用含有字母的式子解决实际问题。

（三）数学史料选用

本研究参照汪晓勤教授总结的数学教学中运用数学史的方式，将史料进行分析整理，选用以下内容加入《字母表示数》的教学，如表 4 所示。[4]

表 4 "字母表示数"教学设计中的数学史内容

应用方式	数学史内容
顺应式	① 毕达哥拉斯学派的形数研究 ② 丢番图的"墓志铭"问题 ③《九章算术》中的货物运输问题 ④《张丘建算经》中的"百钱买百鸡"问题
附加式	① 扑克牌的由来及天文历法 ② 莱布尼兹用"·"表示乘号 ③ 丢番图与韦达在字母表示数方面的数学发展 ④ 指数符号的创设与发展
重构式	符号代数的发展阶段和历史

为激发学生的学习兴趣，按照趣味性和科学性的原则，在引入部分添加扑克牌的由来和天文历法的史料。在课堂练习题中融入了数学史，分别由丢番图的"墓志铭"问题、《九章算术》中的货物运输问题、《张丘建算经》中的"百钱买百鸡"问题改编而来。

为了让学生体会符号代数的发展史，加入了毕达哥拉斯学派的形数研究、莱布尼兹乘号"·"的发明、指数符号的创设发展等内容，让学生体会从具体到抽象的数学概念形成过程。

（4）教学过程

环节一：创设情境，激趣导入

师：今天我们来玩儿一个游戏——比大小，这里有一副扑克牌，谁抽到的点数大，谁就赢。

师生活动：教师请两个学生到讲台前抽牌，再请座位上的学生们做裁判。

师：刚刚在做游戏时，有个同学抽到了 Q，你们都说比 8 大，你们是怎么判断的呢？

学生1：扑克牌里的 Q 就是 12，所以比 8 大。

师：那么 J 和 K 呢？

学生1：J 就是 11，K 就是 13。

师：原来如此，你们给扑克牌里的字母赋予了一个特定的数字，所以你们可以轻松判断它们的大小。此时，教师在黑板上写下课题"用字母表示数"。

【设计意图】在导入环节附加扑克牌的历史由来，不仅可以引导学生初步感知字母可以表示具体的数，同时引起学生的学习兴趣，起到"课未起，兴已浓"的效果。

环节二：探究新知，理解要点

师生活动：教师引导学生观察情景图，学生独立思考：

(1) 摆 1 个正方形由多少根计数棒组成？

(2) 摆 2 个正方形由多少根计数棒组成？

(3) 摆 3 个正方形由多少根计数棒组成？

……

小组讨论：怎样能表示出摆任意个数的正方形的个数？摆任意个数的正方形所需的计数棒根数是多少？

【设计意图】将毕达哥拉斯学派的形数研究进行简化，引导学生经历从修辞代数到缩略代数再到符号代数的发展阶段。教师不仅将学生先前所学习的正方形知识与新知识结合，使之更容易为学生所理解，还能向学生呈现毕达哥拉斯学派的形数思想。同时，询问学生喜欢用文字、图形还是字母表示数量，通过比较，引导学生的思维集中到用字母表示数上，进一步体会字母表示数的简洁性。

课堂练习：简写含有字母的式子

① $4×x=$ _____；② $x×8=$ _____；③ $y×5=$ _____；

④ $x×y=$ _____；⑤ $7×u×v=$ _____。

教师在黑板上板书习题，引导学生观察"$4×x$"，发现字母"x"与"×"很像，附加莱布尼兹用"·"表示乘号的历史故事，向学生说明在含有数和字母、字母和字母的算式中，乘号既可以用"·"表示，也可以省略不写，通常的做法就是将"·"省略。同时引导学生注意，"·"省略以后数字要写在字母的前面。

【设计意图】 本环节附加莱布尼兹用"·"表示乘号的历史,掌握简写法则和简写的原因,引导学生体会每一种规定都是有它的历史原因的,体会数学语言的简洁与优美。

环节三:巩固迁移,新知运用

习题1:古希腊数学家丢番图对字母表示数的发展做出了巨大贡献,但是历史上对于他的生平记载却很少。在《希腊诗文集》中,丢番图的生平以墓志铭的形式传承下来,诗歌中讲述道:"过路的人啊!丢番图就被埋在这里。你只要把下面的数字加起来,就可以知道他活了多少岁。他的快乐童年占六分之一,少年时期占十二分之一。又过了七分之一,他已经有了一个快乐的家庭。五年后,他的儿子出生了,但儿子只活到父亲去世年龄的一半,比父亲提早四年去世。晚年丧子,实在是太可怜了。最终,父亲独自一人度过了剩下的日子。"

(1)假如丢番图的儿子活到了 x 岁,你能试着用含有字母的式子表示出丢番图去世时是多少岁吗?

(2)假如丢番图活到了 a 岁,那么丢番图的童年时期占多少?少年时期占多少?丢番图结婚的时候又是多少岁呢?

习题2:王叔叔雇用了4名搬运工人搬家,从老家运往新家,装载货物的车每小时行驶58千米,共行驶了 a 小时,不装货物的空车每小时行驶65千米,共行驶了 b 小时。

(1)假如一名工人的雇佣费是 n 元,那么王叔叔一共需要支出多少元雇佣费?

(2)假如这辆汽车来回运行了两次,这辆汽车一共行驶了多少千米?

习题3:一人拿100元去买鸡,已知100元可以买 x 只公鸡,母鸡的单价是 y 元,小鸡单价是 z 元。你能提出哪些数学问题?试着解答一下你的问题。

【设计意图】 通过改编丢番图的"墓志铭"问题、《九章算术》中的货物运输问题、《张丘建算经》中的"百钱买百鸡"问题,不仅引导学生掌握含有字母的年龄数量关系问题、路程数量关系问题和价格数量关系问题,还能拓宽学生的数学史视野,领略古人的智慧。

环节四:以史激趣,课堂总结

教师多媒体展示丢番图和韦达的发现,让学生猜想从用字母表示一个数到用字母表示任意数和未知数大约用了多少年,接着借数学家的发现鼓励学生在学习中要勤于思考,不惧失败。教师引导学生讨论本节课的收获并作总结。

【设计意图】通过向学生普及代数符号发展的艰辛历程,鼓励学生勤于思考,不畏艰险,以此培养学生质疑问难、主动思考的能力,提高他们数学学习的自信心。引导学生总结收获,紧扣课堂教学内容的同时,引导学生谈一谈自己本节课的感想。学生既收获了知识技能,又有情感态度价值观方面的启发。

四、课后反思

《字母表示数》是第九章"整式"的起始课,是从算术到代数的重要转折点,是由常量数学到变量数学的开端,是学习"简易方程"的基础,更是今后代数知识的基础。本课的学习,能帮助学生进一步建立符号化意识与代数思想,使学生的数学知识结构产生一次质的飞跃。

符号化意识是学生在长期的数学学习过程中通过体验和感悟养成的。在教学中,教师应根据教学内容,创设有效的情境帮助学生理解符号、表达式和关系式的意义,在解决问题的过程中培养和拓展学生的符号化意识。学生只有理解和掌握了数学符号的内涵和思想,才有可能利用数学符号进行正确的运算、推理和解决问题。

因此本课意图让学生充分经历用字母表示数的过程,既依据教材,又创造性地使用教材,挖掘丰富的数学史料,创设富有思考性和趣味性的活动和练习,引导学生真正参与到课堂中来,主动建构,体验过程,获取新知,发展符号化意识和代数思想。具体教学中,主要体现在以下两点:

(一)激发学生学习兴趣,找准新旧知识的切入点

用字母表示数在数学史上具有无可替代的作用,其学习内容具有一定的难度,而且较为枯燥,因此激发学生的学习兴趣,找准新旧知识的切入点开展教学是本课需要关注的问题。

首先是激发学生的学习兴趣。正如布鲁纳所言,"学习的最好刺激乃是对所学材料的兴趣"。为此,本课采用"创设情境,激趣导入"的方式,介绍扑克牌的历史和毕达哥拉斯学派的形数研究,引导学生寻根溯源,初步感悟数学知识是前人总结的经验所得,同时激励学生用发现的眼光看待数学,为新课的学习提供动力。有此铺垫,学生对接下来关于丢番图年龄的问题,自然激情满满,全程投入。

其次找准新旧知识的切入点。本课教学意在从学生已有的生活经验出发,使之了解常见的字母可以表示特定的场所、品牌、单位缩写等,进而使其体会、认识到用字母表示数在实际生活和学习中的广泛应用,初步感知用字母表示数的优势。最后通过用计数棒摆放正方形的活动,让学生认识到用字母表示的数,可以是确定的数,

也可以是不确定的数,为后续的探究学习做好铺垫。

(二) 发展数学思维,让学生感受数学之美

本课的教学过程是让学生经历符号化、模型化的过程,在这个过程中不仅要发展学生的符号意识,提高学生的抽象思维能力,而且还要促进学生从"数"到"字母表示数",再到"式"的观点的转变,使之感受到数学之美。

在具体实施时,通过有关"字母表示数"的数学史教育,使学生初步了解用字母表示数的思想方法产生、发展的过程,从中感受数学家严谨、锲而不舍的探索精神和创新精神,感受数学家对真理的求真和求实的精神,使得本课在学习新知、培养能力的同时,还对学生进行人文精神的渗透,使学生得到真正意义上的数学教育。

本课依托"字母表示数"之名,基于 HPM 理论知识,让学生了解不同国家,不同历史阶段的人们对代数学的研究,希望在数学教学中渗透学科德育,让学生感受源远流长的数学历史、绚丽多姿的数学文化、复杂多样的数学问题。

五、结束语

HPM 视角下的教学为数学学科的"德智融合"提供了一条有效的路径,为实现国家"立德树人"这一目标提供可供参考的策略,具有很好的实践指导意义。本文仅选取了《字母代表数》一节课作为样例,后续仍然需要进一步研究,完善数学学科德育内涵分类框架,努力实现数学史融入数学教学的常态化,并扩大研究对象范围,多维度考察数学史融入数学教学的德育价值。

参考文献:

[1]汪晓勤,栗小妮.数学史与初中数学教学[M].上海:华东师范大学出版社,2019:60.

[2]陈蒨,徐文彬,李亚琼.三版义务教育数学课程标准的比较研究[J].课程·教材·教法,2022,42(12):117-123.

[3]李文林.数学史概论[M].第4版.北京:高等教育出版社,2021.

[4]汪晓勤,樊校.用字母表示数的历史[J].数学教学,2011(09):24-27,50.

从多元化角度探索几何中的"德智融合"

——以沪教版八年级第一学期数学教材为例

夏 天

【摘要】 本研究基于几何证明的教学,以"数形结合"与"数学史"为主要方法,从教学设计、教学过程、教学评价三个维度探讨"德智融合"的学科育人方式。在教学设计中要坚持目标导向、聚焦核心,拉长概念教学,减少重复练习,有选择性地挑题,增加数学活动。在教学过程中充分发挥学生主观能动性,避免灌溉式教育。在教学评价中,以多元化与分数制相结合的方式,促进学生"德"与"智"的全面发展。

【关键词】 "德智融合";几何证明;数形结合;数学史

一、数形结合与"德智融合"的背景

(一) 研究背景

党的二十大报告对"实施科教兴国战略,强化现代化建设人才支撑"做出全面部署,为加快建设教育强国、更好落实立德树人根本任务、办好人民满意的教育指明了前进方向,提供了根本遵循。[1]"德智融合,学科育人"是语文课堂中"土生土长"的教育教学思想,由"人民教育家"于漪提出,旨在将"立德树人"落实到学科主渠道、课堂主阵地。"德智融合,学科育人"的提出,印证了于漪教育教学思想中人民性是根本特征,实践性是基本特征,前瞻性是鲜明特征。

(二) 数形结合思想

数形结合思想在初中课堂中有着不可或缺的作用。首先,数形结合思想可以让学生活跃。大量的代数计算和概念灌输可能让学生在学习过程中产生疲惫,适当地引入一些数形结合思想可以调动学生的积极性,鼓励他们发言,更好地将注意力集中在课堂,提高听课效率。其次数形结合思想可以激发学生的学习兴趣。数学学科本来就有很多的公式推导、代数式等,学生可能学得很枯燥,甚至有一部分学生对于数学产生了害怕的心理,一旦学生害怕学数学,那就很难真正地学好数学。数形结合思想将图形元素引入了课堂,贴近中学生的认知,通过数形结合可以简化大量烦琐的数学问题,比如函数、不等式、解析几何等。

"数"与"形"的结合其本质就是学生"德"与"智"的贯彻。数形结合思想培养学生用多种眼光看待问题的意识、从不同角度看问题的意识,加强了学生处理问题、解决问题的能力。

(三) 文献综述

刘来认为数形结合指的是在解决问题的过程当中,将代数关系和几何图形之间相互转化,随后再对问题进行讨论。[2]他认为高中阶段的数形结合思想主要有两类,即"以形助数"和"以数辅形"。其中,以形助数他选取了三角函数的问题作为例子,如图1:

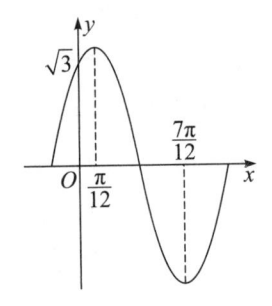

已知函数 $f(x)=A\sin(\omega x+\varphi)(a>0,\omega>0,0<\varphi<\pi)$ 的部分图像如图所示,则 $f=\left(\dfrac{\pi}{4}\right)$ (　　)

A. 1　　B. $\dfrac{\sqrt{3}}{2}$　　C. $\dfrac{\sqrt{2}}{2}$　　D. 0

图1

在这道例题中,如果单纯运用代入三组坐标求出解析式的方法,完全可以做出答案,但是会变得相当复杂。如果观察一下图形,可以发现我们很容易就能求出这个正弦函数的半周期,这样一来问题就变得十分容易。这道题目充分体现了利用图形简化代数运算的思想。

数学推理逻辑性强、运算严密规范,部分教师误认为数学与"德育"少有关联,课堂中大量练习,注重解题技巧,与"核心素养导向的教育"背道而驰。如何挖掘数学教育中深层次的德育内涵,是值得每一位数学教师研究的重要课题。[3]数学育人要立足数学学科本质,中学数学中的研究对象多种多样,但研究的过程和方法都是用简单的概念阐明科学的基本问题,用相似的方法解决不同的问题。因此,数学教师应以"研究一个数学对象的过程与方法"为指导,设计和展开课堂教学,用"数学的方式"开展"有教育的教学"。

"德智融合"的教学思想要求教育者引导学生。基于数学学科特点,在解决数学问题的过程中,积极思考,勇于探索,发展思维能力,形成卓越的学习精神和学科态度,养成务实求真、积极向上的科学品质。管敏琦老师在"平行四边形单元复习"中提前让学生绘制小报,经历梳理平行四边形各性质和判定的过程,调动已掌握的知识,自主复习,发展务实求真的品质,在德智融合方面取得了重大进展。[4]

二、"德智融合"背景下几何证明的教学

（一）"德智融合"下的教学设计

1. 拉长概念教学（概念生成部分的"德智融合"）

华罗庚曾经说过:"学数学,概念是第一位的。"在进行习题练习之前,应当更加注重概念的生成,而学生对新概念的认识是非常困难的。为此,在设计引入、概念的板块时,应设法帮助学生完成由感性到理性的认知过程。

以下是19.6(1)"轨迹"一节的教学设计中的一个片段：

教师活动	学生活动	设计意图
一、情境引入 　　我们知道,无数个点形成线,曲线都是点的集合.所有的点形成的集合有很多,今天我们重点研究符合某些条件的点的集合.请看： 　　1. 卫星绕着地球运行； 　　2. 悬挂着的钟摆往返摆动. 　（用课件演示） 　师：当物体在一定的条件下,沿着一定的轨道运行,留下的痕迹,我们简称为轨迹.	生观看	利用学生已有的生活经验,初步感受点的轨迹,激发学生学习数学的兴趣.

通过让学生观看两个实例,运用数形结合思想,让学生切实体验什么是轨迹,激发学习的兴趣,再传授新课知识,便于更深刻的理解。

下面是19.9(1)勾股定理教学设计中的一部分：

勾股定理:在直角三角形中,两条直角边的平方和等于斜边的平方. 师:转化为符号语言: B——a——C, 直角三角形ABC, AB=c, AC=b, BC=a 师:这个等式可以变形为 $c^2=a^2+b^2 \Rightarrow c=\sqrt{a^2+b^2}$, 或 $a^2=c^2-b^2 \Rightarrow a=\sqrt{c^2-b^2}$, 或 $b^2=c^2-a^2 \Rightarrow b=\sqrt{c^2-a^2}$, 师:也就是说,在直角三角形中,如果已知两条边长,那么根据勾股定理,就可以求出第三条边长. **勾股定理历史简介** 我国是最早了解勾股定理的国家之一.早在3000多年前,周朝数学家商高就提出,将一根直尺折成一个直角,如果勾(短直角边)等于三,股(长直角边)等于四,那么弦等于五.即"勾三、股四、弦五".它被记载于我国古代著名的数学著作《周髀算经》中,在这本书的另一处,还记载了勾股定理的一般形式.相传2000年前,希腊的毕达哥拉斯首先证明了勾股定理,国外通常称为毕达哥拉斯定理.	预设: 在等腰直角△ABC中, $AC^2+BC^2=AB^2$. 预设: 在Rt△ABC中,∠C=90° $a^2+b^2=c^2$.	$a=\sqrt{c^2-b^2}$ 和 $b=\sqrt{c^2-a^2}$ 也可以让学生回答. 通过对勾股定理有关历史和一些证明方法的介绍,让学生增加对数学文化的了解,丰富课外知识,增强学习兴趣,充分体会勾股定理的文化价值.

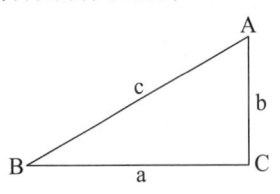

每一门科学都有其发展的历史,数学传统与数学史材料可以在现实数学研究中获得发展.在这一节中,教师在证明完勾股定理后又介绍了勾股定理的相关数学史,让学生的知识不仅停留在做题层面,更拓宽了对古代数学家的认识.同样运用了数学史的还有下面这一片段:

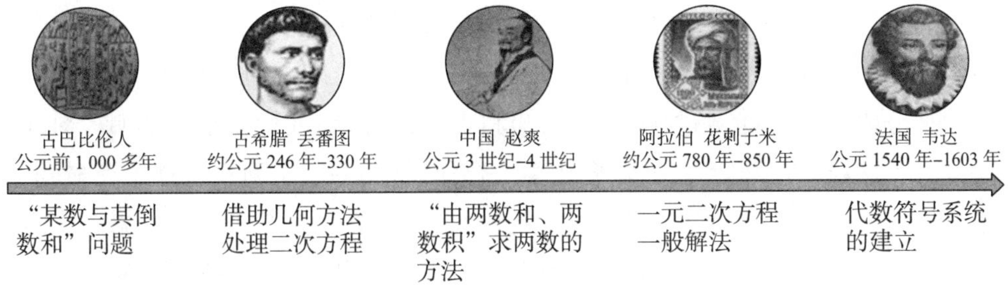

古巴比伦人	古希腊 丢番图	中国 赵爽	阿拉伯 花剌子米	法国 韦达
公元前1 000多年	约公元246年-330年	公元3世纪-4世纪	约公元780年-850年	公元1540年-1603年
"某数与其倒数和"问题	借助几何方法处理二次方程	"由两数和、两数积"求两数的方法	一元二次方程一般解法	代数符号系统的建立

图2

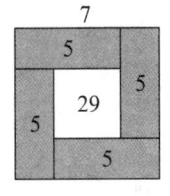

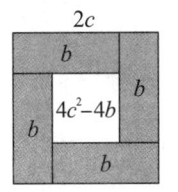

图3

17章拓展内容"关于一元二次方程的求根公式"中的引入部分介绍了从公元前1000年至公元16世纪一元二次方程的发展史(如图2),然后详细介绍我国古代数学家赵爽解决"已知两根之和与两根之积求两根"的问题(如图3),让学生感受到我国古代数学家过人的智慧,增加民族自豪感。

2. 减少重复练习(例题与作业部分的"德智融合")

数学的习题操练可以是无休止的,这也是大部分学生不太喜欢学数学,甚至害怕数学的原因之一。过量的操练不仅无法达到目标,反而成为学生的一种负担,导致他们丧失学习数学的乐趣。因此,高效的择题便是教师们在备课过程中要做的事。对于例题、课后习题的选择,首先,应当要覆盖所有课堂中所学知识点;其次,题目的难度分布应当是合理的,按照基础、中等、拔高三者比8:1:1左右来布置,太难或是太过简单,操练的效果也都会有所下降;最后,为鼓励学生自发探索,教师可以布置小组作业或是开放作业。例如:19.9(4)勾股定理的回家作业中,教室布置学生小组合作上网查资料,去搜寻更多勾股定理的证明方法,这不仅能提升个人能力,还能增加学生间的凝聚力。

(二)"德智融合"下的教学过程

在教学过程中,学生应当是主体,教师是引路人。因此,整堂课如果都是教师在讲,灌溉知识点,这样的课堂与"德智融合"是不符的。教师在教学过程中应当起引导作用。

在"19.5(1)角平分线的性质"一节中,得出定理"角平分线上的点到角两边的距离相等"以后,教师抛给了学生一个问题:这个定理的逆命题是什么？它是真命题吗？有学生类比垂直平分线定理,直接回答:"到一个角的两边距离相等的点,在这个角的平分线上",并能通过作图、列已知和求证,对命题进行完整的证明。对此笔者并没有直接给出正确答案,而是先让学生合作讨论,一起重新审视这个逆命题,看看是否能提出一些其他问题。讨论了一些时间后,有学生提出异议:"如果这个点在角平分线的反向延长线上,它也满足到角两边距离相等,但是不在角平分线上。"这时候,笔者依旧没给出结论,继续追问:"那这个命题怎样说才算完整？"

教师活动	学生活动	设计意图
（二）角的平分线的性质定理的逆定理: 问1:类比线段的垂直平分线的性质定理的逆定理,你能写出角平分线的性质定理的逆命题吗？	答1: 预设学生回答:到一个角的两边距离相等的点,在这个角的平分线上.	类比线段的垂直平分线的性质定理的逆定理,引出角的平分线的性质定理的逆定理.
问2:这些点的位置有要求吗？	答2:有,在角的内部,包括顶点.（学生回答,教师补充）	
问3:请尝试完整叙述角的平分线的逆命题.	答3:在一个角的内部（包括顶点）且到角的两边距离相等的点,在这个角的平分线上.	
问4:这个逆命题是否为真命题？	答4:是的.	
师:这个逆命题是真命题,其证明过程我们将在后面的学习中了解.我们可以把这个逆命题称为角的平分线的性质定理的逆定理.		

随后学生就补充了"在一个角的内部,也包括顶点"这一条件。到这,笔者才开始总结这个逆命题。如果一开始就给出完整答案,学生们也都可以理解。而现在,尽管这个环节上花了一些时间,但是学生在课堂上通过思考、讨论所得到的收获却是无比珍贵的。

（三）"德智融合"下的教学评价

教学评价是教学过程中的重要一环,评价的方式、评价的标准都有很多,其中最常见的就是阶段练习。升学考试往往依赖的是阶段练习的结果,然而平日里的教学评价如若都通过两个冰冷的数字,对于提高学生的学习热情是不利的。

例如:笔者在班内制定"积分制度",对学生的听课习惯、作业完成质量、小组交流等日常学习进行评价激励;也可通过学习小组的形式进行评价,进行一周一点评、一月一总结,使这些评价切实与教学活动相结合,引导小组间互相学习、扬长避短,实现长时评价。

三、反思总结

"德"与"智"的融合其实在教学的每一个过程中都有涉及,它们两者本不应被太过区分,真正意义上的"德智融合"无法具体指出哪一部分属于"德",哪一部分属于"智"。"智"往往被狭义地理解为对知识点的掌握程度,或者是考试的分数。实际上"智"的覆盖面要更广一些,比如观察一件事的角度是单方面还是多元素,如何在有限的时间内做好小组分工并完成任务,抑或与人交流的谈吐中也流露着一个人的大智慧。智者,善于使事物朝着有利的方向变化,其思想观念也在不断地更新换代。而"德"则是"智"的一座灯塔,永远让"智"在正确的方向上得以发展。教学过程中,处处不提"德"字,却又处处体现"德"。

数学学科的"德智融合"真正意义上关注学生成长发展中的需求,在这样的课堂上,师生共同探索世界的奥妙,学生对未知事物充满好奇心,愿意学习数学,喜欢学习数学。

"立德树人"是教育的根本,是我国历代教育共同遵循的理念,也是新时期实现中华民族伟大复兴中国梦的必由之路。作为数学教师,我们该如何在日常数学教学中担负起"立德树人"的责任和使命?在数学教学中注重"德智融合"是让"立德树人"落地生根的一条有效路径,这是于漪老师几十年教育教学实践的总结提炼和发展,也是这几年教学实践的方向。

参考文献:

[1] 黄音.沿波讨源"德智融合,学科育人"教育思想 专访"人民教育家"于漪[J].上海教育,2023(13):6-9.

[2] 刘来.数形结合思想在高中函数中的应用[J].高考,2021(14):19-20.

[3] 张维.多视角创设数学育人情境促"德智"教育融合[J].天津教育,2023,(10):27-28.

[4] 管敏琦.数学品质培养的实践探索——以"平行四边形单元复习"为例[J].中学数学教学参考,2022(02):67-69.

核心素养下初中英语分层作业的设计与实施

——以牛津英语七年级上册 Unit 5 Writing 板块为例

石　越

【摘要】 作业是课堂的延伸,是巩固课堂所学知识的重要途径。初中阶段的英语学习中,学生在多方面表现出较大的差异。面对差异化的学生,以往"一刀切"的作业存在许多问题,不再能满足育人要求。根据学生实际情况分层设计的作业有利于减轻学习负担,培养学生学习积极性,提高学习兴趣,使得全体学生在原有基础上发展进步。本文以牛津英语七年级上册 Unit 5 Choosing a new flat Writing: The Lis' new flat 的课时作业为例,探究初中英语分层作业的设计原则和方法,并通过分层作业的实施促进英语核心素养培育,使学生在独立完成作业的过程中,体悟英语学习的价值并在英语表达中发展思维能力。

【关键词】 初中英语;作业分层;作业设计;核心素养

　　作业是培养学生英语学科核心素养的重要环节,而分层作业设计是弹性的、优化的一种作业形式。[1]《义务教育英语课程标准(2022 年版)》(以下简称《2022 版课标》)表明,教师应"关注学生不同的学习需求","因材施教,针对不同能力水平、不同学习风格的学生,设计不同难易程度的学习任务,布置体现差异化的作业"。[2]因此,教师在设计作业时应仔细考量不同学生的学习能力与知识储备,面向全体学生,合理设计分层作业。本文将结合具体的作业案例,探究如何设计高质量的分层作业以培养学生的核心素养。

一、初中英语作业设计的问题

　　目前,初中英语作业设计主要存在以下问题:形式单一、机械操练、重复性强、数量较多、针对性差等。作业通常为抄写、读背、默写、习题等形式,可能在一定程度上可以提高学生的语言能力,但不利于学生学习兴趣和综合能力的培养,容易使学生陷入机械化的操练,忽视了思维品质的发展与提升。《2022 版课标》强调,英语课程要培养的学生核心素养不仅仅包括语言能力,还应涵盖文化意识、思维品质和学习能力等方面。[3]因此,传统的作业模式需要改革。此外,布置的作业数量过多也会给教师带来负担,不及时的反馈与批改违背了作业的初衷。

特别是当教学班级学生差异较大时,"一刀切"的作业让学生在课后花费了大量时间,使学生失去学习兴趣,对成绩与能力的提升帮助甚微。成绩较好、能力较强的学生会出现"吃不饱"的情况,而对于基础薄弱的学生,在完成作业上存在一定困难,长此以往,学生失去学习信心与兴趣,甚至为了上交作业抄写他人作业,养成不良习惯。作业设计时不以学生为本,忽略了学生英语水平、个性、爱好、能力等方面的差异性,这些都是当前作业设计亟待解决的问题。

部分教师已尝试将作业根据学生情况进行分层,并取得了一定成效。前人研究证实分层作业确实提高了学生的学习兴趣,也在一定程度上提升了学生的英语成绩[4][5],然而目前分层作业大多停留在数量上的分层,或者依然采取单一形式,以机械操练为主,或者将学生生硬固定划分开。那么,分层作业应如何分层?如何在实际教学中推进?怎样提升分层作业的质量?这些都是需要进一步深入探究的问题。笔者将结合具体实例,探究如何设计并实施高质量分层作业。

二、分层作业的设计原则

(一)掌握学生学情,灵活调整分层

教师在设计分层作业时,首先应该对学生情况进行摸底,统计好日常考试以及期中期末考试成绩,并结合日常表现,把握"最近发展区",对学生的个体差异进行深层次分析,保证不同层次学生完成的作业内容有所差别,以此推动学生的个性化成长。通常可以将学生分为三类,教师可根据这三类学生的学习能力、知识储备、性格特点等因素,确定不同的学习要求与目标,设计布置不同的作业,如基础作业、能力作业及拓展作业。

以笔者所在的班级为例,学生总数48人,可划分为如下三类(见表1)。

表1 班级学生层级分类

层级	占比	特点
第一层级	35%	基础知识扎实;学习习惯良好;学习能力强;完成作业用时短且准确率高
第二层级	40%	基础知识不够扎实;想努力学习,但有时难以吸收或者学习动力不足,存在惰性;能及时完成英语作业,但准确率不如第一层级学生
第三层级	15%	基础知识薄弱;学习新的语言知识很困难;英语考试经常不及格;有时为了完成作业不得不参考资料或抄袭他人的作业

学生的分层是动态可变的。如果一个学生在学习英语方面取得了进步并且付出了很大努力,他就可以选择更高层级的作业。相反,如果一个学生退步,他可能适合较低水平的作业。此外,同一个学生对不同知识的掌握情况也可能不一样,因此,在不同的作业中,适合他的任务层级会有所变化。

必须说明的是,实施分层作业,并不是对学生实施等级划分式的分层,这样容易让学生产生自卑感,不利于他们的学习发展。教师对学生进行分类只是为设计分层作业提供参考,并非给学生定性。这是一种隐形的分层,不对学生公开。教师可以根据三类学生的情况设计作业,赋予合理分值,给予学生自主选择的权力,鼓励他们选择最合适的任务,并尝试不断突破,挑战自我。

(二) 明确作业目标,确定分层目标

作业目标是设计作业的出发点。作业任务围绕作业目标展开。作业目标要与教学目标紧密关联,注重前后联系,关注教学重难点,并将其融入作业目标中,检测学生的学习效果。同时作业目标要以核心素养为导向,关注"德智融合",不仅有语言知识的要求,也需要关注学生思维的发展以及价值观、情感的形成。

设定作业目标时,应考虑到梯度。对于第一层级的学生,教师可以设定相对较高的作业目标,学生在巩固所学的基础上,能够举一反三,迁移创新,并将语言知识运用于实际生活,提高学习能力,切实提升思维品质,培育文化素养;而对于第二层级学生,教师可以适当降低目标要求,学生掌握所学知识,并能简单应用即可;第三层级学生在完成作业时有很大阻力,作业目标需关注基础的语言知识,符合其能力,学生可自主完成,培养自信心。

此外,教师也可设定统一标准的作业目标,对不同层级的学生设定不同的达标比率。比如,第一层级的学生需要达到全部目标设定的标准,第二层级的学生必须完成目标的70%及以上,第三层级的学生只需达成最基础的那部分目标即可。本文探究的实际案例即采取这样的形式,将在下文详细陈述。

(三) 丰富作业形式,指向核心素养

初中英语作业形式分为书面与非书面。书面作业涉及语法、词汇、阅读、写作,通常采取抄写、填空、选择、造句等形式;非书面包含口头朗读、复数、对话、听力以及实践性作业,包括制作、采访、调查、编演课本剧等。[6]

《2022版课标》指出:"作业的设计既要有利于学生巩固语言知识和技能,又要有利于促进学生有效运用策略,增强学习动机。"[7]因此,教师确定好适切的目标后,可根据作业任务选择合适的形式,要注意:1.作业表现形式应当生动有趣,充分调动初中学生的学习积极性,可以采取跨学科的形式,以美术、音乐等学生感兴趣的学科来调动英语学科学习;2.作业任务与实际运用相挂钩,关注学生核心素养培育,形式不拘泥于某一固定模式,除了常规的背默与习题外,可增设思维导图、采访等丰富的形式,特别是对于第一层级的学生,可多设置应用实践类作业,贴近生活,促进学生转化英语知识,灵活应用,提升综合能力;3.形式服务于内容,不能一味追求形式上的创新,基础知识的巩固与练习仍需在课后作业中有所体现,如朗诵、记忆听写、日常交流等,在创新形式时,仍应牢牢把握作业目标与核心素养。

三、初中英语分层作业设计实例探究

本文以《英语》(牛津上海版)七年级第一学期第五单元 Writing：The Lis' new flat 课时作业为例,阐述分层作业的设计与实施。

(一) 作业背景

本次作业所选单元以搬家为背景,主要谈论公寓以及房间布局,学习并掌握有关房间物品的单词,并描述摆放位置。本单元(见表2)共有五课时,其中第四、第五课时为写作课,谈论 Li 一家的新公寓。第五课时主要是 Ben 向 Tom 描述自己的卧室。本课时要求学生通过 Ben 对自己房间的描述,学习并掌握描述房间布局的方法,特别是描写的顺序与位置的表达,并尝试在房间平面图的辅助下,连贯且有逻辑地描述房间。

表 2 Unit 5 单元教学安排

\multicolumn{3}{c}{Unit 5 Choosing a new flat}
课时	课型	课时内容
1	Reading	Thinking about a removal I
2	Reading	Thinking about a removal II
3	Listening and speaking	On a removal day
4	Writing	The Lis' new flat I
5	Writing	The Lis' new flat II

(二) 作业目标

通过本次作业,学生将达成以下目标:

1. 巩固课堂所学,能够按照合理的空间顺序描述房间内物品摆放,并借助冠词和代词使描述更加连贯而富有逻辑;(针对作业 A、B、C)

2. 熟练运用表示地点、方位的介词,there be 结构等描述房间内物品的位置;(主要针对作业 B、C)

3. 培养写作兴趣,增强写作信心,对空间布置与设计形成自己的想法(主要针对作业 B、C),并在写作中发展思辨性思维与创造力(主要针对作业 C)。

目标设计说明:笔者根据教学目标及内容,设定了三个作业目标。三个目标由低到高,循序渐进,侧重点不同。目标 1 涉及基础语言知识的掌握,需全体学生达标;目标 2 对语言能力提出更高要求,需要学生内化语言知识并能简单运用,描述实际生活中存在的事物;目标 3 涵盖更高层面,需要学生思考、创造,注重学生"德智融合",包含核心素养要求中的思维品质和学习能力,是本项作业的最高要求。

(3) 分层作业内容

A. 基础巩固(见图 1)

【设计意图】该作业为第三层级学生设计。这部分学生约占班级总人数的 15%,基础不扎实,难以完成较复杂的整篇作文任务,因此通过填空练习帮助其巩固描述房间布局的表达;同时让学生在原图中添加物品并描述位置,尝试自己造完整句子;将描述放入文章合适位置,侧重考查学生对空间顺序的理解,为独立完成写作任务做好铺垫。

Task 1 According to the picture, complete the description of the room. 根据图片,完成对这个房间的描述。

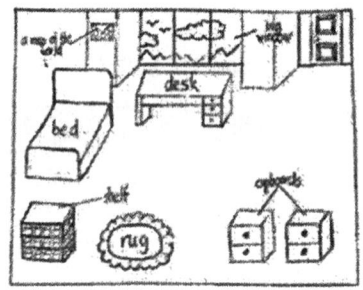

① My bedroom is a big room _____ one big window. ② The big window is _____ my desk. ③ My bed is _____ the desk. ④ There _____ (is/are) also a shelf and some cupboards. ⑤ _____ (A/The/不填) shelf is _____ my bed. ⑥ The cupboards are _____ the shelf. ⑦ There is a beautiful rug _____ the floor. ⑧ _____ (It/The rug/A rug) is _____ the shelf and the cupboards. ⑨ There is a map of the world _____ the wall.

Task 2 Add some other things to this room. Draw them in the picture and describe their positions in English. Then put your description in the right position of the writing in task1 to make the writing coherent. 给这个房间增添一些其他物品。把它们画在图片里并用英语描述位置,再把你的描述放到任务 1 作文里的合适位置,使行文连贯。(选做)

图 1 基础巩固作业

B. 巩固提升

Draw a picture of one room in your flat and write at least 60 words to describe things in it.

Note: Please write things in proper spatial order（合理的空间顺序）. You can use "there be" and prepositions（介词）to show positions.

【设计意图】选择该层级的学生占比较大,约40%。该写作任务与课堂上的范文较为类似,从卧室描述拓展到任意房间描述,巩固课堂所学,考查学生对描写顺序以及介词等结构的掌握。

3. 拓展延伸（见图2）

Suppose you are a room designer in 2050, what kind of room would you like to design? Please draw the plan of the room you'd like to design and write about things in it, using the questions below as reference. You should write at least 60 words.

Suggested questions:

1. Who would you like to design a room for?
2. What does the room look like?（things and their positions）
3. Why would you like to design such a room?

The following is for reference only.（以下表达仅供参考）

倒装句:地点状语+be/lie/sit/stand/...+主语

图2　拓展延伸作业

【设计意图】有能力完成此项作业的学生约占35%。不同于立足现实情境的B层作业,C层作业指向语言的应用实践层次,让优等生有意识地运用课堂所学,发挥想象力与创造力,展开思考,设计出未来的房间,在情境中熟练运用目标语言。

（四）作业设计思路

本次作业根据学情分层设计。教学班级学生差异性明显,基础不同。为使不同层级的学生在作业中能有效巩固所学与锻炼能力,增强学习英语的信心,调动英语学习的积极性,特设计分层作业,包括基础巩固、巩固提升、拓展延伸三类,充分体现了作业面向全体学生,面向每一个有差异的学生。

本次作业营造情景,设计了多维度、多形式、多创造的趣味作业。每层作业任务均包括写与画两部分,均紧扣作业目标,完成时间大抵相同,学生可根据实际情况择一完成。基础巩固作业注重基本的语言表达结构与词汇,并利用跨学科的形式,借助画画来帮助、加强、反映理解;巩固提升作业注重真实场景的描述,即自己家的房间布局介绍,考查学生借助图例独立完成写作任务的能力,是课堂学习的适当迁移;拓展延伸作业营造情境,要求学生以设计师身份设计一间未来的房间,对语言技能与思维品质有一定挑战,需要学生自主建构并内化新知,发挥创造力与想象力,发展独立思考和解决问题的能力。

(五)作业反馈与评价

根据《2022版课标》,"作业评价应根据需要采用集体讲评、个别讲解和书面评语等方式,提供有针对性的反馈,激励和指导学生不断取得进步"[8]。笔者对此次作业的评价包含书面评语、集体讲评与个别讲解。

笔者所在班级的学生对本次分层作业认真完成率接近100%,甚至很多学生在选择作业B或C时,会顺带完成作业A。作业用时合理,学生展现出浓厚的兴趣,完成质量较高。作业批改时,教师不仅关注学生语言知识的掌握情况,更关注学生的空间逻辑思维与创新创造能力,综合给出作业等第与评语。

面向全体学生,讲解分层作业,努力达成教育公平。虽然作业是分层的,但是课堂讲解时可以巧妙全部涵盖到。课堂集体讲评中,作业A的处理相对简单,由学生回答并解释,教师适当补充。这部分不仅照顾到基础知识薄弱的学生,而且帮助英语水平较高的学生复习了一遍基础知识。针对作业BC,笔者着重讲解写作的逻辑思维,总结归纳讲解易错点并补充好词好句。

在课堂讲评中,发挥学生主观能动性。课前挑选优秀作文,让学生自己展示自己的画作并分享习作。正如《2022版课标》指出,"教师应深入理解作业评价的育人功能,坚持能力为重、素养导向"[9]课上分享的优秀作文除了语言、语法、结构、内容等方面较突出外,更多的是体现了学生的道德品质、思维品质与创新能力。这些展示的作业包括周同学设计的20年后生态环保房间,沈同学考虑到外公的疾病而设计的暖心病人照顾房间,陈同学为弟弟设计的玩具智能房间,吴同学设计的智能书房,等等。课上的分享面向全体同学,由同伴传递积极的思想,更有利于学生道德品质的塑造,新奇大胆的设计也拓展了学生的思维。

除了课堂讲解外,笔者在课后进行个别答疑及辅导,兼顾个体差异,促进不同层次的学生成长进步。

四、结语

初中英语分层作业面向全体学生,关乎个体差异性,使得不同个体有较大的发展和进步。分层作业的实施有利于改变学生对待作业的态度,提高学习兴趣,增强学习自信心。可选的分层作业在一定程度上减轻了学生作业任务量,符合"双减"要求。虽然数量减少,但是质量和效果却得以提升。教师在设计分层作业时,应该合理分层,明确作业目标,贴近实际,注重知识的内化与应用,提升作业"德智融合"的育人功能,以高质量的作业促进英语学科核心素养的发展。

参考文献:

[1] 沈洁.普通中学高二英语分层次作业设计[D].上海:上海师范大学,2011.

[2][3][7][8][9] 中华人民共和国教育部.义务教育英语课程标准(2022年版)[M].北京:北京师范大学出版社,2022.

[4] 方玲芳.分层作业在初中英语作业中的应用研究[D].杭州:杭州师范大学,2016.

[5] 钭方健.有效分层作业管理的实践研究——以某实验性示范性高中物理学科为例[D].上海:华东师范大学,2012.

[6] 赵尚华.初中英语作业设计的七个建议[J].基础教育课程,2022(14):58-64.

新课标背景下初中花样跳绳大单元设计的实践研究

陆雨晨

【摘要】 本文首先分析了初中花样跳绳教学开展的重要价值;之后介绍了初中花样跳绳大单元教学的内涵;最后以初中水平三花样跳绳教学的开展为研究对象,从教学目标、教学内容、教学重难点以及教学方法几个方面对新课标背景下初中花样跳绳大单元教学计划进行设计,并总结了教学的效果。

【关键词】 初中花样跳绳;大单元教学;价值;内涵;教学设计

花样跳绳作为一项具有较强表演性、娱乐性、竞技性的运动项目,拥有悠久的历史,不但有助于参与者的全身都达到运动健身的目的,还能够促进其情绪的改善。初中体育教学中花样跳绳的开展,不但有助于体育课程内容的丰富,还可以对初中学生的身体素质进行充分锻炼,对其智力进行有效开发,促进其肢体协调性的提高,并对其身体形态加以改变。新课标背景下大单元教学因为具有全局性、整体性和系统性的特点,在初中花样跳绳教学中也受到了较为广泛的关注,大单元教学在初中花样跳绳中的应用,有助于初中生更为系统地学习花样跳绳,深刻感受花样跳绳的魅力,体现"德智融合"理念下的身心素质的有效提升。

一、初中花样跳绳教学开展的重要价值

(一)花样跳绳有助于促进初中生身心健康

花样跳绳能够很好地促进人们的身体健康,不但能够借助集体活动,通过速度要求对参与者的耐力加以有效锻炼,增强肌肉的耐酸能力,还可以对心肺耐力进行锻炼,从而起到强心的作用。尤其是双摇跳及其他较为复杂的花样动作,对参与者的核心力量、腿部力量、手腕以及手臂力量都有非常高的要求,能够起到更为显著的练习效果。在摇绳及跳跃时,身体中大部分肌肉都会参与活动,从而对身体进行更为全面和高效的锻炼。与其他运动相比,花样跳绳强心健体的效果更为显著。此外,学生通过各种新花样的学习,对各种困难的克服、各种较难动作以及花样的掌握都能够增强其成就感和自信心。特别是参加跳绳表演和比赛,更可以锻炼胆量和心理素质,增强其自信,进而促进心理健康的发展。

(二)花样跳绳有助于促进初中生综合素质的提高

首先,花样跳绳不但能够随着音乐节拍进行节奏的相应跳跃,还能够利用动作及队形的改变,让学生的表现力更好地呈现出来,从而促进其自信心的增强。其次,计数类花样跳绳项目可以提高学生的竞争意识,培养更快、更强的体育精神。再次,花样动作的创编,能够增强学生的创新能力和开拓思维。集体及配合类活动,对学生的团队精神、协作能力、合作意识以及沟通能力等进行培养,进而促进初中生综合素质的提高。

二、初中生花样跳绳大单元教学的内涵

(一)主题性教学的内涵分析

以往在小单元教学模式下,学生难以把知识和技巧进行有效迁移,在动作的创编和创新能力上也相对较差,甚至很多学生对于所学知识和动作技巧并未真正地理解和有效运用。而大单元教学则让教学从一个知识点内容的教学变为整个面的教学,从而构建起立体化的网状结构,让学生更好地体验花样跳绳的魅力,形成终身运动的意识及良好的运动习惯。这里面的单元并非内容或知识单位,而是指教学单位。

(二)系统性的教学内涵理解

一个单元即为完整或系统的教学方案,通常由教学单元的名称、所需课时、教学单元的目标、教学的过程和检测、教学评价的任务以及教后反思六个方面的要素构成。体育教学当中的"大单元整体教学"是指结合目标、内容、开展过程和评价构成的一个完整的教学项目,是对真实完整的教学过程进行关注,包括素养目标、学时、教学情境、教学任务以及教学评价等,是一个结构化的整体教学方案。大单元整体教学,是将体育项目分成大单元,本文则把花样跳绳当成体育教学当中一个大单元开展系统性的教学。

(三)大单元设计的四项内容

具体来说,可以将初中花样跳绳大单元教学内容分成四个部分,分别为花样跳绳认知教学、花样跳绳动作教学、花样跳绳技巧创编以及花样跳绳比赛。不同的内容间、课时间具有一定的逻辑联系,教师要结合学生的最近发展区,基于学生的运动基础、基本学情和教学内容,让学生根据所学内容对花样动作加以创编,而后再通过比赛的形式进行展示,这与初中生的认知规律是较为相符的。

三、花样跳绳大单元教学的具体设计

（一）明确教学内容

本单元教学以初中水平三花样跳绳为教学内容。

（二）确定教学目标

1. 积极参与本单元学习，能对练习及游戏当中同伴的动作进行观察和评价。

2. 通过练习及游戏活动的开展，能够尝试学习单人、双人及多人共同完成的花样跳绳动作，并掌握有关的练习方法。

3. 通过学习，能够锻炼灵敏度、协调性，并增强关节、韧带以及上下肢肌肉等功能。

4. 通过学习，能够在掌握基本动作的前提下，自主参与较大难度的动作学习，且能在和同学的配合中展现团队合作意识。

（三）教学课时、分课时教学内容和教学方法

本教学中大单元的教学内容主要遵循的主线是：个人花样跳——两人合作花样跳——多人合作花样跳。

第一课时

【教学目标】了解步伐跳的基本动作。能力：可以随着音乐节奏练习步伐跳相关组合动作，可以利用跳绳提高跳跃节奏感和能力。情感：培养敢于挑战及自主学习的精神。

【教学内容】一人一绳个人花样。

一是讲授开合、后踢、交叉、脚尖、提膝以及脚跟、踢腿基本步伐跳；二是讲授开合交叉、提膝踢腿、开合后踢以及提膝交叉、三点步伐组合。

【教学重点】正确的跳绳姿势、落地轻巧。

【教学难点】有节奏的跳跃。

【主要教法学法】1.采用"石头剪刀"游戏对基本步伐进行复习，并在此过程中创造出新的步伐；2.采用讲解法对各种步伐要点进行讲解，并组织学生开展练习；3.引导学生对所学步伐进行思考，把学习的步伐组合为套路加以练习；4.学生对所学和创造的新步伐进行展示，互相评价，共同提升。

【设计意图】通过对脚部动作的学习以及游戏化形式的教学，引导学生创新自己喜欢的步伐，促进学生的思考和交流。

第二课时

【教学目标】 了解挽花跳技术动作，了解手腕摇绳对挽花跳的重要性。能力：掌握挽花跳相关动作以及手腕摇绳方法，可以做到轻松、自然地跳，提升动作的协调性。情感：培养自主学习和探究的优良品质。

【教学内容】 一人一绳个人花样。

主要开展侧打挽花跳和胯下挽花跳两个内容的教学。

【教学重点】 向前摇绳两臂打开和交叉的时机。

【教学难点】 手腕摇绳和上下肢协调有效配合。

【主要教法学法】 1. 讲解主要对个人花样挽花跳相关技术动作；2. 强化学生持绳、绳不过脚方面的练习，强化学生深入了解相关技术动作；3. 让学生掌握持绳练习完整动作，并感受摇绳的方法；4. 采用跳绳接力游戏的方法对学习的花样跳加以巩固。

> **【设计意图】** 挽花是跳绳技术中较为重要的手部摇绳动作，体现上下肢的协调配合，为后续的花样学习做铺垫。

第三课时

【教学目标知识】 了解两人一绳各种不同的跳跃方法，发挥思维拓展能力，试着应用不同的组合套路。能力：掌握间隔跳进绳的时机以及摇绳方法，提高跳绳的连续性，培养弹跳和耐力等能力。情感：培养勇于创新和探究的精神，体验到和他人配合的乐趣，构建和谐良好的人际关系，并形成良好的运动习惯。

【教学内容】 两人一绳双人花样。

主要对间隔转圈、间隔跳、换位跳、纵排及组合套路等内容进行教学。

【教学重点】 掌握间隔花样跳的方法。

【教学难点】 两人做到协调配合，保持节奏的一致性。

【主要教法学法】 1. 通过比赛法让学生对所学习的内容进行复习，同时为后续练习奠定基础；2. 采用情境创设法，让学生通过游戏闯关的方式，完成不同关卡的学习内容；3. 采用讲解法和示范法对两人一绳各种不同的花样动作进行讲解和示范；4. 采用小组练习的方式开展团队练习，对学生的创新思维进行引导，使其可以结合所学动作进行套路整合并展示。

> **【设计意图】** 通过两人一绳的教学，引导学生相互合作和沟通，明白"合作共赢"的理念，并且通过比赛和游戏的形式加强与伙伴、小组之间的凝聚力。

第四课时

【教学目标】掌握两人两绳不同的跳跃方法,发挥自身的思维拓展能力,尝试做出不同的花样动作。能力:掌握能两人两绳的动作方法,能跟着音乐有节奏地练习,做到两人摇绳方向、速度一致,学会用手腕摇绳。情感:培养团结协作、共同配合等品质,能做到一切命令听指挥,具有良好的纪律。

【教学内容】两人两绳双人花样。

主要对连锁步伐跳、连锁挽花跳以及相应的组合套路进行教学。

【教学重点】确保跳绳姿势正确、和胸口交叉保持相同的时间。

【教学难点】两人跳绳节奏和手腕摇绳保持一致性。

【主要教法学法】1.组织"跳绳比快"游戏竞赛,利用游戏对基础动作进行巩固;2.按照不同的花样把学生分成不同的小组开展练习;3.以小组为单元开展练习;4.把每组中跳得最好的学生安排到其他小组开展帮扶,确保所有小组学生都能掌握至少两种花样;5.对学生进行引导,使其可以根据所学动作加以组合、创新,互相团结,进行展示并开展互评。

【设计意图】本课时不但考验学生对于跳绳技术动作的掌握程度、节奏的把控,还考验小组内学生的沟通交流能力,所展示的内容既要符合小组内的平均水平,又要体现团队的创新能力。

第五课时

【教学目标】了解车轮跳有关的各种跳跃方法,发挥自身的思维拓展能力,尝试做出多人车轮花样。能力:练习不同动作,可以自然、连贯地跳,提高节奏感和准确性,增强身体弹跳力与协调性。情感:培养团结、互助以及共同提升的优秀品质,增强体育热情。

【教学内容】多人多绳多人花样。

主要对车轮基本花样跳、挽花跳、胯下挽花跳以及有关组合套路进行教学。

【教学重点】确保摇绳节奏和同伴保持同步和一致,上下肢做到稳定、协调配合。

【教学难点】两人协调配合和手腕摇绳。

【主要教法学法】1. 通过"套人"游戏的开展,对学生车轮跳基本花样进行练习和巩固,为后续学习奠定基础;2. 以小组的方式对所学花样开展练习;3. 把每组当中跳得最好的学生安排到其他小组开展帮扶,确保所有小组学生都能掌握至少两种花样;4. 对学生进行引导,使其可以根据所学动作加以组合、创新,互相团结,进行展示并开展互评。

【设计意图】车轮跳技术动作上手较难,与平时的摇绳方式大为不同,非常考验学生之间的配合能力以及对车轮摇跳的配合练习。

第六课时

【教学目标】了解多人长绳各种跳跃动作和摇绳方法,发挥自身思维拓展能力,尝试做出更多的动作。能力:使学生可以通过练习,熟练把握同时启动和进绳的时机,保证多绳摇绳相同的速度,促进空间感及节奏感的提高;培养协调能力以及连续跳跃的能力。情感:培养团结互助、协作配合的良好品质,激发体育积极性和兴趣。

【教学内容】多人长绳多人花样

主要对绳中绳和绳中绳花样跳进行教学。

【教学重点】保证多绳摇速的一致性。

【教学难点】掌握摇绳的方法以及合适的进绳时机。

【主要教法学法】1.采用"石头剪刀布"游戏的方式让学生对所学内容进行复习;2.教师通过游戏对学生进行引导,使其可以创新出别的有关花样;3.教师对学生发言进行总结,对绳中绳相关技术动作进行讲解,组织学生进行练习;4.以小组的方式开展练习,通过讨论和合作学习,对新花样进行创编;5.学生展示所学花样和创新的花样,互相评价和分享借鉴。

【设计意图】本课时的教学需要多人配合才能完成,每个学生都有自己的分工部分,在完成自己动作的同时也要配合其他小组的动作,共同完成多人长绳运动。

四、花样跳绳大单元教学设计的实践效果

一个学年的教学实践表明,新课标背景下初中花样跳绳大单元教学的设计和实施,可以让不同基础和学习能力的学生都在不同程度上得到发展和提升。首先,优秀的学生可以对教师所讲授的技术动作很好地掌握并创新,把所学动作组合为套路,并随着音乐节奏加以展示,其动作协调、自然、标准、优美,且连贯衔接,可以做到自然、轻松地跳。其次,良好的学生可以对教师所讲授的花样动作基本掌握,做出简单的套路组合,并随着音乐节奏进行展示,其动作衔接基本连贯、协调到位。第三,合格层次的学生,能掌握大部分的花样动作,可以随着音乐依次对所学动作进行展示,其动作偶有失误,基本到位。

参考文献：

[1] 王芳,张真真.大概念下花样跳绳大单元整体学习——以《小学朋友跳的学习与创新》为例[J].文体用品与科技,2020(14):146-147.

[2] 田整.花样跳绳 让孩子的童年绚丽多姿[J].新作文·教研版,2022(2):251-252.

[3] 李忻怡,肖夕君,唐尧涵.花样跳绳发展现状及推广策略研究[J].当代体育科技,2021,11(35):143-145.

[4] 黄漫,梁栋.花样跳绳校本课程的开发与实践研究[J].体育研究,2022(2):101-103.

[5] 斯朗平措.浅析小学体育中花样跳绳的教学策略[J].传奇故事,2022(22):73-74.

[6] 马海青.以花样跳绳为载体促进学生全面发展[J].基础教育论坛,2021(14):66-67.

[7] 姚雪.花样跳绳在小学体育教学中的应用策略探讨[J].拳击与格斗,2022(2):114-116.

[8] 韩金媛,于政超,宋健.小学花样跳绳实践研究——以石家庄市南栗小学为例[J].当代体育,2022,04(4):140-142.

[9] 马金平.花样跳绳在小学体育教学中的应用分析[J].当代家庭教育,2021(18):149-150.

HPM 视角下初中数学单元作业设计探索

——以《分式方程和无理方程》单元作业设计为例

薛绮霞

【摘要】 意大利人文主义教育家弗吉利奥说过,学问和品行是一个人共同的学习目标,而学问从属于道德[1]。现如今,"立德树人"是教育的根本所在。如何在初中数学日常教学中更好地体现"立德树人"这一指导思想,数学史的融入无疑是一种重要方法。本文基于单元作业设计所具备的整体观及增强每一小节作业之间的关联性的特征,实现整体建构和系统教学。融入数学史,使学生了解数学知识背后的发展历程和由来,促进学生理解知识,增强学习动机,从而达成数学史的教育价值,充分体现"德智融合"的育人理念。

【关键词】 数学史;单元作业;立德树人

数学史蕴含了丰富的数学文化,通过学习数学史,学生能体会到每一个数学概念、定理、公式等的由来都有其发生、发现、归纳等一系列过程。将数学史融入课堂能丰富数学课堂形式,调动学生的学习积极性,丰富学生数学知识储备。但如今日常教学中数学史的运用形式仍比较单一,常常以在课堂上说故事的形式出现,史料的运用缺乏关联性,导致学生数学史部分的知识碎片化,对于数学史所蕴含的数学思想方法表象化,数学史所具有的德育价值隐藏化。而单元作业设计的基本原则,即典型性、适度性、多样性、一致性,刚好可以解决日常课堂教学中数学史运用的困境。因此将数学史融入整个单元作业设计中,既能将具体的知识点与相关的数学史进行整合,又可以体现历史发展的连续性,更好地帮助学生感受公式、性质、定理等的探究发现过程。

因此本文基于 HPM(History and Pedagogy of Mathematics,数学史与数学教育)相关理论及单元作业设计原则,结合日常教学经验,以《分式方程和无理方程》这一单元为例,对初中数学单元作业设计进行研究。

一、单元整体作业设计内容

根据新课标要求,将《分式方程和无理方程》这部分内容分为 4 小节共 7 个课时。每课时主要内容如下：

第1课时：可化为一元二次方程的分式方程(1)

第2课时：可化为一元二次方程的分式方程(2)

第3课时：换元法解分式方程

第4课时：无理方程(1)

第5课时：无理方程(2)

第6课时：列分式方程解应用题(1)

第7课时：列无理方程解应用题(2)

二、单元整体教学目标

（一）知识与技能

1. 知道解分式方程、解无理方程的一般步骤，知道"验根"是解分式方程(组)和无理方程的重要步骤；

2. 理解分式方程、无理方程的概念，会辨别分式方程、无理方程；

3. 掌握简单的可化为一元二次方程的分式方程(组)和简单的无理方程的解法，掌握验根的基本方法。

（二）过程与方法

1. 在解分式方程、无理方程的过程中，领会分式方程整式化、无理方程有理化的化归思想；

2. 根据实际问题，建立分式方程或无理方程的模型，利用待定系数法等方法，对问题进行分析与解决；

3. 在列出分式方程(组)、无理方程解简单的实际问题的过程中，增强分析问题、解决问题的能力。

（三）情感态度价值观

1. 经历"问题情境——建立方程模型——求解与解释"的过程，体会方程的模型思想，增强数学应用意识和能力，感受数学的实际应用价值；

2. 通过分式方程与无理方程解法的学习活动，进一步体会事物之间相互转化的关系，领略辩证观点；

3. 通过分式方程、无理方程历史的学习活动，激发学习数学的兴趣，感受数学的人文价值；

4. 拓宽视野，提高综合能力。

此处，情感态度目标中的第3点和第4点为新增目标。在作业设计时，每一课时除了基础练习和巩固以外,都新增了一项"阅读和探究——《走近数学史》",激发学生的学习兴趣和探究的欲望。

三、单元作业设计每课时选取史料及设计意图

(一) 第1课时:可化为一元二次方程的分式方程(1)

阅读与探究:《走近数学史》——分式方程的历史(一)

在东西方数学文献中,分式方程都出现得较晚。9世纪阿拉伯数学家花拉子米(AI-Khwarizmi,约780—约850)在《代数学》中,提出了若干涉及方程的问题,如"将10分成两部分,第一部分除以第二部分,第二部分除以第一部分,商的和是二又六分之一",你能列出相应的方程吗?_____。

13世纪,意大利数学家斐波那契(L. Fibonacci,1170—1250)在《计算之书》中列举了许多用分式方程求解的问题,其中部分问题源于花拉子米。例如:

"将10分成两部分,将10除以其中一部分,所得的商乘以另一部分,得二十又四分之一":$\dfrac{10}{x} \cdot (10-x) = 20\dfrac{1}{4}$;

"若干人平分60第纳尔,每人得若干。若加上二人,再平分60第纳尔,则每人所得比第一次少了二又二分之一第纳尔":$\dfrac{60}{x} - \dfrac{60}{x+2} = 2\dfrac{1}{2}$;……

13世纪之后至18世纪中叶以前,很少有数学家关注分式方程。在13世纪的中国,数学家李冶(1192—1279)的《测圆海镜》中出现了分式方程的例子。到18世纪,英国数学家桑德森(Nicholas Saunderson,1682—1739)将分式方程写入其代数教科书。美国数学家佩尔斯(B. Peirce,1809—1880)在其1837年出版的《代数初步》中,提出过若干通过分式方程来解决的问题。

斐波那契、桑德森等在解分式方程时,都没有遇到增根的情形。1880年左右,分析的严密化运动引发了人们对于"零能否作除数"问题的大讨论,这在一定程度上促进了分式方程理论的发展,数学家们开始将分式方程作为一个专门的课题来研究。1882年,美国康奈尔大学数学教授奥利弗(Oliver Heaviside,1850—1925)等在其《代数专论》中讨论了分式方程的解法,对增根问题有了比较清晰的认识。奥利弗等人通过研究还有了使分式方程不产生增根的想法,后来,美国数学家费歇尔(R. A. Ronald Aylmer Fisher,1890—1962)等将其总结为分式方程的"完美解法"。19世纪末,分式方程的历史终于有了完美的结局。[2]

同学们,读到这里,有没有好奇,到底什么是"完美解法"呢?下一课,我们将继

续《走近数学史》,让我们一起来揭开这个问题的神秘面纱!

> **【设计意图】** 在分式方程的学习中,增根问题对学生而言始终是一个难点。如何培养学生的探究精神?适当地融入数学文化可以帮助我们解决问题。数学史可以激发学生学习数学的兴趣,让学生亲近数学,感受数学背后的人文精神。

(二) 第2课时:可化为一元二次方程的分式方程(2)

1. 选择题:分式方程 $\dfrac{42x}{x-2}=\dfrac{35x}{x-3}$,去分母后得到的整式方程是(   )

(A) $42(x-3)=35(x-2)$;   (B) $42(x-2)=35(x-3)$;
(C) $42x(x-3)=35x(x-2)$;   (D) $42x(x-2)=35x(x-3)$.

答案:(C)

设计说明:改编自18世纪英国数学家桑德森曾经解过的一道题,本题意在提醒学生不能随意除以相同的因式,会造成失根现象。

2. 解方程: $\dfrac{-2x^2}{x^2-1}+\dfrac{x}{1-x}=-\dfrac{x}{x+1}-3.$

答案: $x=3$($x=-1$ 是增根)

设计说明:选自19世纪美国数学家费歇尔等曾经解过的题。也用这道题为例,介绍分式方程的"完美解法"。

3. 阅读与探究:《走近数学史》——分式方程的历史(二)

在上一篇分式方程历史中,我们了解了关于分式方程的研究,在东西方数学文献中,分式方程都出现得较晚。到18世纪,英国数学家桑德森将分式方程写入其代数教科书。在他的《代数基础》中,桑德森和今天多数人一样采用去分母的方法来解分式方程,我们来看他曾经解过的一道题(第1题):

$$\dfrac{42x}{x-2}=\dfrac{35x}{x-3} \Rightarrow 42(x-3)=35(x-2) \Rightarrow x=8.$$

同学们,桑德森去分母后得到的结果,就是作业第1题中的选项(A),想一想他做的对吗?请你解一解这道题,并写下答案。

方程的根为:_____。

我们再来看作业第2题: $\dfrac{-2x^2}{x^2-1}+\dfrac{x}{1-x}=-\dfrac{x}{x+1}-3.$

19世纪,宾夕法尼亚大学的费歇尔和施瓦特的解法:

解: $\dfrac{-2x^2}{x^2-1}+\dfrac{x}{1-x}+\dfrac{x}{x+1}+3=0 \Rightarrow \dfrac{-2x^2}{x^2-1}-\dfrac{x(x+1)}{x^2-1}+\dfrac{x(x-1)}{x^2-1}+\dfrac{3(x^2-1)}{x^2-1}=0$

$$\Rightarrow \frac{-2x^2-x^2-x+x^2-x+3x^2-3}{x^2-1}=0 \Rightarrow \frac{x^2-2x-3}{x^2-1}=0$$

$$\Rightarrow \frac{(x-3)(x+1)}{(x+1)(x-1)}=0 \Rightarrow \frac{x-3}{x-1}=0 \Rightarrow x-3=0 \Rightarrow x=3.$$

费歇尔和施瓦特将$(x+1)$称为多余的因式,正是这种多余的因式导致了增根的出现。新的解法消除了多余的因式,从而避免了增根。他们将其总结为分式方程的"完美解法"。19世纪末,分式方程的历史终于有了完美的结局。[3]

同学们,通过以上的例题介绍,你是否对分式方程的"完美解法"有了初步了解呢?请完成思考题:

1. 分式方程的"完美解法"为什么不会产生增根?
2. 你能否总结一下分式方程的"完美解法"的一般步骤?

【设计意图】我们在了解分式方程历史的过程中,看到了数学家也会犯错,数学学习和数学研究都会遇到困难、失误甚至失败,希望学生能从中受到启迪:在学习过程中没有必要因为出错而失去信心。最后思考题的设置,希望学生能大胆尝试,重走数学家的研究之路。分式方程的增根从发现到解决,经历了漫长的过程,也希望学生能从中有更多的感悟。

(三) 第3课时:可化为一元二次方程的分式方程(3)

阅读与探究:《走近数学史》——分式方程的历史(三)

在之前的学习中同学们已经了解了分式方程发展的历史。其中斐波那契在《计算之书》中列举了许多用分式方程求解的问题,同时斐波那契解分式方程的方法也很灵活,包括"直接化整法""换元法""恒等式法"和"几何代数法"四种,经过这三节课的学习,我们已经接触了其中两种常见的方法即"直接化整法"和"换元法",而"几何代数法"在今日已经很少为人所用。今天我们就介绍一下如何用"几何代数法"来求解方程。

例如,在分式方程的历史(一)的介绍中,我们曾经提到斐波那契列举的分式方程求解的问题中方程$\frac{60}{x}-\frac{60}{x+2}=2\frac{1}{2}$,

他的解法如图所示。

假设原有人数为线段AB,$AB=x$,

$BC=2$,矩形$ABDE$和$ACGH$的面积均为60,于是$BD=\frac{60}{x}$,

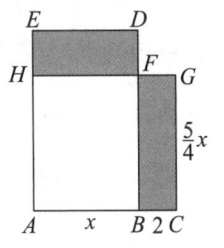

$CG=BF=\dfrac{60}{x+2}$, $FD=\dfrac{60}{x}-\dfrac{60}{x+2}=2\dfrac{1}{2}$. 从矩形 ABDE 和矩形 ACGH 中各减去公共部分,得矩形 BCGF 和矩形 HFDE 的面积相等,即 $2CG=\dfrac{5}{2}x$,故 $CG=BF=\dfrac{5}{4}x$.于是得 $\left(\dfrac{5}{4}x+\dfrac{5}{2}\right)x=\dfrac{5}{4}x^2+\dfrac{5}{2}x=60$,即 $x^2+2x=48$,解得 $x=6$.

"几何代数法",利用几何图形来解决代数问题,非常巧妙![4]有兴趣的同学课后也可以尝试一下。

分式方程的历史(一)中提到,9 世纪阿拉伯数学家花拉子米提出的问题"将 10 分成两部分,第一部分除以第二部分,第二部分除以第一部分,商的和是二又六分之一",所列相应的分式方程为 $\dfrac{10-x}{x}+\dfrac{x}{10-x}=2\dfrac{1}{6}$.那么通过今天的学习,大家能否用"换元法"来求解这个方程呢?请大家动手做一做。

用换元法解方程: $\dfrac{10-x}{x}+\dfrac{x}{10-x}=2\dfrac{1}{6}$.

答案: $x_1=6,x_2=4$.

【设计意图】 在分式方程的发展过程中曾经出现了很多种解法。适当地介绍课本中没出现的解法,渗透数形结合的数学思想,可以拓宽学生的思维,激发学生学习数学的兴趣,使学生感受数学文化,从而更亲近数学。

(四) 第 4 课时:无理方程(1)

阅读和探究:《走近数学史》——斐波那契与无理方程(一)

考察数学的历史,我们发现,尽管直到 19 世纪 60 年代,西方作者才开始普遍关注无理方程,但 13 世纪初意大利数学家斐波那契的《计算之书》已经提到了这类方程。那么,斐波那契是如何表达无理方程的?他是怎样求解无理方程的呢?

《计算之书》的最后一章专门讨论各种一元二次方程的解法。斐波那契给出的部分问题就属于无理方程问题。如:一个数乘以其根的 4 倍,等于该数的 7 倍。设所求数为 x,则由题设得方程 $x\cdot 4\sqrt{x}=7x$.斐波那契将原方程化为① $4\sqrt{x}=7$,于是得② $\sqrt{x}=1\dfrac{3}{4}$,③ $x=3\dfrac{1}{16}$.【注:斐波那契《计算之书》中包括无理方程在内的所有方程及其解法都完全是用文字来表达的,未知数称为"根"(这个名称源于阿拉伯),未知数的平方称为"平方";如果将"平方"本身看作未知数,那么未知数的平方根称为"根"】

同学们,数学家斐波那契在解无理方程 $x \cdot 4\sqrt{x} = 7x$ 时,第_____步发生了错误(填序号);请将正确的解题过程中叙述如下:

答案:第①步发生了错误

解:$x \cdot 4\sqrt{x} - 7x = 0$

$x \cdot (4\sqrt{x} - 7) = 0$

$x = 0$ 或 $4\sqrt{x} - 7 = 0$

$x_1 = 0, x_2 = 3\dfrac{1}{16}$

经检验:$x_1 = 0, x_2 = 3\dfrac{1}{16}$ 都是原方程的解.

∴ 原方程的根是 $x_1 = 0, x_2 = 3\dfrac{1}{16}$.

【设计意图】数学课堂上化简方程时,学生总是心安理得地在方程两边同时除以 x,始终不考虑零根。我们可以将这种做法称作"忽略零根"现象,它只不过是早期历史上数学家错误的再现而已。这种历史相似性告诉我们,历史是一面镜子,历史有助于我们更好地理解学生的错误;同时,历史也提醒我们,教师在课堂上应强调,在零根问题上不要重蹈古人覆辙。

(五) 第6课时:列分式方程解应用题(1)

阅读与探究:《走近数学史》——佩尔斯与分式方程

在东西方数学文献中,分式方程都出现得较晚。9世纪阿拉伯数学家花拉子米在《代数学》中提出了若干涉及分式方程的问题。13世纪,意大利数学家斐波那契在《计算之书》中列举了许多用分式方程求解的问题,其中部分问题源于花拉子米。在13世纪的中国,数学家李冶的《测圆海镜》中也出现了分式方程的例子。美国数学家佩尔斯(B. Peirce,1809—1880),在出版于1837年的《代数初步》中,提出过若干通过分式方程来解决的问题,下面是其中的一个:

某人花60美元买了若干块布,每块布的价格相同,如果每块布便宜1元,他就可以用同样多的钱多买三块布,问:他原来买了几块布?

你能用今天所学解决这个问题吗?

答案:12

【设计意图】这是来源于19世纪早期的一道典型的可以用分式方程解决的应用题。在用分式方程解应用题的学习过程中,适当地让学生接触并解决这些"古代难题",学生会有一种成就感,也会知道站在巨人的肩膀上学习数学是多么幸运的一件事!

(六)第7课时:列分式方程解应用题(2)

阅读与探究:《走近数学史》——婆什迦罗与无理方程

19世纪60年代,西方作者才开始普遍关注无理方程,13世纪初意大利数学家斐波那契的《计算之书》则是迄今我们所见到的含有这类方程的最早的数学文献。而古印度著名数学家婆什迦罗(1114—1193),他掌握的数学相当全面,几乎代表了当时印度数学的最高水平,他广泛地运用无理数,提出过很多有趣的数学问题,其中有一道改编后是这样的:

树根下有一蛇洞,树高15米,树顶有一只苍鹰,它看见一条蛇迅速地向洞口爬去,在与洞口的距离还有三倍树高时,鹰向蛇的前方直扑过去,如果鹰、蛇的速度相等,那么在蛇离洞口多远处,鹰能抓住蛇?

你能用今天所学解决这个问题吗?

答案:20米。

【设计意图】这道题选自书本练习21.7(3)第3题,是来自古代印度数学家婆什伽罗的有趣问题,略有难度,需要学生运用数学建模的思想,将实际问题转化为数学问题,运用无理方程加以解决。适当地融入无理方程的历史和一些数学家的介绍,可以让学生感受数学背后的人文精神,亲近数学,激发学习数学的兴趣。

四、单元作业设计效果分析

在每一课时最后设计的"走近数学史"这一环节中,并不仅仅是阅读,而是都设计了一系列的和分式方程、无理方程相关的习题,目的主要是让学生感悟数学史价值的同时,也能完成知识技能的目标。在学习分式方程和无理方程过程中,增根的产生原因及在解题最后可能需要舍增根这一环节,都是学生理解的难点,通过4课时的"走近数学史"的学习,将书本上静态的概念变为一个动态的探索过程,帮助学生了解增根发展的历史。通过一个个生动的历史故事,使得枯燥的数学知识变得更生动、更贴近生活,从而强化学生对于增根概念的理解及明白验根的重要性。同时通过对数学史的学习,以及使学生发现数学知识其实都源于我们日常生活中所遇到的问题,数学不再遥不可及。

本单元课时学习以及单元练习需要的时间大约是10天(包含周末),所以给学生完成本单元学习的时间为两周。在完成的过程中,学生除了课时作业后的阅读材料,还可以通过网络、书籍等途径获取相关的数学史背景知识,在巩固知识的同时,也能体会数学背后的人文精神,提升综合能力。

五、单元作业设计成果反思

1. 让学生感受数学背后的人文精神

数学史可以让学生亲近数学,可以揭示数学作为人类文化活动的本质,让学生感受数学背后的人文精神。通过本次在单元作业的设计中融入数学史的尝试,希望能激发学生学习数学的兴趣,促使学生主动去关注数学史,学习数学家们的精神,为学好数学开辟另一条兴趣之门。比如在解方程的历史中,数学家们也都出过错,让学生了解数学家也会犯错的事实,从而建立学习数学的信心,并能从中体会"有志者事竟成"的道理。

2. 学生在快乐的学习中感悟数学的价值

通过历史上错误解法的展示,让学生知道数学的发展并非一帆风顺,数学的发展过程也是数学家们不断追求真理的过程。学生在了解的过程中,掌握数学知识,培养自己的综合能力,同时又能体会数学学习的快乐,感悟数学学科的价值。

参考文献:

[1] 威廉·博伊德,埃德蒙·金.西方教育史[M].任宝祥,吴元训,主译.北京:人民教育出版社,1985.

[2][3][4] 汪晓勤.数学史与初中数学教学:理论、实践与案例[M].上海:华东师范大学出版社,2019:180-187.

核心素养导向的初中道德与法治课程教学评价策略的探究

——以六年级《学习新天地》一课的评价为例

杨旭缨

【摘要】 初中道德与法治课程教学评价围绕发展学生的政治认同、道德修养、法治观念、健全人格、责任意识五位一体的核心素养进行。本文针对初中学生身心发展特点，通过课堂实例研究，探索新课标背景下道德与法治学科课程教学评价的有效方法和途径。教师应发挥评价的引导作用，改进结果评价，关注多元评价，注重过程评价，倡导增值评价，进而促进核心素养在学生学习过程中的形成与不断提升。

【关键词】 核心素养；初中；道德与法治；教学评价

《深化新时代教育评价改革总体方案》指出："教育评价事关教育发展方向，有什么样的评价指挥棒，就有什么样的办学导向。"道德与法治作为义务教育阶段落实立德树人根本任务的关键课程，发挥着思想道德教育和核心价值引领的重要作用。由于核心素养目标涵盖了知识、技能、态度、情感、价值观等多个维度，传统的单一评价方式难以全面、准确地反映学生的真实发展状况，评价学生核心素养的发展水平面临着前所未有的挑战。依据《义务教育道德与法治课程标准（2022年版）》的评价建议，以及"加快推动教育数字化转型，要用数字化理念、大数据思维审视和指导教育教学过程的各个环节"的要求，教师需要积极探索有效的教学评价策略，激发学生的内驱力，以实现促进学生核心素养发展与形成的目标。

一、初中道德与法治教学评价的现状分析

（一）道德与法治课程教学评价的变迁与发展

回顾我国道德与法治课程教学评价的历史变迁，有以下几个显著的变化：

1. 从单一评价到综合评价

早期的教学评价主要依赖于考试成绩，忽视了学生的非认知因素和综合素质。随着素质教育的推进，教学评价逐渐转向了综合评价，既关注学生的知识技能，也重

视他们的情感态度、价值取向和行为涵养。

2. 从教师主导到学生主体

在传统教学评价中,教师是评价的主体,学生处于被动接受的地位。而现在,越来越多的教师鼓励学生参与自我评价和相互评价,以期提高他们的自我反思和批判思考能力。

3. 从静态评价到动态评价

过去的教学评价往往是静态的、一次性的定量评价,无法反映出学生在学习过程中的成长和变化。而现在,教师更多地采用动态评价,通过持续观察和反馈,帮助学生发现自己的优点和不足,并指导学生制订个性化的发展计划。

(二) 道德与法治课程教学评价的特点与趋势

在当前教育改革的大背景下,初中道德与法治课程的教学评价呈现出以下特点和趋势:

1. 从知识导向转向能力导向

传统的教学评价往往侧重于学生对知识的认知与掌握程度,而当前的教学评价则更加注重学生的实际操作能力和道德素养的提升。教师不仅关注学生是否能够记忆和理解法律知识,更看重他们能否运用所学知识解决实际问题,以及在面对道德困境时如何做出正确的判断和选择。

2. 多元化评价方式的应用

随着教育理念的更新和教学方法的创新,越来越多的学校和教师开始采用多元化的评价方式,如观察记录、作品展示、讨论交流、团队合作及自我反思等,以期充分反映学生的个体差异和进步情况。

3. 过程评价与结果评价相结合

过去的教学评价往往过于关注最终的学习成果,而忽视了学习过程的重要性。现在越来越多的教师意识到过程评价的价值,通过跟踪和记录学生在学习过程中的表现和变化,及时调整教学策略,促进学生思维品质和人格素养的全面发展和提升。

(三) 当前教学评价存在的问题

尽管当前的道德与法治课程教学评价在很多方面取得了积极的进展,但仍存在一些问题和挑战。

1. 评价标准的统一性与灵活性之间的矛盾

为了保证评价的公正性和公平性,我们需要设定一定的评价标准和指标。然而,每个学生都是独一无二的个体,具有不同的兴趣、特长和需求。如何在统一的评价标准下兼顾学生的个性化发展,是一个亟待解决的问题。

2. 评价方法的科学性与可操作性之间的失衡

理想的评价方法应该既能准确、客观地反映学生的学习效果，又易于实施和管理。然而，在实际操作中，我们往往会面临科学性与可操作性之间的权衡取舍。

3. 评价结果的反馈与改进机制的缺失

有效的教学评价不仅要提供关于学生学习情况的信息，还要为教师和学生提供改进的依据和方向。然而，目前很多教学评价体系缺乏完善的反馈与改进机制，导致评价结果难以转化为具体的教学行动。

综上所述，当前道德与法治课程教学评价在理念、方式和内容等方面都发生了显著的变化，但也面临着诸多问题和挑战。进一步探究如何优化教学评价，以更好地服务于学生的核心素养发展和终身学习能力的提升，是教育综合改革实践的一项重要课题。

二、实施初中道德与法治课教学评价的有效策略

在教育数字化转型的浪潮中，有效评价和提升学生的核心素养、适应学生发展需要的教学评价策略正在实践中不断探索。

1. 实施多元评价策略，让评价结果更全面客观

在评价中发挥学生本人、同伴、小组成员、家长、教师、社区人员等的共同作用，使评价主体多元化，参与评价的观察、收集、交流、互通，形成立体评价网，可以使评价更全面、客观。以六年级《学习新天地》一课的评价为例，通过课堂教学观察，评价学生在其学习行为实施中是否注重方式方法，就可采取学生本人的自我认定、学习同伴的他评、小组成员的互评、家长的协评、教师的综合评定来实现评价的多元性。这有助于对学生的注意力、与他人合作交流、学习习惯、独立思考、拓展创新等学习活动的各方面有更全面的了解和评价。

多元评价可以采用数字化转型来实现。例如在课前准备阶段关于"学习"的前测问卷调查，需要了解学生每天完成作业的时间、收听收看新闻情况、在课外学习中采取的方法途径、学习中观察到同学的好的学习方法、具备的家务劳动技能等问题。通过电子设备发送问卷的方式，每位学生和家长都可以参与调查。通过对多主体的调查，既能了解学生学情，又能观测家庭教育情况。

在学习的后测问卷阶段，可以在前测问卷的基础上进一步了解诸如每周课外阅读时间、学习中感到最快乐的事情、自己在学习中的好方法等问题。通过前后测问卷的对比延伸，用数字来客观评价学生学习的成效。通过构建多元化的评价体系，包括但不限于采用观察记录、作品展示、讨论交流、自我反思等评价方式，可以充分

反映学生的个体差异和进步情况。

同时,教师还应注重利用教育大数据进行教学过程的监测和分析,以便及时发现学生的学习困难和成长瓶颈,为个性化教学和精准干预提供依据。

2. 实施多维评价策略,让评价内容更综合丰富

在评价时将课内与课外,以及知识、情感、态度、价值等内容进行多维度的呈现,有助于展现学生的综合素养。在《学习新天地》一课的教学评价过程中,可以将学生的真实学习生活作为背景,通过情境式体验,指导学生对自身的学习历程做一个项目规划设计。学生带着项目"我的初中学习轨迹",设计初中四年的学习成长规划。活动中,学生通过寻找身边优秀的学长进行采访,与自己的导师对话,与家长一起对自身进行SWOT分析等方式,最终做出"初中学习生涯之我见"的个人规划。这种将小目标与大愿景相结合、近想法与远思虑相结合的实践活动尊重了学生的个体差异性,有利于多维度、多角度地评价不同学生对学习的感知力,提升了课程评价内容的综合性、丰富性。

如图,所示的"多维评价模型结构图",实际运用后就可以得到对学生情感、态度、价值观形成和变化的多维度评价。

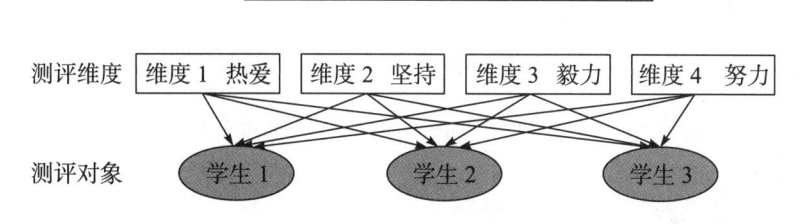

图1　多维评价模型结构图

在道德与法治课程评价中,应重视以培养全面发展的人为目标引导的综合评价,重视学科综合评价,重视全环节的评价,重视情感、态度和价值观等隐性要素的评价。

3. 实施增值评价策略,让评价方式更科学合理

在评价方式上,可以采取累积增值方式,培养学生学习的可持续性动力。增值评价不再直接以学习"结果"衡量学生,而是将一段时间内的学生、教师、学校发展和其他条件的"基础水平"与"结果"进行对比。然后再以两者的差别为依据,来判断学生在这一阶段学习的进步水平和努力程度。增值评价使不同的被评价者都能看到自己有进步的可能性,从而加强个人努力,以取得进一步的发展与成就,达到教学评价的促进和激励效果。在《学习新天地》的教学设计中,教师通过关注整个学期的持

续发展,在学期结束时,利用一系列数字化量表的前后测评分析,给予学生有依据、有实证、有激励的评价。教学评价是教育过程中的重要一环,它不仅是对教学效果的反馈和检验,也是对教学目标实现程度的评估和调整。在初中道德与法治课程中,实施增值教学评价能够帮助教师了解学生的学习状况,识别学生的优势和不足,为教学改进提供依据。

4. 实施过程评价策略,让评价反馈更及时有效

过程评价是促进学生知识掌握、能力形成的评价,又称为形成性评价。过程评价的原则是"教—学—评"的一致性,其功能主要是诊断反馈、强化学习和激励促进。通过观察、访谈等形式,进行过程性记录评价,可以将实践性、体验性融入评价的全过程。以《学习新天地》教学为例,让学生在学习准备阶段设立一个"成长记录袋"。"成长记录袋"中积累本课"打开学习之窗""学习点亮生命""体味学习""学会学习"四个阶段的收获与体验,其中包含着对学习的探究、感悟、规划。在教学过程中,学生及时整理自己的"成长记录袋",可以在此过程中体会到学习过程的快乐和回甘。在"成长记录袋"的实施过程中,不同性别、不同个性、不同班级的学生所展现的记录实情各有特色。而其中不变的主线是每位学生将自己的阶段终点与自己的起始点比较,获得了学习过程的快乐体验。以下是学校航模社的一位六年级的男同学的成长记录袋(见表1)。他在《学习新天地》一课的学习过程中通过记录心声轨迹,与同学分享心得,获得了学习道路上激励他积极向上的能量与动力。

表1 某同学的《学习新天地》"成长记录袋"

	信奉的学习格言	愉快的学习体验
打开学习之窗	1. 学而不思则罔,思而不学则殆	1. 一口气看完了《海底两万里》这本书后,太爽啦
	2. 书山有路勤为径,学海无涯苦作舟	2. 第一次双休日跟小组同学一起到浦东美术馆参观,非常开心

	崇拜的学习达人	发现我的学习亮点
学习点亮生命	1. 爸爸(活字典)	1. 对科技很感兴趣
	2. 霍金(超强大脑)	2. 每天都能坚持背英语

	我的学习瓶颈	我的学习小贴士
体味学习	1. 学习成绩总是中等	1. 每天写好"备忘录"
	2. 上课有时会走神	2. 多看课外书

学会学习	我的学习小妙招	我最享受的学习经历
	1. 每天完成好作业	1. 参加学校航模社,做模型飞机
	2. 跟好朋友在一起学习,互相帮助	2. 一次数学课上把难题解答出来了

三、实施初中道德与法治课教学评价策略的反思

1. 关注多种评价元素的动态把握

初中道德与法治课教学评价涉及教育过程的不同主体,以及课程、教学、德育、实践活动等不同评价元素。在教师实施教学的过程中,需要根据学生的年龄特点和认知水平,灵活运用各种教学方法和评价手段,以促进核心素养形成与发展,实现课程的教育目标和价值追求。教师同时也需要不断反思和改进教学实践,以适应社会发展的新需求和人才培养的新挑战。核心素养导向的初中道德与法治课教学评价,是一个复杂而动态的过程,需要我们持续关注和探索,在未来的实践研究中进一步完善与深化。

2. 准确反映学生的学习成果和成长轨迹

过程评价为了真实反映学生和教师在复杂的教育教学过程中的学习与发展状态并为其后来的持续发展提供借鉴,需要将师生在教与学的活动进程中的全部信息纳入评价范围。这是一次全过程的学习体验记录。这种"过程评价"对于学生是终生难忘的青春回忆,更是及时勉励学生的"一剂良药"。教师需要重新审视和反思现有的教学评价体系,探索更加科学、公正、全面的教学评价方法和策略。

3. 通过有效评价考查学生不同能力和素质

研究不同教学评价方式和策略对学生学习动机、自我效能感和创新能力的影响,可以优化教学评价的效果和效益。在设定教学目标时,教师应该考虑到学生的知识技能、思维能力、情感态度、价值观和行为习惯等多个维度,确保教学评价的内容全面、均衡。为此可以采用多种评价方式,如口头问答、书面测试、案例分析、模拟法庭、社会调查等,以考查学生的不同能力和素质。

道德与法治课程评价是教育过程中的重要组成部分,旨在评估学生在道德伦理和法治知识、理解和应用等方面的学习成果。评价的目的是促进学生的道德修养、法治观念和公民责任感的发展,培养他们合理判断、维护公义和遵守法律的能力。道德与法治课程评价不仅涉及学生的个人表现,还包括团队合作、社会责任和公民参与等方面的评估。这种全面性的评价鼓励学生在集体意识和社会环境中积极参与、思考和行动,培养学生成为有社会责任感的公民。从这个角度,教学评价具有国

际通用性,优秀的教学评价经验和技术是在融合中共生的。

  教学评价是教育过程中的重要环节,也是教育改革和发展的重要方向。初中道德法治课程的教学评价是一个复杂而重要的任务,需要我们从多角度、多层次、多维度进行思考和实践,激发育人动力。同时,我们也应该不断反思和改进我们的教学评价实践策略,以适应教育改革和社会发展的新需求和新挑战。在核心素养导向下,我们应该积极探索和实践新的教学评价理念和策略,以实现教育的真正价值和意义,为培养具有全球视野、人文情怀、创新精神和实践能力的新时代公民做出贡献。

参考文献:

[1] 中共中央国务院深化新时代教育评价改革总体方案[EB/OL].(2020-10-13)[2020-10-13]. http://www.moe.gov.cn/jyb-xxgk/moe_1778/202010/t20201013_494381.html

[2] 中华人民共和国教育部义务教育道德与法治课程标准(2022年版)[M].北京:北京师范大学出版社,2022.

[3] 范国睿.教育评价改革需要新路向[J].现代教学,2020(24):1.

[4] 蒙继森.初中道德与法治教学评价机制的优化[J].读与写,2021,18(16):38.

[5] 任长安.初中道德与法治教学评价实践路径探索[J].中学政治教学参考,2022(46):60-62.

在文本细读中品味散文典型人物形象塑造的审美价值

张 璐

【摘要】 名家回忆性散文在统编版中学教材中占据重要比例,因其文质兼美的独特性质,为中学阶段实施美育提供了宝贵丰富的资源,而其中的典型人物形象塑造的方法学习更是提高学生核心素养"德智融合"的重要载体。教师应当有策略地带领学生深掘文本,一步步感知、鉴赏、发现、评价、启思回忆性散文中的人物塑造,使学生获得美的体验,心灵得到浸润。本文以语文新课标为引领,旨在课堂实践运用观察的基础上,基于"德智融合"的视角,分析探索文本细读在初中散文典型人物形象塑造教学中的应用。

【关键词】 文本细读;典型形象;回忆性散文;教学策略

一、统编初中教材散文概念界定

(一)散文概念界定

散文被誉为"文体之母"。从先秦诸子百家散文的启创,到五四运动后白话散文的狂热,结合西方文化对自身的影响,散文开创了各种凝聚中华传统文化的文体。对散文的分类比较经典的是童庆炳,他在《文学理论教程》中将散文分为广义的散文与狭义的散文两大类,指出"广义的散文既包括诗歌以外的一切文学作品,也包括一般科学著作、论文、应用文章。狭义的散文即文学意义上的散文,是指与诗歌、小说、剧本等并列的一种文学样式"。[1] 而回忆性散文更是搭载了情感媒介,带领我们身处其境去感受作者的情感脉络,在散文中具有独特性。

(二)散文与教学

经笔者统计,初中统编版教材中散文一共26篇。初一年级最多,为17篇,占各类文体数量的四分之一,到初二初三散文数量逐渐递减。根据《义务教育语文课程标准(2022年版)》(以下简称《新课标》),初一以回忆性抒情散文为主,调动学生共情能力和情感经历,高年级以议论性散文为主,锻炼学生的逻辑思考能力。可见回忆性散文在统编版中学教材中占主导地位。同时统编教材不同文体的内容都是整合在一个大单元内,能帮助学生横向纵向更深入地由感性逻辑到理性逻辑感知探索散文这个独特的文体。

二、中学现代散文教学内容的重构策略

面对这样一类举足轻重的文体,我们教师如何能够搭载这个载体提高学生的全面素养?面对新时代的课标要求,我们也要培养出符合时代要求的学生,博识求真。

(一)注重语言本位

《新课标》指出:"阅读教学应引导学生钻研文本,在主动积极的思维和情感活动中,加深理解和体验,有所感悟和思考。"[1]可见所有的获得性学习都不是被动的,都不是教师作为主体,零散杂碎地给学生一味灌输知识点。越俎代庖只能让学生丢失阅读兴趣。教师要学会"文以载道",第一步就是要引导学生学会对语言的把握。自古以来,就崇尚"书读百遍,其义自见",祖宗留给我们的宝贵经验当今同样适用。杨鸿飞说:"朗读是散文教学中必不可少的环节,学生只有反复诵读,才能进入到作品的情境之中,品味出作品的奇妙之处,感受到它的韵律美和抒情美。"[3]学生只有自主地游走在文字之中,与作者产生思维火花的碰撞,才能挖掘出文字背后的力量,重构自身的生命和成长,领略作者创作的行文思路。

(二)尊重学生体验

《新课标》指出,在理解课文的基础上,提倡多角度、有创意的阅读。[4]初中阶段的学生正处于思维过渡的重要阶段,开始由直观感知转变为抽象理性思维,更有自己的意识觉醒。作为教师,在这种阅读个性化行为中更要学会巧妙地给学生赋能,允许学生多姿多彩的思维迸发,以及小组合作思维的百花齐放。当然,这样的课堂也对教师提出了更高的要求,教师要在学生的思考提问中找到契机,提出真问题带领学生进一步深入思考,最终形成自身逻辑自洽的语言表达,在过程中挖掘出学生的想象力、鉴赏力、审美力,悟出回忆性散文中的道,带领学生形成高级的审美趣味。

(三)关注哲思探寻

郁达夫提到"最重要的内容,一定要寻这散文之'心'"[5]这就是散文文本阅读中要注重的哲思探寻。同样一篇文章,虽然一千位作者有一千个哈姆雷特,但有的读者只能看到表面皮毛,而有的能以一窥之,继而挖掘自己的心灵,对人生进行思辨追问。散文虽然形式自由,但形散神不散,要引导学生跨越时空,领略经典散文经久不衰的魅力,把情感脉络和哲思理解串联起来,常读常新。

三、中学现代散文教学内容重构案例分析

随着语文教改的步伐不断推进,语文教学发展的前景逐渐明晰,"依体而教"这一教学理念逐渐被大家所共识。王荣生教授在《阅读教学设计的要诀》一书中提到"教学内容的选择一定要依据文本体式",[6]如何将"依体而教"落实到实际的统编版教材中,可在回忆性经典散文中具体探寻。

初一教材中的散文具体可细分为两类。以事、物为主的回忆性散文:《猫》《从百草园到三味书屋》《昆明的雨》。以回忆人物为主的散文:《阿长与〈山海经〉》——阿长、《老王》——老王、《藤野先生》——藤野先生、《背影》——父亲、《秋天的怀念》——母亲。

(一) 挖掘肖像的独特性

带领学生回顾整个单元,整合理清行文脉络,搭建回忆性散文鉴赏框架。如朱自清《背影》中的父亲这一角色的关键词是黑布小帽、黑布大马褂、深青布棉袍、肥胖、蹒跚,一位质朴年迈、不善言辞的老父亲形象跃然纸上。鲁迅《阿长与〈山海经〉》中作者最讨厌的是阿长喜欢"切切察察,向人们低声絮说些什么事。还竖起第二个手指,在空中上下摇动,或者点着对手或自己的鼻尖",塑造出阿长这位封建顽固的劳苦大众形象。鲁迅的《藤野先生》主人公进来时是一个黑瘦的先生,八字须,戴着眼镜,挟着一迭大大小小的书。一将书放在讲台上,便用了缓慢而很有顿挫的声调,向学生介绍自己道:"我就是叫作藤野严九郎的……"体现了藤野先生庄重的人物特性。

(二) 巧妙融合形象与事件

《背影》中将后人印象最深刻的火车站送别、为儿子买橘子事件与父亲的背影相融合,让读者看到不善言辞、垂老的父亲对作者的关怀,带给动读者真切的情感体验。《阿长与〈山海经〉》中,作者将不识字的阿长将为"我"买书的事记在心中并付诸实际行动这一事件,和前面描摹阿长切切察察的行为进行对比,给读者一种心灵冲击和情感的震撼。

(三) 聚焦主要事件再现情感

人物的情感是隐藏起来的,作家需要通过人物的具体言行将之表达出来。《背影》中使用:蹒跚、探身、爬、攀着、缩、微倾等一系列动词铺叙,带领读者一步步感同身受体会作者的情思,自然而然到结尾就"这时我看见他的背影,我的泪很快地流下来了"。情感的再现不是直接抒情的喷薄而出,而是循序渐进的间接抒情,引人入境。杨绛《老王》中的老王"面如死灰,骷髅上绷着一层枯黄的干皮,打上一棍就会散

成一堆白骨"。这些肖像描写展示出老王病入膏肓的状态,这常人一看便知其将不久离开,作者却吃惊地说:"啊呀,老王,你好些了吗?"可见作者当时的情感是惊讶大于同情,这也为最后一段,作者对老王深感愧怍提供了事实依据。作者与老王之间关系不对等,从一开始就只是对下层劳动人民简单的同情和施舍,而老王却将作者的恩惠当作家人般的温暖,把家中珍贵的鸡蛋作为临终前的回馈给作者,让读者更能深刻体悟愧怍之意。

(四)巧用比较让人物深入人心

作者巧用比较,如一个人前后态度的对比,带给读者心灵的冲击。《背影》中从作者对爸爸说"爸爸,你走吧"到"等他的背影混入来来往往的人里,再找不着了"。从嘴上说着让爸爸赶快走,到经历买橘子背影事件后对父亲留恋,在苍茫人海中急着探寻父亲的身影,由此来表达自己对父亲认知的转变,情感的深邃。《阿长与〈山海经〉》中买《山海经》前作者对阿长是不以为然,认为其太封建;买《山海经》后对阿长有愧疚之情,一位目不识丁的家仆却将自己的事记得比旁人更清楚,想尽办法帮自己如愿,自己却在她死后都不知道她的本名。读者在这种前后情感的反差下理解作者对阿长最真切的情感。

结语

总之,教师在进行散文阅读教学时,要自身先反复咀嚼文本,进行有效文本研究,才能在课堂中抓住契机帮助学生获得哲思启示,使深层思维得到生成。面对不同经典回忆性散文作品,要做到一课一品,结合文本实际内容,找准典型人物塑造的切入点和策略,培养学生自身分析鉴赏更多回忆性经典散文的能力同时使学生获得审美体验,达到"德智融合"。知易难行,文本细读法在教材阅读课堂中的实施和运用,还是任重而道远,作为语文人,也必将坚守并开拓这一片丰沃的教育土壤实验田地。

参考文献:

[1]童庆炳.文学理论教程[M].北京:高等教育出版社,2008.202.

[2][4]中华人民共和国教育部.全日制义务教育语文课程标准(2022年版)[M].北京:北京师范大学出版社,2022.

[3]杨鸿飞.散文教学与学生审美能力的培养[J].宁波教育学院学报,15(05):128-130. 2013.

[4]郁达夫.中国新文学大系散文二集[M].上海:上海文艺出版社,2003:81.

[5]王荣生.阅读教学设计要诀[M].北京:语文出版社,2013:100.

指向核心素养发展的学习活动设计

——以《孙权劝学》为例反思活动设计的作用

马 娜

【摘要】 本文基于新课标培养学生核心素养的理念,在文言文教学中竭力创设学生熟知的学习情境,在听说读写演练等方面充分挖掘学习要素,让学生在剧本编写、合作表演、赏析评价、热点答疑等方面,体验丰富多样的学习方式;在环环相扣的学习活动过程中,积累文言文知识,理解人物形象,体会写作特色,理解中心意旨。同时让学生从历史人物身上受到精神启迪和文化熏陶,促进学生自主合作探究学习,提升学生的思维能力和核心素养,体现"德智融合"的育人理念。

【关键词】 核心素养;学习活动;文言文教学

《义务教育语文课程标准(2022年版)》以下简称《新课标》指出,语文课程要着力培养学生的核心素养。义务教育语文课程培养的核心素养,是学生在积极的语文实践活动中积累、构建并在真实的语言运用情境中表现出来的。《新课标》强调义务教育语文课程要遵循学生身心发展规律和核心素养形成的内在逻辑,以生活为基础,以语文实践活动为主线,创设丰富多样的学习情境,设计富有挑战性的学习任务,激发学生的好奇心、想象力、求知欲,促进学生自主、合作、探究学习。

一、教材解读

《孙权劝学》节选自北宋司马光主编的《资治通鉴》,写的是吕蒙在孙权的有效劝说下"乃始就学",发奋学习,其才识的长进得到了名将鲁肃的肯定与赞赏,与其拜母结友的佳话。孙权、鲁肃爱惜人才,吕蒙积极就学,一鸣惊人,演绎了君贤臣能、笃志勤学的典范。这篇课文编排在七年级第二学期第一单元,这一单元的人文主题为"群星闪耀",选择了在历史上各个领域做出了杰出贡献的人物。对于初中阶段的学生来说,了解这些杰出人物的经历,感受他们非凡的气质和崇高的品格,学习他们良好的习惯和治学方法是非常有益的。

二、学情分析

七年级学生已经具备了一定的文言文阅读能力,但对于常规的翻译、词义句义的理解记忆等枯燥的学习形式兴趣较低。多数学生还不能够从关键词句的分析理解入手,深入体会人物思想情感,把握人物形象特点。学生对一些古文类作品的写作背景知之不多,不能全面深入地理解文章的写作意图。七年级的学生,想象力丰富,好奇心还很强,具备一定的独立思考能力和解决问题的能力,且具有团队互助合作的意愿与潜能。

三、设计意图

笔者基于《新课标》的理念,考虑学情的优势和不足,充分挖掘《孙权劝学》的文本教学价值,通过创设学生熟悉的生活情境(假设以建平实验中学艺术节文化月为背景)设计"传承经典、创意表达"为主题的文学类实践学习活动。旨在突破传统课堂的机械僵化死板的讲读学习模式,优化学习方式,通过真实学习情境的创设来激发学生的学习兴趣,实现以学生为学习主体的教学理念,提升学生学习的能动性。

四、活动设计

在这一主题活动中,笔者将设计几个富有挑战性的学习任务,在听说读写演练等方面充分创设学习要素,让学生在剧本编写、合作表演、赏析评价、热点答疑等方面,体验阅读与鉴赏、交流与表达、梳理与探究等丰富多样的学习方式。在环环相扣的学习任务完成过程中,实现文言文知识的积累,人物形象的理解,写作方法的学习,同时让学生受到精神启迪和文化熏陶,促进学生自主合作探究学习,全面提升学生的核心素养,体现"德智融合"的育人理念。

学习活动一:改写剧本　增补情节

假如今年我校开展以"传承经典、创意表达"为主题的文化艺术节活动,具体落实在我们初一年级,要求每个班级在中央庭院完成一个"我演古文中的小故事"快闪表演活动。演出内容从本学期教材中的古文篇目中选择。我班抽签选到《孙权劝学》中的故事作为快闪表演的剧目。为保证快闪表演顺利完成,现以学习小组为单位,完成如下学习任务。

下发任务单,小组合作将文言语体的课文改编成白话文话剧剧本,填写在任务单中,为快闪表演排练做脚本。

1. 根据课文注释与工具书,疏通文义,遇到疑难可请教教师和邻组同学。

2. 根据想象,在任务单中填写简单场景描述、旁白。

3. 分析人物的情感态度,在人物对话前后添加语气、动作、神态,并说明理由。

4. 不要求改编,遵循原文情节。

5. 组间交流互评,修正完善剧本内容。

以往文言文教学,通常先是新课导入,然后各种形式的朗读,再通过翻译落实重点词义和特殊句式。而学习任务一推翻了常规文言文教学模式,直接设计了一个学生熟悉的生活情境,将改写剧本的任务下达给学生。为了完成剧本改写的任务,学生必须先落实字词句义,且精准疏通文义,这是完成剧本改写的基础和前提,这种带有目的性和使命感的自主合作学习更加激发了学生的学习动能。其次添加人物的语气、动作、表情等任务,需要揣摩人物的情感态度,在了解文章内容的基础之上,不仅要理解对话的内容,还要分析句式特点。比如文中多处运用双重否定句、反问句、感叹句,表现人物坚定恳切、责备不满、温和克制、激动惊喜等情感,通过对这些句式的揣摩才能合理填写人物的语气、动作、表情。驱动型的任务,将脱离实际的枯燥翻译转化为真实情境下的问题解决,在学生得心应手的翻译能力之上又增加了一些难度,调动了学生的挑战欲望和学习兴趣。

学习活动二:表演彩排　互助点评

明确要求:以小组为单位,研读剧本,角色分工,进行快闪剧情的排练和彩排。

1. 依据自己编写的剧本分好角色后,各组分别进行排练。

2. 快闪剧目特点是简短,因而剧情长度不超过 5 分钟。

3. 排练完成后,以抽签的方式选择小组上台彩排展示。

4. 其他小组成员,结合教师下发的助读材料(故事发生的历史背景、故事中的人物简介等),通过对关键词句的分析,依据对人物形象的理解,对展示的角色表演进行评价。

这一环节,学生通过肢体动作、语言表达,表现人物形象特点,传达对文中人物性格特点和思想情感的理解,相较于学习任务一难度更大。但本学习任务中最重要的是对人物表演是否恰如其分的点评。何为恰如其分? 就是十分恰当,正好达到合适的限度。在孙权劝说吕蒙读书的对话中,人物当时的心理状态怎样? 如何拿捏尺度,把握说话的分寸才能做到成功说服? 想要演出人物最真实的状态,难度是非常大的。比如表演孙权这一角色,首先学生必须了解故事发生的时代背景。东汉末年三分天下,孙权当时面临的局势非常凶险,28 岁成为国君,他大力扶持新人,培养亲信,劝说吕蒙等武夫读书进学,可谓用心良苦。还要通过人称、句式、标点符号等语言信息,体会文中人物在对话过程中的心理状态。比如在吕蒙用军中事务多来拒绝孙权时,孙权答道:"孤岂欲卿治经为博士邪!但当涉猎,见往事耳。""邪"表反问,且句后用了感叹号,联系文章背景可知,孙权对吕蒙的推辞肯定感到不满和愤怒。在任务一的剧本编写中,可以在这句话前加上表达情绪的词语,如孙权"愤怒"地说,或"不满"地说。可在任务二的表演中,愤怒怎么表现?可以勃然大怒、高声呵斥吗?显然不能,学生根据吕蒙的性格特点可知,如果高声训斥,劝说只能以失败告终。而从"孤"和"卿"的称呼中可见,孙权的自谦和对吕蒙的爱称,是为增加彼此之间的亲近感。另外,"岂"表达反问语气,却用了感叹号,反诘语气明显削弱,取而代之的是后面的肺腑之感。捕捉并分析这类语言信息可知,在表演这一人物语言时,既要有不满的语气,又不能过于激动,要理性克制、言辞恳切才能恰如其分。学生们通过文本中关键词句的分析,针对表演过程中的人物动作、表情、语气等拿捏是否得当,进行深入的探讨和点评;表演者依据同学的建议,不断揣摩人物特点,改进自己的表演。这一过程使学生对人物形象的理解更加深刻,还极大地提升了学生倾听接纳、交流表达、合作互助的能力。

学习活动三：线上互动　热点答疑

快闪剧情表演那天,我班的表演十分成功,在后续学校微信公众号的报道中,有大量学生和家长的点赞和好评。但其中一个学生的留言引起了大家的关注和热议。留言内容如下:你们的快闪表演我全程观看了,觉得你们对人物的演绎形神毕肖,引人入胜。但我个人觉得,这样的表演剧情过于保守,创新不足。我给你们提出三个改写剧本的建议,不知道你们能否采纳。

1. 增加情节:剧中缺少吕蒙刻苦读书的情节,而这个情节对同学们最能够起到示范作用,对同学们刻苦读书有教育意义,建议增加。

2. 更换情节:据我了解,吕蒙接纳了孙权的建议,苦读兵书战略,具备了出色的战略眼光。在公元212年,曹操想要攻打东吴,吕蒙向孙权献计,需在地势险要之处,夹水口修建防御工事,以防曹军步兵突然袭击。建议被孙权采纳,为日后的作战发挥了重要的作用。这件事足以证明吕蒙经过刻苦读书,日后大有作为。将鲁肃与孙权对话一事替换成这个故事,是不是更能体现孙权劝学的意义?

3. 删减情节:故事中有鲁肃拜蒙母的情节,个人认为不是必要的情节,可以删除。

热点网友的建议你觉得是否可以采纳?可以任选其一表达自己的观点,在学校公众号中予以回应。(教师提供给学生思考支架,下发助读材料:吕蒙人物介绍,吕蒙相关故事若干,《资治通鉴》书目简介)

学生可以通过教师提供的助读资料,对这三个问题发表自己的观点,观点可以呈现开放的状态。从《资治通鉴》编写的角度来看,《孙权劝学》塑造了一个惜才、爱才、用心培养人才,具有高瞻远瞩战略眼光的明君形象,值得后代君王借鉴学习。从这一角度来看,省略吕蒙刻苦读书的情节是合理的。但从现实意义来看,对于我们学生而言,从中感悟到刻苦学习对一个人成才的重要意义,增加吕蒙刻苦读书未尝不可。再从朝廷忠臣鲁肃对吕蒙态度的变化角度来分析,侧面描写更能表现学习带给吕蒙的巨大改变,体现了劝学的成功和读书的意义。学生通过对这三个问题的分析、探索、思辨、答疑,能够深入体会文章谋篇布局、素材取舍的意义,学生对于《资治通鉴》的文学价值和史学价值有了更深刻的了解。从初步感悟到深度理解,再到辩证思考,学生的思维向纵深发展。而通过依据充分且合乎逻辑的问题回应,学生的思维能力和表达能力都得到了充分的锻炼。

学习活动四:时空对话　鉴往知来

如果时光可以穿梭,时空可以连线,给你一次与古人对话的机会,请任选其一完成以下学习任务:

1. 从文中选择一个人物进行对话,对话中包含对人物的评价、理解、情感、愿望以及人物对自己的影响,完成如下表格。

我想选择_____进行对话。

我想对他说,你是一个_____的人。

你对我的影响是_____。

我希望_____。

2. 和历史人物对话之后,如果你想送给他一副对联,上联是对他人生经历的概括,下联是对他产生的历史影响力的总结,横批是对他的精炼评价,请尝试创作这副对联。

上联:_____

下联:_____

横批:_____

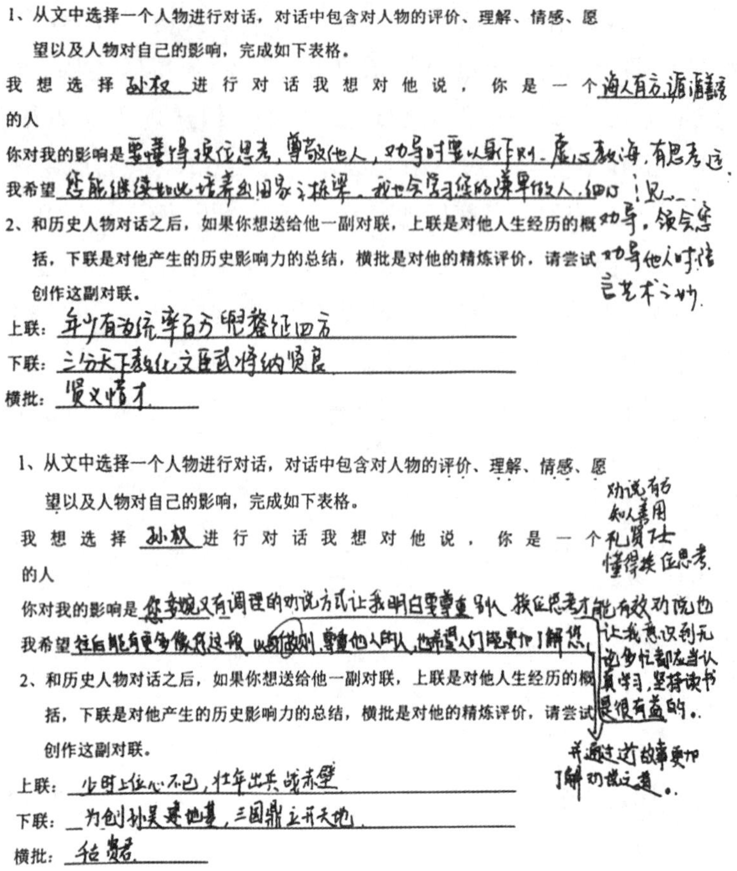

图1 学生学习成果举例

在充分把握文本主要内容,透彻分析人物形象特点之后,要求学生完成这个环节的学习任务,目的是考查学生对人物的评价能力和认知高度,促进学生思考人物对自我生命成长的现实意义。文中几个人物各有特色,均彰显了美好的品格和精神力量。孙权的智慧擅劝,平易豁达;吕蒙的直率豪迈,勤奋刻苦;鲁肃的敬才爱才,忠厚真诚。这些历史人物在文本中绽放着无限的人格魅力。通过对话历史人物,表达评价,畅谈感受,学生从中汲取精神营养,有益于正确的人生观和价值观的形成,体现挖掘读史的现实价值。学生在思想和心灵的腾飞中,获得思维能力的培养和历练,实现德智融合,促进生命成长。

五、教学评价

为提高活动的有效性,避免流于形式,活动过程中的评价反馈环节最好设计有针对性、要求具体、角度多维的评价量表,自评与互评相结合,促进学生全员参与,反思交流,分享借鉴,共同提升。

表1 《孙权劝学》活动表现性评价量表

	4	3	2	1	本组自评	他组得分
剧本内容	能够准确表达课本内容,语言准确、流畅,听下来没有什么令人疑惑的地方;补填内容非常准确恰当	大部分内容正确,整体较为流畅,有一两处地方不太恰当,但能够让听众明白大意;补填内容较准确	半数内容正确,一些重点字词的意思出现偏差,造成了听众理解上的困难;补填内容不够准确	大部分内容有问题,未能表达出课文的意思,不知所云;补填的内容与文意完全不相符		
语气语调	语气语调完全符合人物的身份和性格,感觉很真实	语气语调符合人物的身份,但有些紧张不自然	语气语调不像是该角色说出来的,不符合人物形象特点,偶尔有支吾卡壳现象	语气生硬,没有情感,完全不像是该角色在说话		
动作表现	动作设计符合人物身份,且表演得十分恰当、逼真,有一定的创意	动作设计符合人物身份,但没有很好地演绎出来,或是比较平庸	总体符合人物身份,但个别动作设计得不合理	大多动作设计得都不合乎人物身份,或是有人物没有表演动作		
合作态度	小组成员共同合作,分工明确,配合默契,整个表演十分流畅,没有明显的差错	小组成员共同合作,有一位成员的表演没有契合上全组的表演,其他人配合相对默契	小组成员中有半数成员的表演没有衔接上其他同学或有同学没有参与进来	演出前没有什么准备,各个组员各行其是,没有配合		

六、教学思考

1. 要高质量完成这些循序渐进环环相扣的学习任务,需要给学生充分的学习活动时间。小组学习活动的开展可以打破课堂时间限制,拓宽学生学习的时间和场域。利用课余、午休、大课间、周末甚至信息网络开展学习活动,做到课内课外互补充,线上线下相结合。当然这样的课型比较耗时,做不到每篇文章都这样落实,所以可以将传统课型和创新课型交叉实施,带给学生更为丰富的学习体验。

2. 本课的学习打破了传统文言文教学中的导入、朗读、翻译、初步感知、深入探究、拓展延伸等常规的教学环节的设计，采用以生活为基础，创设学生熟悉的学习情境，以语文实践活动贯穿学习过程，通过任务驱动促进学生充分参与，有效合作，主动探索，积极实践。小组合作在完成任务的过程中，文言文知识积累，人物形象分析，文章写作特色的鉴赏都在其中不留痕迹地得以实施。充分的学习体验，不仅调动了学生的学习热情，使学生对本课知识点记忆扎实，理解深刻，还帮助学生锻炼了表达演绎能力，培养了合作意识，促进了思维发展，激发了探索精神，促进德智全面发展，对于提升学生的核心素养有较好的实践价值。

参考文献：

[1] L·W·安德森.学习、教学和评估的分类学·布鲁姆教育目标分类学修订版[M].皮连生,译.上海:华东师范大学出版社,2008:56-80.

[2] 姚家锐.读者剧场——阅读教学的一种崭新模式[J].语文建设,2008(Z1):68-69.

[3] 王荣生,童志斌.文言文教学教什么[M].上海:华东师范大学出版社,2014:3-22.

[4] 李婴宁."教育性戏剧"在中国[J].艺术评论,2013(09):49-52.

后 记

  教师是教育发展的第一资源。新时代教师队伍高质量发展面临思想引领尚需加强、师德境界有待提升、专业素养不够精进、研修体系亟待完善、内生动力需要激活等系列问题。笔者合理传承办学历史，深入研判学校现状，提出"谋定而动写好五线谱，系统布局下好五子棋"，即立德树人的"红线"挺在前面，减负增效的"底线"稳固坚守，五育融合的"主线"贯穿始终，多元互动的"连线"畅通无阻，身心健康的"防线"切实筑牢；擦亮"面子"——着力品牌特色彰显，绣好"里子"——促进学校内涵发展，走正"路子"——推进全员导师实践，夯实"底子"——加强管理机制建设，用对"法子"——优化培训课程实施。通盘运转的教师队伍建设充分尊重教师发展的专业自主权，以教师个人发展规划的制订和实施为起点，分层次建构了满足不同类型教师发展需求的规范化、专题化、系列化的研修课程，使教师的专业发展有依托、重实践、出成果。

  新时代教师队伍的高质量发展以培养具有教育家精神的教师队伍为目标，以多元协同为发展战略。我校在体现出"五线谱"特点的教师专业发展部署和"五子棋"特质的教师队伍建设举措之中促进新时代教师队伍高质量发展，唱响"为党育人、为国育才"主旋律，赢得"科研兴校、培训强师"先手棋，以"德·业·实·新"的校训诠释落实"立德树人"，以"德智融合"市区级课题和项目为载体引领教师坚守课程育人的主阵地，以全员导师制促进高素质专业化教师队伍建设，以"智慧校园"建设为抓手推动学校整体式转型和持续性发展。由此以仪式感、使命感的价值引领来激活"愿景共识力"，以典型性、适切性的案例启迪来激活"研训共情力"，以个性化、趣味化的任务驱动来激活"成长内驱力"，以浸润型、互动型的具身体验来激活"育人创新力"，引发出喜人的个人成长力和感人的团队凝聚力，教师的职业尊严和生命质量得以提升。

  谨以此书向多年来始终关心建平实验中学师生成长的人民教育家于漪老师、多次莅临我校悉心指导的肖思汉博士和黄音老师，以及参与工作坊学习的教师们表示诚挚的感谢！

上海市建平实验中学党总支书记兼校长　魏澜

图书在版编目(CIP)数据

教师学习新生态：构建新课例研究工作坊的探索与实践 / 魏澜主编 .— 上海：上海社会科学院出版社，2024

ISBN 978-7-5520-4342-6

Ⅰ.①教… Ⅱ.①魏… Ⅲ.①中学教育—教育研究 Ⅳ.①G632.0

中国国家版本馆 CIP 数据核字(2024)第 054332 号

教师学习新生态——构建新课例研究工作坊的探索与实践

主　　编：魏　澜
责任编辑：路　晓
封面设计：徐　蓉
出版发行：上海社会科学院出版社
上海顺昌路 622 号　邮编 200025
电话总机 021－63315947　销售热线 021－53063735
https://cbs.sass.org.cn　E-mail：sassp@sassp.cn
照　　排：上海碧悦制版有限公司
印　　刷：上海龙腾印务有限公司
开　　本：787 毫米×1092 毫米　1/16
印　　张：19.5
插　　页：2
字　　数：360 千
版　　次：2024 年 4 月第 1 版　2024 年 4 月第 1 次印刷

ISBN 978-7-5520-4342-6/G·1307　　　　　　　　　　定价：98.00 元

版权所有　翻印必究